聊城风物记

聊城地域代表性文化符码的社会审视

赵勇豪 著

山东大学出版社

图书在版编目(CIP)数据

聊城风物记：聊城地域代表性文化符码的社会审视/赵勇豪著．—济南：山东大学出版社，2020.7

ISBN 978-7-5607-6624-9

Ⅰ.①聊…　Ⅱ.①赵…　Ⅲ.①聊城—概况　Ⅳ.①K925.23

中国版本图书馆 CIP 数据核字(2020)第 081535 号

责任编辑：刘森文

封面设计：王　宁　王　艳

出版发行：山东大学出版社

社　址　山东省济南市山大南路 20 号

邮　编　250100

电　话　发行部(0531)88363008

经　　销：新华书店

印　　刷：山东新华印务有限责任公司

规　　格：787 毫米×1092 毫米　1/16

20 印张　310 千字

版　　次：2020 年 7 月第 1 版

印　　次：2020 年 7 月第 1 次印刷

定　　价：68.00 元

序一　由“猪拱地”所牵出的“赵老汉”

丙申岁初，余因病滞留沪上。卧病期间百事维艰，唯不缺时间。伴我打发迟迟永日耿耿长夜的，唯是那几册旧书和一部手机。书中所看，如今已记不起半句，而手机微信里读到的一篇文稿却牵出后来的一串故事。

那是一篇微信公众号文，公众号名曰“猪拱地”，已觉得奇崛雅健，文章题为《寿张肉旋子：黄河与大地的礼鉴》，因年轻时候曾与古镇寿张有些交集，于是点开来欣赏。这不看则已，一看就放不下。其行文汪洋恣肆，如百斛泉源，滔滔汩汩，不择地而出；凡鲁西一带地理人文，伦常风俗，饮食供养，写来絮絮如数家珍；特别一说及美食，更虎虎有生气，如有神助。最初，我也觉得作者也许就是个馋人，一边写作一边涎水津津；后来又怀疑他或者便是一位高人，故意用文字构建出一场饕餮盛宴，妥妥送抵读者面前，此时的他，也许正看着我等读得馋涎湍飞而暗自发笑呢！

一曲终了，放下手机，长出一口气，开始琢磨这作者“赵老汉”竟是何许人也。鲁西一带的写手，不是朋友也是熟人，即使未曾谋面者，也大抵有所耳闻。然思来想去最终还是茫然，猜不透那几十百号人里，谁有可能瞬间实现华丽转身，写出如此不同凡响的文字。回过头来细绎文本，看见文中曾言及茌平如何如何，又说其家“离寿张肉旋子仅百余里”，于是便暗自揣度，这赵老汉或许就是茌平人吧。最后打电话与俊岭兄探讨，俊岭最初亦说不准，胡乱猜了几个，又都觉得不像。几日方又恍然大悟，告我说：赵老汉，原名赵勇豪，聊城大学教授，四十来岁，与他见面不多，却是阳谷老乡。

于是我想，这就是了。

3月初，病愈还家，已是万物发动的时节。病后静养，依然长闲无事，遇有晴和之日，便到有树有花的地方走走。那天上午，我一个人来到闸北古槐下，其旁桃花正开，叶碧花红，艳丽异常，正拍照间电话响了，那一端讲话的即是勇豪教授。此乃第一次听到他声音，却一点也不感到陌生。原来此时他正与大庆兄坐在运河岸边义安成酒家楼上，等我过去吃酒聊天呢。

《寿张肉旋子》一文拜读之初，已经强烈感觉到此必非文学圈子中人所为。文学朋友们写文章，有意无意间，莫不膺服契诃夫那条著名定理：如果第一幕里墙上挂着一支枪，到了第四幕时这枪就必须打响。所以下笔之先，文章之结局已在心中，开笔之后，常常是急匆匆直奔那个结局而去，即使不无曲折，也是事先设计好的，此之外，如无特殊情况，即不再旁逸斜出。这是规矩。这当然很好。但是，这个世界上确实还有另外一类文章。周作人为废名《莫须有先生传》作序，其中有云："《莫须有先生》的文章的好处，似乎可以旧式批语评之曰，情生文，文生情。这好像是一道流水，大约总是向东去朝宗于海，他流过的地方，凡有什么汊港湾曲，总得灌注潆洄一番，有什么岩石水草，总要披拂抚弄一下子才再往前去，这都不是他的行程的主脑，但除去了这些也就别无行程了。"勇豪教授的文字，其风格与废名氏之冲淡枯寂迥异，但"情生文，文生情"，从某一点开始，然后移步换景、流转不断，却如出一辙。行文中他雅不欲赶路一般，急切切直接奔向目的地，而沿途之间这些顾盼潆洄，恰是文章最精彩最好看的地方。

昔者桐城派古文家讲究"义理、考据、辞章"三者之统一，受其启发，敝人私底下亦以为，文章之内涵，不外诗（才情）、识（识见）、史（材料）三个方面，文章中此三者地位各异又不可偏废，而以才情与识见深隐于材料之中者为佳。如一味驰骋才情，灵感骤至，即下笔千言，这样的文章当然也很好，然而灵感这种东西，如电光石火，时间一久便不大靠得住，届时它若迟迟不来，那就糟糕。所以每与朋友聊及文事，恒持写作须辅之以研究之说，虽然应之者寥寥，自己却仍然觉得此乃不易之论。唯其如此，一读到《寿张肉旋子》，即如同身在他乡遇上了故人，忽然看到了理想中的文章蓝本，地地道道地言之有物，清清楚楚地言之有序，又不失才情与风度。

我想这当然与作者学者身份有关。既然从事教学与研究，大量占有资料，然后爬梳剔抉，去伪存真，比物连类，乃本色当行。然而，与勇豪教授相识既久，发现其研究亦并非一味地固守书斋，从故纸堆里讨生活，而是有如吾乡先贤傅斯年先生当年在历史学界开创和倡导的田野考古，"动手动脚找东西”，每每亲临现场，以实地考察为资讯获取的重要渠道。书中文章之大宗，乃是讲烹饪饮食，而谈吃的书籍，以前坊间亦曾多有，著名的如《知堂谈吃》《雅舍谈吃》即是，但周、梁二氏所写，多是旧时经历，字里行间流露着淡淡的哀愁。勇豪教授则有所不同，他不光要品尝鸡蛋如何好吃，还要设法探求那生蛋之鸡长个什么模样，以及它如何生出这样的蛋。《寿张肉旋子》一文中，叙肉旋子的制作方法，琐屑如和面，也讲究到如何因季节调节，和好之后怎样“搓揉、拧压、旋形”；馅料如何别择，必用黄河金堤上放养的小山羊的哪个部位，然后如何剁馅，如何调馅；甚至那灶如何设，炭如何燃，都要弄个一清二楚，岂止新出炉的肉旋子撩拨得人“六神无主茶饭不思辗转反侧夜不能寐没着没落的”而已。为了探访回民经堂席，他可以只身夜下临清，礼拜日凌晨，在朋友的引领下，请阿訇相助，进入清真寺中，与众穆斯林一起，脱履后手扶双膝跪地，聆听阿訇诵经移时，终因跪得太久，以致几乎站起不来了。记得与勇豪教授相识未久，即承其相邀，参与了他对清平大宴海二八的考察。时维二月之末，乡间的杏花犹开，我们一行人乘周末之暇，来到茌平县贾寨乡。初次看见他亲入灶间，与厨师细致沟通，并亲历其制作过程，回到桌前，则与大宴主导者就这菜品数量与来历，事无巨细，一一详询原委，又以图片和视频记录下来，以便回去后细细咂摸。入得虎穴，亲得虎子，《清平大宴海二八》所以写得那么翔实，不是没有来由。

勇豪教授这个选题，对于地方风俗文化的拯救与发扬，意义不可谓不重大。我觉得这既是一种开发，更是一种抢救和打捞。这世间曾经有多少美好的东西，与这一带百姓往日的生活息息相关，凝结着这一方人的心血和智慧，却久久地散落民间，随着近几十年来城乡社会的深刻变革，随着现代化、城市化的层层推进，无不濒临灭绝的边缘，它们或已经消失，或正在消失。面对这种情况，如勇豪教授者，自不能无动于衷。对于此事，勇豪教授有一种与生俱来的敏感，即如他在《临清经堂席》一文中自嘲的那样：一种久经饭场练就的听信辨音抓吃重点的能力。在集约化生产大行其道的今天，天地之间犹有一个手工抄纸作坊，隐藏于聊阳路东侧的某个村庄，也被他打探到，于是，盛夏的上午，我们一行人陪他来到阳谷鲁庄，对这个小小作坊，进行上上下下、里里外外的考察探究。传说某地有一种馓子，口味特异，其制作方法为独家之秘，父子相传，几十百年绵延至今，如今制作者只为谋生，不图暴利，因产量有限，所以流传不广。他竟然深入穷乡，来到高唐县清平镇的陈井村，找到了那位师傅，并与之成为朋友。一碗"面辣子"（阳谷西乡叫法），又称"面糊儿"（临清东乡叫法），在鲁西一带，生活困窘之时，每逢紧要关节，或家家有之。而今户户温饱暂具，这种简易的应急菜品，早已被终日操劳的乡人们遗忘到爪哇国去了。勇豪教授却只眼独具，愣是与刘焗掌二人合作，将此品重新加以开发，在原有基础上予以改进提高，内容丰富了，质量提升了，而形式犹一仍旧贯。这道菜以其怀旧的情感色调，深受过来人的喜爱，本在意料之中，令人意想不到的是，年轻一代对这平常得不能再平常的面辣子也趋之若鹜，最终成为刘焗掌"一桌老味儿"特色菜品之一。一个时代的记忆，通过一道普普通通的菜品，得到了固化与保存，亦可谓功莫大焉。

勇豪教授目光独具，浏览本书目录即可感到：其选材，无论是一条街道，一种传统技艺，还是一种吃食，无不散发着强烈的文化气息。有些东西，自身即已有深厚的文化底蕴，如作为小吃一条街的育新街，作为非物质文化遗产的木版年画，还容易理解；另有一些，不过是一种平常的植物，如东阿的保晶莲藕，城西贾家庄的豆芽，沙镇的碱蓬菜，也均被赋予浓郁的文化意义，收入囊中。《亩产300斤有信仰的麦子》一篇，写东昌府张炉集之以诺农场，文中倡导"生命农业"的理念，提出"生命农业旨在恢复天地之初的美好，生命农业出于对生命的敬畏"的观念。该农场五年来不施化肥，不用农药和除草剂，别处的小麦亩产千斤以上已是寻常，以诺农场却自甘于亩产300斤。这300斤的亩产看似量少，其实意义重大，因为这已经是"有信仰"的麦子，是充满人类之爱，充满敬畏之心的麦子。文中特别说到以这种麦子制作的青麦仁，更是内涵之善与外形之美的高度统一，想想就觉得妙不可言。到了此处，勇豪教授从面向过去的文化追寻，经过面对复杂现实的深沉忧虑，终于走向对未来生活的展望。以诺农场虽然只是一个点，却是未来新农业的一种昭示。这历史时光，昨天、今天和明天，本来就是不可分割的。

勇豪先生的调研考察过程，敝人时有参与，文章在其公号中推出时，大多已经读过，回头重温，觉得勇豪教授此书，如其书名所示，本乃风物之书、习俗之书，其实亦是文化之书、历史之书，同时又不失为面对现实之书和瞻望未来之书。

勇豪教授大著即将面世，而索序于余，余自揣才疏德薄，且术业专攻，于勇豪教授之学与文知之无多，又何可序勇豪教授之书。辞不获已，乃述与勇豪教授相识相交之巅末，聊为序云。

谭庆禄[①]

2018 年 9 月 8 日运河东岸

① 谭庆禄，聊城散文作家、诗人，泰山文学奖获奖作品《东乡草木记》和《东昌草木记》的作者。

序二　跟随赵教授去“寻宝”

这是一本既有价值又有情趣的风物之书，涉及文化、历史、地理、经济、市场、品牌、人物、传播等诸多方面。它宛如一张秘制的寻宝图，阅读的过程，就等于带着一颗好奇心，跟随作者去各地寻宝。一道道风景令人目不暇接，有形之宝与无形之宝交相辉映，在带给人知识和情趣的同时，心灵也得到陶冶。

下面让我们兵分三路，走进聊城的风物宝地，也走进作者丰富的书香世界。

脚跟下的地气

赵勇豪先生是走南闯北的人物，先后在济南（山东经济学院）、上海（上海财经大学）、北京（中国传媒大学）读书深造，学科领域涉及经济、品牌、传播、艺术、美学等，他最终选择了在故乡聊城发展事业。教书之余，发千般愿，行万里路，最终为的是寻找鲁西大地风物之宝。

有人说，新闻是用脚写出来的。为撰写《聊城风物记》，你可知赵教授走了多少路？他几乎走遍聊城各县市城镇乡村。一些地方他捷足先登，得偿所愿；一些地方他若返故里，多次回访。赵教授为人随和，不耻下问，每到一地总是收获颇丰。知道赵教授雅好的一班子朋友，也都非常乐意加入他的寻宝之旅。世上本无所谓团队，参加的人多了，加之呼朋唤友，自然组团成队。要说赵教授的团队，堪称专业：有文化学者，有烹饪大师，有文物专家，有摄影高手，有美食达人……

寻宝可不能漫无目的。行动之前要有线索，如何采访须做功课，归来之后还要整理材料。天长日久，集腋成裘，一本书就这样完成，每一章节都凝聚着作者的心血。笔者曾在大学课堂上顺便问起聊城古楼“光岳楼”名字的来历，不意大部分同学竟一脸茫然。在聊城读书生活，对本地风土人情、历史掌故、好吃的好玩的，总得心知肚明吧！赵教授撰写的这本书，会让更多的人加深对聊城文化内涵的认识。

本书以聊城风物为中心，却又不囿于一方行政区域，这是难能可贵的。兹举一例，台前县属于河南濮阳，但在1964年之前隶属于山东寿张。赵教授撰写的《站在黄河的金堤上，被寿张撩到》和《站在黄河的金堤上南望，被台前撩到》两篇文章，把寿张历史沿革和台前的前世今生梳理得清晰明白，勾起了金堤两岸多少人士的怀旧忆念，再一次凝聚了两岸群众的共同情感。在齐鲁文化和中原文化的交接处，金堤文化圈有其独特的风物和人情，由于深受水浒文化影响，这里的人和事，别有一番令外人捉摸不透的风格。赵教授作为阳谷人深谙此中奥妙，所以他写寿张、台前的文章，骨子里的味道都出来了，读起来特别过瘾。赵教授笔下的聊城风物，在黄河、运河的交汇中随流水而来，并在齐鲁文化、中原文化、燕赵文化的大格局中加以体认与品鉴。

在历史的纵深处，发掘其古风大雅，赞叹文明的承传；在现实的断层处，寻找其蛛丝马迹，感慨传统的变异。一篇一篇读下去，你会发现赵教授脚下的风物之宝多着呢，本书简直就是聊城的地气。

舌尖上的美味

跟随赵教授寻宝的路上，有的是独具特色的美味佳肴。“吃货”盛行的年代，有人吃出了肚腩，有人吃出了百病；而那些智者在尽享美味的同时，吃出了品位和健康，情趣和文化。且不说古代那些美食家留下的书籍篇章，单就现当代这一时段而言，文人雅士们关于美食的书籍之多，就非常可观。譬如，周作人的《知堂谈吃》、梁实秋的《雅舍谈吃》和汪曾祺的《汪曾祺谈吃》。三位美食大咖各有各的吃喝之道，对人生的品味亦是各具特色。有时我想，大咖归大咖，赵教授笔下带有聊城特色的美味，他们不一定有缘品尝，即便品尝也未必写得出十足的聊城味儿——饮食文化的地方特色是无法取代的。

景阳冈上那碗酒，还真是颇有来历，那透瓶的醇香一直延续至今；好汉故事英雄酒，在赵教授笔下演绎得风生水起。张秋的壮馍饼，是饼还是馍？它神秘兮兮从历史深处走来，懂得那张大饼你才知道张秋历史文化的厚重，你对全国各地的壮馍饼也会略知一二。寿张的肉旋子，被赵教授尊称为“黄河与大地的礼鉴”，什么人吃肉旋子，什么季节什么时辰吃肉旋子，都是有讲究的。一道美食，上升到礼的高度来认识，让吃过肉旋子和没吃过肉旋子的人都长了见识，饮食文化的魅力再次彰显。聊城的魏氏熏鸡这只鸡，在老舍笔下一度获得“铁公鸡”的雅号，在赵教授笔下，则与美国的肯德基相提并论。在品牌战略上赵教授一再为聊城的“铁公鸡”支招儿，有谁不大爱自己的故土啊！说起聊城的呱嗒，被称为“中国的三明治”，北京的“状元饼”，总是要到一个叫沙镇的地方寻找渊源。没吃过呱嗒，能称得上地道的聊城人吗？现在的呱嗒怎么失去了那一口老味儿？未来的呱嗒怎样继续吃下去？赵教授的思考与建议，弥足珍贵。说到寻宝，赵教授不经意间披露了一份儿秘籍：寿张的肉旋子、阳谷南街的肉饸、临清的武德奎肉饼、莘县的康园肉饼、武城的旋饼（在临清、高唐和茌平亦可见）、冠县的羊肉火烧、古城鸳鸯饼……各路吃货高人，还不悄悄上路寻宝？

赵教授笔下，刘焗掌家宴属于民间的一桌子老味儿。在保持传统道地食材和厨艺的前提下，刘焗掌又有所创新，让大众宴席获得了小众品位。经历过饥饿考验的人们，在品尝美味的同时，勾起几多往事旧情！刘焗掌宴席属于私家秘制，不去品尝，没人告诉你其中奥秘；而一旦品尝，保你还会第二次、第三次光顾。

说起舌尖美味，不能不提及临清。赵教授专门写了临清的托板豆腐，清平大宴海二八，由清平大宴又写到临清的回民经堂席，又写到鲁豫一带的三撤桌喜宴，多少故事与传说，尽在从容叙述中。

至于斗虎屯的豆腐、太极手的豆芽、北夏村的手工挂面、碱蓬菜的那顿好饭，可谓既有故事又有文化。别具一格的“我们咖啡”，既是咖啡厅，又是风景线。深知左岸咖啡典故的赵教授，传达给读者的是东昌湖西北右岸咖啡屋的文化风情，那里的电影和诗歌朗诵，伴随着清新的湖风和别样的情致，沁人心脾……

灵魂里的风物

器物以及器物建造、制作，属于风物也属于文明。跟随赵教授寻宝，自然少不了对于器物的探访与深究。

光岳楼，东昌府木版年画，东阿关山石围，在赵教授笔下既有历史文化的厚重感、沧桑感，又有非物质文化遗产意义上的流变与传承脉络，还具有独特的审美艺术价值。阿胶和阿缟，一如东阿的曹植墓和梵呗音乐，都属于不可多得的风物之宝。赵教授笔下那一块临清贡砖，蕴含着丰富的政治、军事、地理、文化信息。从某种意义上说，不明白那块贡砖，吃再多的临清饭食，听再多的临清戏曲，也难说你懂得运河边上的这座城镇。借助阳谷鲁庄的那张纸，赵教授对造纸历史探源溯流，内容涉及古今中外，知识面相当宽广，跨学科跨专业的优势令人啧啧称叹。

师者，所以传道授业解惑也。身为高等学府之师，赵教授的文章自然能解风物之惑，其意义尤在于传风物之道。风物不是纯技术的产物，它具有某种灵气，凝聚着丰富而复杂的人性，堪称观察社会人生的晴雨表。设若某个时代之器物普遍窳劣，造假成风；其世风日趋丑陋，低级为趣——此乃社会文化危机之表征。何以如此？历尽沧桑的风物，虽然沉默不语，却足以见证世道人心。

赵教授笔下，《200年老屋里的老木匠》，写一个木匠对传统工艺的坚守和对东昌府文化的深邃记忆，苍凉中依然存有某种精神的力量。《亩产300斤有信仰的麦子》，写的是东昌府区张炉集镇以诺农场的故事，那里的农业旨在恢复天地之初的美好。出于对生命的敬畏，他们种植与养殖的全程，拒绝任何化肥与农药。以一颗平常心才能守住的滋味，写莘县王庄集专心造醋的朱先生，坚持小作坊生产，微利经营，却守住了老醋的真味儿。在当今浮躁的商业文化中，朱先生的故事堪称奇葩。赵教授对聊城风物的热爱，蕴含着对鲁西这一方热土的深情厚谊和对当下世道人心的深切关怀。通过撰写本书，他总希望能守住一些老祖宗留下来的器物之宝与精神之宝，总希望现代化生活的快节奏，不要破坏传统手艺人的精工细作，不要毁灭传统士人的慢生活与慢功夫，让现代人的心灵诗意地栖息于美好的精神家园。作为一个理想主义者，赵教授希望当代人灵魂中勿忘风物，更希望风物中蕴含民族之精神，时代之灵魂。

概而言之，这是一本有价值、有情趣、有温度的风物之书。它诞生于高校书斋却丝毫没有学究之气，出自业余时间却具有了专业的水准，实在是难能可贵。说到底，赵教授虽涉足多个行当，骨子里却是典型的文人。其率真的性格，从容的风度，高雅的情趣，尽在字里行间，可谓才华难掩。

而我们呢，追随赵教授一路寻宝，总是流连忘返。其结果，除了深刻理解足下的土地，自然也会像教授那样，更加热爱这个布满风物的红尘世界吧！

刘广涛[①]

2019年阳春于聊大梅园

---

① 刘广涛，聊城大学文学院教授、硕士生导师。

序三　这个属羊的人

多年之后，我会回忆起初识赵勇豪兄的那个上午，或许季节和场景会模糊虚化，但勇豪兄温文尔雅的样子一定会清晰显现。

某年某日某阿胶企业，勇豪兄应邀前去指导，我则是被临时叫了去陪客。勇豪兄乃大学教授，自然一派学人风度。企业老总介绍我们认识，勇豪兄微笑着走过来，伸出手，那是一双温暖有力的手，攀谈起来，我们同庚，都属羊，这一下子拉近了我们的关系，我们站在那里看着对方，如同相遇的两只羊在相互打量。

彼时，他是一只优雅的羊。

交谈之时，不经意之间，勇豪兄就变成了一个访问者。后来，我才发现这是勇豪兄特别厉害的一手，他总能化客场为主场，须臾之间就奇妙地掌控话题控制权，他真是一个天生的调查者。勇豪兄善于抛出问题，然后微笑，那真是一种让人过目不忘的微笑，那微笑逼迫我一一作答、如实招来。轮到他说话时，总是慢悠悠的腔调，从容说来。中国有句老话，“贵者语迟”，这话倒也不错，对于一言九鼎者不但相符而且是一种必须。其实，我更相信贵者语缓，勇豪兄即是如此，语速缓慢，却遍布机锋，往往能一语既出众则叫绝。勇豪兄厉害的功夫是他招牌式的微笑，那微笑是期待、鼓励、引诱和怂恿，更是一个倾听者释放出的真诚与尊重。

转至酒场，勇豪兄这个本应该当仁不让的主宾却推让起来，不愿意坐上那个“尊贵”的位置，他的推辞不是表达客套的礼貌，而是甚为坚决地拒绝。吾乡虽为僻壤，酒桌上流传已久的礼仪倒是执行得异常严格，勇豪兄最后还是被“动手绑架”到席首，我至今记得他当时的眼神，有点儿无奈有点儿无辜（后来我们熟识之后，勇豪兄干脆省略掉那些谦让，会迅速霸占一个合适的位置，然后笑眯眯地“坐山观人斗”）。及至后来，我才清楚勇豪兄的本意。

不唯是这个主宾的位置，勇豪兄在许多方面有着令人诧异的事迹。他不喜欢聚光灯下的那种感觉，哪怕是自己热心张罗的事情，也习惯置身于幕后，专注于倾听和观察，硬逼着他走上前台，对他来说是一种侵扰；他对所谓的“名利”并不看重，甚至有着本能的排斥。我多次见过他在所谓的“名利”面前退避三舍。有一笔数目不算少的钱财，本来唾手可得，他却拱手相让；最让人不解的是若干年前，他还是英姿勃发的小赵，博士帽指日可“戴”，因为一场SARS病毒肆虐神州大地，他丢盔卸甲弃博士帽而临阵脱逃。这个看起来冲动而草率的决定，当然会影响他之后的大学执教生涯。

没有人不贪生怕死，也不能不说舍弃博士帽是另一种勇敢，但我相信，只有严肃思考过生命的人，才会义无反顾地热爱生命。博士之重，不能承受生命之轻。

他自可睥睨一切，像苏格拉底一样环顾四周之后，慢悠悠地说，“我不需要的东西真多啊！”

他胆怯，他谦虚，他偏执，他骄傲。这些，统统符合一只羊的特征。

当然，我也见识过勇豪兄的另一面，那就是绝不向邪恶低头，更不会向它们奉上供品，这更符合一只羊的特征，面对恶行，我们当然要竖起自己的犄角。

那天吃饭的地点是一个农家院，菜不精细，倒是很合乎勇豪兄的胃口，每当一道菜上来，他都会叫好，仿佛每一道菜都是难以遇到的美味珍馐。我当时以为，这只羊和我一样，吃过同样的草，培养出了同样的胃口。吃到最后，我恍然有悟。我面前的这位勇豪兄，其实并不是一行人口中所称的美食家，美食家往往是苛刻的，久经训练的味蕾无比挑剔，甚至不能忍受丝毫的差错。而勇豪兄是温和宽容的，那些餐桌上的菜品，似乎都是他的亲人，不论贫富贵贱，他一概亲之热之，尤其是遇到平时不常吃到的野蔬，他就像遇到久别的亲人，分外热切。

或许，只有勇豪兄这类人才配得上美食家的称谓。就像一个真正热爱打牌的人，无论摸到手里的牌多差，都不会咒骂手里的牌臭，就像一个真正热爱财富的人，无论遇到多小的钱财，都格外珍惜。我想，勇豪兄正是这种珍惜美食的人，心里有真正的热爱兜底，他不忍心去苛责任何食物。

勇豪兄写了大量的美食及当地风物文字，我差不多也会在第一时间先睹为快。这里不妨说出我对他文字的三个感受。

一者，勇豪兄笔下的美食，多近小吃而远大餐，多亲野味而疏珍馐。虽然寻找美味不辞辛苦，着墨往往会落脚于那些制作者，高桩馍馍、壮馍饼、高家包子、肉旋子、尹家丸子汤莫不如此，我们记住了这些小吃，更记住了李学敏、高家儿女、李德全、尹顺才。最难忘的是育新街，是一条小吃串起来的街，也是一串人物的街。老徐家牛肉店买卖之间就像地下党对暗号，不显山不露水的打靶场粮油店主其实是育新街首富，赵家烧饼店年轻夫妇五岁的儿子写字进步与否让人挂心，瘦弱的三角火烧店主一刻也不停息地忙碌着……育新街走上一路，简直就像人走了一生，读到最后，美食小吃退到一边，温暖的人情涌上心头。勇豪兄是在寻找美食，也是在寻找美食里的人与人情。

二者，勇豪兄的文字里，充满着对于时间的信赖。他偏好那种流传已久的美食，时间是最好的裁判，岁月长河冲刷留下的经典美味，简直就是从时光深处派来的使节。我们享用这种美好，就是品味时间，就是认知时间。所以说，勇豪兄是在寻找美食，也是在寻找时间。

三者，勇豪兄写寿张肉旋子，写得活色生香，令人垂涎，最后行别，突然来了一句：你好，肉旋子！看到此处，不是煽情，我的眼泪一下子夺眶而出。人素来自大，以为是自然界的统治者，人与食物，向来是弱肉强食，罕见有平等之心。印第安人称呼石头、树、鱼，都不是用“它”，而是用“你”。勇豪兄此心此意，发自本性，颇有印第安兄弟之古意。勇豪兄在寻找美食，亦是在寻找另一个自己，他看美食，是两种生命的对望，你就是我，我就是你。

应该这样总结勇豪兄的文字，他的文字流淌着耐心、温暖、善意与爱。所以，他是在写美食，也是在写信仰。

他是一只虔诚的羊。

范　玮[①]

2019 年 12 月

① 范玮，中国作家协会会员、山东省作家协会签约作家、聊城市作家协会副主席。

目录

鲁西宴席

人物和家族

老街巷和村落

乡愁和记忆

地方(城市)符码

题记

故土如何认知？抑或如何向别人说起自己所在的城市地方？这个困扰经年的问题促使我教书之余走向市井乡野，融进热气腾腾的百姓生活。

延续了百年的小吃、手艺或毫不起眼的物产，一定是涤净了岁月的蒙尘熠熠闪烁，其中寄托了几代人剪不断理还乱，欲放下却又上心头的乡愁。在记忆的深处，我们从家的院子起步，出门，入巷，拐上街道，离了村，进了城……走得越远，乡愁就拉得越长，回去？回不去？

《聊城风物记》带聊城游子回家。

《聊城风物记》小品文总计40篇，其中，风味小吃7篇，地方物产11篇，鲁西宴席4篇，人物和家族4篇，老街巷和村落3篇，乡愁和记忆5篇，地方（城市）符码6篇。

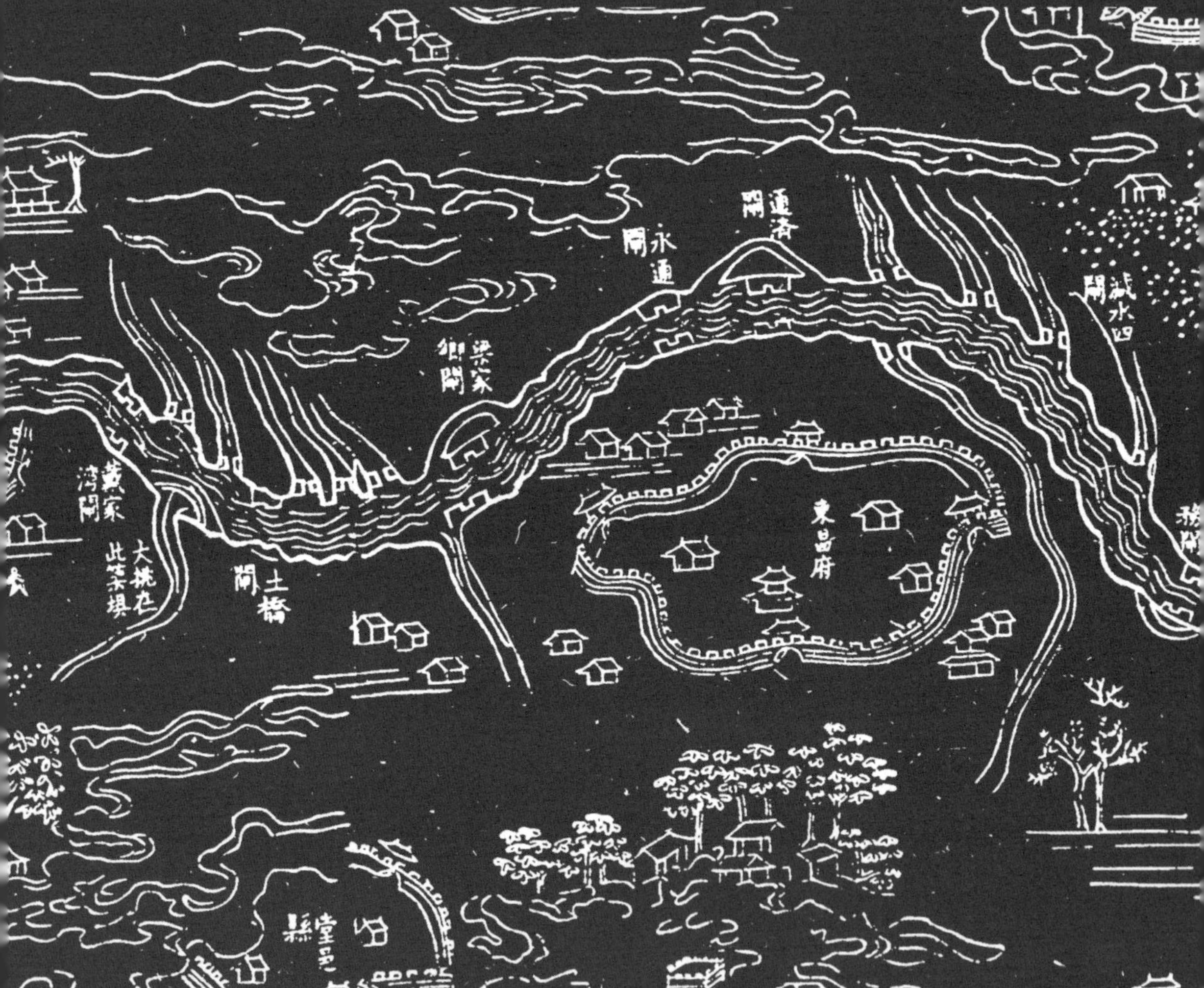

通濟閘
永通閘
梁家鄉閘
減水四閘
黃家灣閘
大挑在此築壩
土橋閘
東昌府
堂邑縣

风味小吃

噙在舌尖，绕在心头，扯不断，擒不析，寝难安，慌了神……是病了，是想了，别无他法，只有快马奔现场。

刘焗掌的捺客肠

认识刘焗掌是因为立江兄。

立江兄是糖酒协会会长和肉类协会会长，自然懂吃喝。他更是个生活家，下得厨房弄菜，上得厅堂论道。隔上几天，立江兄就会呼朋引伴儿，又发现一新地儿，有好吃的……我就是在这样的招呼中结识刘焗掌的。

刘焗掌自然姓刘，阳谷人。但“焗掌”这个说法也许有不少人莫名其妙，我们先来解解字。

焗，是盖好锅盖焖煮的意思，资料上说是客家人的一种烹饪方法，利用蒸汽使密闭容器中的食物变熟，如广东著名的盐焗鸡。

掌，从尚从手，“尚”意为摊开、展平，“尚”与“手”合表示手由卷缩转向摊开、展平。《说文》注，“掌”，手中也。引申为动词使用时有个解释很贴近我们想要的表达——主管、负责。如《孟子·滕文公上》中载：“舜使益掌火，益烈山泽而焚之，禽兽逃匿。”再如掌家（管家）、掌土（掌管工部事务，古代工部负责土木建造和水利工程等故称）、掌文（掌管文翰）、掌计（掌握考核）、掌节（掌握节令）、掌选（主持选拔举荐）、掌礼（主持礼仪）、掌灶（主持烹调）……所以，焗掌是称呼那些在后厨掌握吃事的总管。资深设计师王宁演绎，“掌”合“尚”“手”，旨意崇尚手艺，更妙。

焗掌的说法在我们当地阳谷一带较为流传，据立江兄说“刘焗掌”已于两三年前注册商标成功，市场意识和品牌意识上乘，这位老兄颇有意思。

一天的午后，立江兄约晚饭，说是品尝刘焗掌的拿手菜——卤大肠，我果断地推掉其他琐事，兴冲冲赴约。

关于大肠，我不陌生，也不像很多人一提起这个词就有不洁的联想，相反，我多有亲切之感，把肠子扯开，抖抖几段经历。

22 年前去上海求学，每逢周末我便与龚兄去五角场的一条胡同里一个湖南人开的小餐馆里要两个菜打打牙祭，喝点小酒儿排遣思乡思亲之愁绪，他家的招牌菜是辣炒大肠。墙上的小黑板上这道菜分列了三行，服务员小妹简呼"大辣、中辣、小辣"。每每来，龚兄单刀直入，"小妹，大辣，多放些没关系"，我则赶紧声明"小妹，小辣，记住辣椒少放哈"，这个时候，小妹就禁不住想笑。主菜外我们通常再点上一盘清炒上海鸡毛菜，两碗白米饭。大辣和小辣用的都是正宗的湘椒，只是量上有区别。盘子上桌，龚兄是在辣椒中找大肠，我则在大肠堆里往外捡辣椒。大肠是猪大肠，处理得很干净，辣味悠悠沁入大肠肌理，味道很火，这道菜在五角场闯荡出了名气，还兼顾了三种口味，所以，小馆生意不要太好。

龚兄能吃辣是因为他是贵州人，就是贺龙元帅口中的"辣不怕"(四川人不怕辣，贵州人辣不怕，湖南人怕不辣)。我记得刚入校时，他们贵州人在累累的行李之外还有一大罐包裹得很小心的花生碎炒干辣椒，紧紧实实压满在罐子里，透过玻璃看油汪汪红彤彤。生性嗜甜怕辣的我看着这个从千里之遥闯到大上海的尤物望而生畏，但龚兄他们，无论主食米饭还是面条，不管荤素，他们总是迫不及待地放下碗筷，拧开大罐子，挖上一大勺辣椒放入，快速地搅拌均匀，专注地吃下，然后很舒服地往床铺上一躺，点上一支烟。烟雾中，我仿若看见多愁善感的龚兄又想起了家中的妻儿。我俩在"小妹，大辣！""小妹，小辣""小妹，大辣！""小妹，中辣"中度过了两年美好的时光，毕业前我俩再次光顾那个小馆，我的吃辣段位已经升至中级，且偶尔来一块龚兄的大辣……岁月蹉跎，现在回想起来，也许上海求学间我最后悔的事就是没有吃他那油汪汪红彤彤的辣椒酱了。

20 世纪 90 年代中后期，我从上海归来，意气风发，课余受聘于聊城肉食老号瑞香村任品牌顾问，与志敏兄、志强兄、大庆兄度过了几年美好时光。走济南，上京津，下郡县……交友文化学者，拜访技术专家，走访消费众生……为瑞香村找定位，释个性，巧传播。有两年的时间，我在报纸媒体上写专栏，把瑞香村的产品融合文化故事诠释美食精神。那个时代，纸媒渗透性认知传播不仅有效地建立了品牌美誉度，而且形成二次传播、N 次传播，广告几近公关效果，瑞香村也迎来了黄金盛世。我犹记得那篇关于猪大肠的软文题目叫《肠肠荡气回肠》，瑞香村的大肠处理得很干净，我曾亲见工人的劳作，经过金字塔式复合调味，不失本味而又沁满酱香的大肠便赋予了产品英雄的气概。

再后来，有几次吃鲁菜中那道著名的“九转大肠”的经历，但都没有留下很好的印象，特别是有一次还是在一家比较知名的鲁菜馆接待外地来的重量级客人。我被朋友委以解说重任，这道大菜固有的甜腻竟令我语塞半天不知云何，客人倒是随和，一块一块不释筷。但我总感觉这道“九转大肠”盛名难副，原料处理上不足，油腻甜腻扎堆儿，来势汹汹。不知是我对肥奢的不耐，还是我以往经历的“大辣小辣”“荡气回肠”的先入为主？

猪大肠属于下水系列，在农耕文明主宰的中国颇受欢迎，西方则以为不洁多扔掉。中国人把中药、香料、烹饪技法用到极致来收拾这些肉体之外的零碎，竟然觅得比肉体更盛的欢悦。猪头肉（猪脸）、猪耳朵、猪口条（舌）、猪蹄（手）、猪心、猪肝、猪肺、猪肚、猪尾巴、猪皮冻、猪大肠……或酱、或卤、或烧……没有丁点儿浪费，功夫所到，皆是美味。猪下水经过各式烹制，在中国老百姓的生活中扮演着无可替代的重要角色。原来过穷日子的时候，过年多半买不起肉，只好以下货充，作为自己和家人忙碌一年的犒赏。一个猪头或一挂下货（心肝肺类）煮熟，完整的过年留作待客，肉汤则做了高汤，掺入炖菜中或掉下的碎肉入炼和着白菜、萝卜包了包子过年，总算有了肉味。所以，过年串亲戚打招呼就好说“您家割了几斤肉啊”，朴实的乡亲连连摆手，羞涩道“没有没有”，这句话让范进的岳父来翻译就是“猪油不曾吃过两三回哩”。如今生活好了，能吃得上猪肉了，猪下货倒成了奢侈品，部分下货的价格要高出猪肉很多。

猪肠子的吃法全国各地五花八门，无论蒸、煮、卤、炸、酱等工艺百变，做法和吃法一定是融合了本地文化。你看，川渝一只锅，调好大料辣椒麻椒，把猪杂往里扔就是了，如毛血旺，走的是平民路线，实惠实用到家。鲁菜就不同了，宫廷菜，好整以暇，还要九转，还要很多修饰，品相和仪式胜过了内容。而革命最彻底、最具吃食精神的还得是广佬，番禺的屠宰场排开大排档，午夜过后，开涮猪下水，猪骨、鸡脚、枸杞、淮山、党参、元肉等药材大锅熬成汤底，投入切片新鲜的猪杂烫食，月黑风高围坐郊外露天处，大嚼 30 分钟前刚从生猪腹中取出的血淋淋、热腾腾之物……为什么广东经济发达？从吃上就可以印证，务实、简洁、实用、高效、不伪装的文化较之山东死要面子徒有其表的弯弯绕强多了。

言归正传，我们来到卫育路外贸棉麻公司院内，沿外置铁质步梯上二楼，见到了刘焗掌，一个与年龄根本不符的中年男人，风度翩翩似潘安，哪里能联想到蹲灶吹火弄烹事？我既疑惑又充满期待。

落座，上菜。

暖场的素碟儿如炝藕片、花生米等，看似普通平常，细品之下实则不同，似乎朴实中隐藏着不为人知的秘技。一味色泽并不好看的汤菜烩茄子把我们这些"60后"一下子打回"解放前"，妙不可言。茄片挂糊，少油轻煎，至两面金黄，醋烹锅，入水炖，起锅醋提香。很家常，但其中诸环节的精妙烹调靠的是堪称艺术的系统认知、经验和智慧，葱香蒜香醋香，酸甜可口，风卷残云，一钵见底。

凭谁肥腻溢清香，一片青莲撩客肠

（摄影：王宁）

我们被吊高了胃口满心期待的时候，那道著名的撩客肠和刘焗掌同时登场。秘制的大肠盛放在底盘尚能保温的瓷器里，香气袅袅，弱弱的本味令人寻觅。看切口，层次一目了然，通透干净。外层突出处闪烁着亮光，厚重绵糯的质地令人不自禁。夹起，入口，透烂但耐嚼，香，持久而热烈，扎实复厚重。弱弱近无的本味深得小清新们的欢喜，细品却是重口味，酱香入味，透彻肌理。有位老吃家说，吃撩客肠必须切大段儿，标准是"吃肉满口"。据说那位饕兄拈肠入口后马上闭严了嘴巴，专注地嚼嚼嚼，甚至以手掩口鼻，怕味儿跑了。他的理论是一大口肠下去，跟一大口酱香茅台，生活最是滋润，老兄真性情。这是老饕，在刘焗掌的餐桌上，也有小清新的遭遇。有位细腻女子，看到撩客肠几乎掩鼻而逃，她从来没有吃过大肠，且见之欲呕。也许，她是被一个叫作大肠或者长得像大肠的朋友严重地伤害过吧。我郑重地反复强调，人生最大的遗憾就是撩客肠当前你却错过了，且远胜错过一段儿好姻缘，人生漫漫，错过了只能抚肠自悔，最后能把肠子悔青了。经过我一番苦口婆心，她小心地夹起一小段儿轻放入口，忐忑地嚼动，一会儿竟然手舞足蹈，连连惊呼着一大串写不出来的感叹词，好像忆起另一个极其愉悦的叫作大肠或者长得像大肠的朋友，从此，她的生活半径延“肠”了。

刘焗掌很善谈，他能说出很多这种故事和被他的撩客肠改造的朋友。我觉得，他背后至少有两种功夫了得：一是原料处理有诀窍，应该是机密级核心技术，果然老刘打哈哈不解释；二是腌制调味之秘，味道沁透并不难，但在时间、火候的把握上却是瞬间分界，妙到毫巅，这是大功夫，是丰富阅历后的洞见，是顶尖高手出手。

不错不错，光顾着说话了，盘子见底了，抓紧举箸猛攻。

（初稿于 2015 年 11 月 16 日）

补记

刘焗掌的卤大肠一开始并无名字，食客戏言“刘焗掌的肠子”。

这道菜以其选料精细、做工复杂、风味独特赢得了老饕们的吃心，一时在水城广为传颂。2016 年 8 月 9 日那天，刘焗掌照例约了一众老友来吃立秋面，适逢我南国的弟子阿菁刚好快递来粉蒸肉的米粉，加上应季的荆芥，于是桌上看点闪烁，撩拨了谭庆禄先生的诗性。第二天，我们悦见谭先生的《立秋晚宴三首》，其中，《荷叶粉蒸肉》里这样写道：“凭谁肥腻溢清香，一片青莲撩客肠。米出新秋云影白，叶存炎夏月痕苍。舒眉酒尽难辞醉，病骨春回未是狂。完璧端因调鼎手，妆成大雅共君尝。”自此，刘焗掌的卤大肠有了正式称谓——撩客肠。

寿张肉旋子：黄河与大地的礼鉴

被岁月遗落在风尘，跌落时又拐了几个弯儿，在市集，在巷陌，面目土得掉渣儿的地方小吃，最是令阅历老饕牵肠挂肚，一想起来就被撩拨得六神无主茶饭不香辗转反侧夜不能寐没着没落的。

寿张肉旋子就是这样一种骨灰级的小吃。

为了吃寿张肉旋子，我足足熬了自己三年。为何？涤荡浮思躁绪，净清涵化味蕾。

我的住处距离寿张肉旋子只百余里，1000 多个日子里，不时地听人说起。很多次的宴席上，小心翼翼地打探着伊的消息，听人述及却又装出漠不关心的样子，就像与人谈论自己刻骨铭心的某段经历，惶惶复戚戚，语词闪烁，其实是关心则乱。

关于名字

关于它，在阳谷县共有四种说法：肉旋子、肉璇子、肉镟子、肉碹子，寿张北街李家招牌上打出的是“肉镟子”。

肉旋子。训诂学著作《小尔雅》解，“旋者，还也”。古代字书《字林》说，“旋者，回也”，旋就是转动。肉旋子因其制作中抹油和裹馅的需要反复揉压、旋形，层次多如旋状故得名。此名形象生动无歧义，最符合老百姓的认知，也方便传播。但是，山东电视台《乡村季风》的专题栏目中女主持人发音“肉旋儿”，我觉得她根本没理解肉旋子的神韵，估计是济南油旋儿吃多了。

肉璇子。“璇”字从玉，旋声，但意境厉害多了。当年周穆王率七萃之士驾乘八骏西巡，《穆天子传》中载：“天子之宝：玉果、璇、珠、烛银、黄金之膏。”“璇”贵仅次玉果。此谓“肉璇子”应是极为珍贵之意，尤其是在过去温饱未达的年代，这种以上等羊肉慢工精作的美食类比美玉我觉得并不过分，我喜欢这种称呼。

肉镟子。“镟”通“旋”字，但“镟子”是指一种金属器具，像盘而较大，做粉皮等用，这种解释接近肉旋子美食的制作工具。而“油镟饼”是指一种油煎的饼，清代《扬州画舫录》中就有记载：“城内外小茶肆或为油镟饼，或为甑儿糕，或为松毛包子，茆檐荜门，每旦络绎不绝。”此“油镟饼”应更像今天泛见于全国各地的“ 油旋儿”，无论是山东济南“软酥香”的油旋儿、慈禧太后吃着“中”的河南周口郸城左家油旋儿，还是陕西榆林像烧饼的油旋儿，但都不是此文所说的肉旋子。很显然，这种说法侧重说用具，指向制作过程，并且，不断转动肉饼使其受热均匀的劳作也见。

肉碹子。“碹”是桥梁、涵洞等工程建筑中永久性的拱形支架，做动词就是“用砖石、混凝土等砌成拱形”。在采矿等作业中，“砌碹”的意思就是用 U 型钢、混凝砂浆等对巷道、斜井、立井等制作的拱形支架。“肉碹子”的说法我认为是对制作道具的进一步诠释，前向延伸到设备的层面，固然有理，但我觉得一种小吃还没有夸张到这种地步。

故地初识

冬日的一个午后，三人行阳谷寿张。

寿张，今为阳谷县的一个大镇，其实历史恢宏，无论名讳还是建置历史复杂且悠远。它镇踞阳谷的南部，与河南的台前县隔一金堤，是山东省通往中原腹地的重要通道之一。黄河逶迤九省 5464 公里，经黄土高原，泥沙俱下，16 亿吨的年输沙使河床逐年抬升，慢慢成就今天的悬河奇观，故金堤巍峨。

记得也是深冬季节，有一次从金堤经过，无边的防护林枝丫交叠并不好看，但金堤上下散落着一群群的小山羊和几个放羊的老汉，令我一下子回到童年时代。放羊、斗羊抵架、草窝寻宝，有无穷乐趣。

沿寿张镇西街大路拐入辅道，不远，寻到寿张肉旋子。房子外的街旁电线杆上高悬一不大的招牌“正宗肉旋子”，还有几句并不押韵的文宣（“祖辈传承老工艺，泥球烘烤得其名，风味原生独一家，如有相同假冒它”），房子正面再无形象识别。掀开店门口垂挂的棉与纱质地的复合挡帘，入门便是操作间。靠东墙，平地起灶，倾斜的矮台上一字排开三个火灶，上置铁鏊（铁质平底锅），锅里码放了满满的泥球，经年累月，反复使用，土黄色的泥球早已变为黑色，从火灶入口的角度看，再延伸过去靠近抽风烟筒部位的是一只大鏊子灶，鏊子上油光可鉴，能同时煎焙三个肉旋子。三个铁鏊上倒扣打着锔子的瓦盆，与铁鏊并列，外挂一只方正的铁皮箱，余火剩温，正好可以存放做好的肉旋子。

黄河拜托瓦盆和泥球作信使，肉旋子致敬守护金堤的人民（摄影：王宁）

我们到时已经是下午两点多了，寿张肉旋子第五代传人李德全夫妇和大儿子李春龙正在吃午饭。以剩余的面蒸的馍看着就很好吃的样子，海碗里焖炖的土豆烧肉滋味也肯定错不了，在阳谷县城已经吃撑的我们这样臆想着的时候，女主人麻利地从铁皮箱里取出一个酥热的肉旋子，在光滑的菜墩上切了两刀，四瓣还冒着热气的肉旋子在竹篮里向我们打招呼了。先吃吧，一手小心地托着往嘴里送，一手摊开从下面接着掉落的金黄色的酥皮，经过长时间的煎、焙、烤、焖，鸡蛋混合了羊肉馅儿和面香，诱惑自然氤氲肌理。

中国人的面制美食很大程度与和面有关，而面的脾性气质又与温度以及面融合什么相关。因此,肉旋子的用面随季节调制,要充分考虑到对馅料的接纳,所以,面要被反复搓揉、拧压、旋形、擀质……千般锤炼后方堪“降大任”。羊肉选用的是黄河金堤上放养的小山羊,精选部位,手工剁馅。自制花椒粉、小磨香油、好酱油、葱花儿养馅儿,中间还要灌入搅拌均匀的鸡蛋,希冀对口感提供帮助。这些原料都是实打实的硬货,所以,肉旋子入口殷实,入胃熨帖,唇齿回味的间歇,自下而上升腾起一股股生活的充盈和安稳,于是,感觉到了幸福。

谁与争锋?

肉旋子的制作现场是好看而又忙碌的,李德全夫妇和他的大儿子谁也闲不住。我事后仔细看过山东电视台和阳谷电视台分别拍摄的专题,春龙专伺打鸡蛋和其他打下手的杂活儿,鸡蛋液在黑釉铮亮的小蒸碗中被反复搅拌成质地均匀的蛋液,一碗一碗地排开来等待灌入六成熟的肉旋子。春龙母亲则照料着灶火和几近成熟的肉旋子,当然还有接待顾客,收钱找零,包装成提。最忙的主角儿当然是李德全,我看他更像是一个乐队键盘手,他的舞台就是面前的四个铁鏊和一张油亮的案桌,面团、面剂、面片在他的手里飞快地变形,抻长、摊薄、卷起、旋形……甩放、提起瓦盆、放下瓦盆、转动肉旋子、剖开、灌蛋浆……现在,坐我对面闲下来靠着墙、双手抄袖、有些木讷的李德全与秀场上的则完全是两个人。秀场上的他两眼炯炯有神,动作灵活,招招儿娴熟连贯,虎虎生风。仔细揣摩他的动作,竟然是设计得无一多余,很显然,三个烘焙的铁鏊也是人高马大的李德全的极限,再多,手臂够不到,效率反而低了。

李德全 17 岁学徒,33 年来的每一天,从上午的 11 点到下午的 2 点,再从下午的 4 点到天黑,这些动作一遍一遍地演练,技熟成艺,几近于道。每每一天下来,累得腰酸腿疼胳膊疼,躺在床上,胳膊要靠在墙上冰凉了才能入睡,那份辛苦,外人不亲历永远无法体会。山东电视台采访李春龙是否愿意继承下去时,李春龙的犹豫真实反映了这个生意的实态。肉旋子制作工艺严守祖辈传统,程序一个都不能少,慢工煎、焙,灶间劈柴,为了均匀传热,李德全发明了使热慢下来的泥球传导,成为亮点的同时又设置了一道复杂的门槛。肉旋子只在秋冬和初春做，因为猪大油稳固不化，外层涂抹非它不可。待春暖花开柳絮飘飞，整个炎夏直至大忙三秋，他们固守祖训，停做要求高的肉旋子。闲不着，地里有农活儿忙，空余也利用设备和手艺蒸猪肉馅的肉锅饼接续营生，据说肉锅饼也很有特点。

肉旋子只一种馅儿，一个肉旋子用时 15 分钟，一天下来只能做区区几十个，一个卖 12 元(寻访时一个刚长了 2 元钱)，一天下来也仅有几百元进账，三个人满负荷劳作，一丝不苟的原料成本也不低，最后获利微薄，难怪李春龙犹豫了。要传承必须解决自身固有的瓶颈。

“你如何创新?”

我把这个尖锐的问题抛给闲下来有少许落寞的李德全。

“创新很难，肉旋子火急了不行，劈柴改成气儿不行，羊肉馅儿改了客人不适应，先煎后焙程序少了不行，不加鸡蛋不行，为了吃个外酥里嫩，固体的猪大油化了不行，15 分钟一个再快了也不行……”一连串的“不行”其实隐含着的是传承而来的规矩，是坚守的底线。但春龙的母亲介绍说，初入行时长辈留下的是一个铁鏊锅，说增加行不通，到了李德全这辈改作三只铁鏊，产量三倍乘地提高了。

春龙个子不高，话不多，当我与李德全夫妇谈及肉旋子的未来发展时，他很用心地在听，并且中间拿出手机让我看各种关于肉旋子的文字和视频的报道，我让他加了我的微信，他很快传给我媒体的那些失之程序化和过于简单的介绍。感受到他们一家的实诚，我提出把他们介绍到聊城，并提醒可以申请“非遗”，春龙的母亲特别感兴趣，说已经给镇上文化站申报了。

寿张肉旋子，市场上谁与争锋?

我觉得，首先是它自己的问题。200 多年延续至今一定有其合理之处。

“为什么用泥球传导热能焙熟旋饼?”

“祖辈也是生存的智慧，发明了这种方法。这个地方都是平原，地处鲁豫交界处，兵荒马乱的年代野外埋锅造饭，以土坷垃支锅生火做饭，烧热的土坷垃余温可热饼子，我们这代人都记得，在地瓜田里挖坑，填柴火烧热土坷垃，再放上地瓜，埋土焖烤，打完仗回来吃烤地瓜……”

肉旋子两面煎至微黄，请入黄河泥团成的泥球的温床，并且上覆被黄河泥做的瓦盆，在一个完全由黄河泥构筑的空间里让肉旋子充分呼吸，羊肉和着鸡蛋的香味与泥土的芳香融为一体，起锅打开的刹那间令人特别踏实，接地气。注意，这里泥球、瓦盆是重点。

我觉得，汤汤黄河不远千里捎来上游青藏高原的灵气和中游黄土高原的营养，寿张一带的黄河沉泥中一定含有丰富的不可知的对人体有益的营养，黄河拜托瓦盆和泥球做信使，传递芳香、传递福祉给守护金堤的勤劳本分的人民，所以，肉旋子是母亲河黄河对人民的赠予，也是大地对劳动人民的礼鉴。

前世今生

据李德全讲，他老李家的肉旋子传承至今有 200 年了，彼时该是乾隆盛世后的嘉庆年间，运河依旧繁荣。比这个时间稍早一点的乾隆六十年(1795)成书的《扬州画舫录》中曾记城内外小茶肆有“油镟饼”卖，据此说肉旋子传自江南也说得通，毕竟，明清时的运河一带是中国经济最富庶、文化最繁荣、人口贸易产业最集中的区域。但前文已提及，此“油镟饼”不是寿张的肉旋子模样，至于传到北方加了肉馅儿、用了胶泥球传热、扣了瓦盆，那就是融合创新了，拜大运河和黄河所赐，肉旋子有了强大的文化背景。

沿运河继续北上，在山东德州境内的武城，有与寿张肉旋子最为接近的小吃武城煊饼。武城煊饼的历史典故和寿张肉旋子的传说故事也非常相似，煊饼因得益于闯王的赐名令盗匪(民间称呼为“老缺”)不敢肆意抢掠，得谚“老缺不抢旋饼棚”。寿张肉旋子在动荡年代的主顾也是周边甚至跨省的老缺和有钱的生意人，飞马叩门，来去匆匆，但钱是不会少给的。武城煊饼有三种写法。“悬”指旋饼在烤制中以瓦砾支架，悬空炙烤故得名；“旋”据说来自李自成，当年闯王进京路过武城郭庄，路边老人正在烙饼，闯王闻香下马，尝后大赞，追问老人这是什么饼，老人答馅饼，闯王觉着和别处的馅饼大不一样，又见饼是在鏊子上不停地旋转做成的，于是赐名“旋饼”；“煊”则是武城独有。武城煊饼是在平底鏊子上排满碎石子，寿张肉旋子则是码布胶泥丸；馅料上，武城煊饼较寿张肉旋子更丰富，猪、牛、羊肉、鸡蛋到虾仁、三鲜和风加雪，历史虽更长，但煊饼更开放、更包容，我觉得这是发展之道；工艺上，煊饼的烙、烘、烤与肉旋子的煎、烘、焙差不多，但肉旋子的仪式感更强，这或许也是故步自封阻碍发展的原因呢。但真正好吃，我觉得武城煊饼不如寿张肉旋子那么纯粹，那么厚道。

我们三个人和李德全三口就这样在肉旋子的制作现场，或坐、或站，很随意地拉着呱儿，灶间的薪火闪烁，屋里暖意融融，令人想起“旋饼棚里人不冷”的典故。其间，春龙的母亲有一次加柴续火。其间，也有客人陆续掀帘问询：“开始做了吗？”“有吗？”等等。当太阳余晖满窗的时候，我们不敢多耽误了，起身告辞，春龙的母亲从暖箱里取出三个包好的肉旋子让我们带上，我付钱她执意不收，很坚决。春龙出去挑水了，李德全夫妇一直把我们送到门外，就那么站定，微笑着与我们告别。

你好，肉旋子。

（初稿于2016年1月1日）

聊城呱嗒说

一般语义,“呱嗒”是个象声词,说的是一种声音,走起路来,脚与地面接触带来的声响。但严格来讲,不是脚,而是鞋与地面的锐角摩擦,不是高抬腿的步踏,不是活力少年的精确踩跃,而是近似有气无力的拖沓,当是鞋不跟脚最应景,如穿鞋拖行。住过楼房的朋友对楼上的邻居穿着鞋拖懈怠地不紧不慢地来回走动传感到楼下的声响,大抵是这样的反应。但细体会又不是这么回事,好像“呱嗒”声音更干脆些,也未知,与吃无关,少扯了。

我的意思主要是想说,这样一个弥漫了无力、消沉、随意、懈怠又有点儿迷茫、有点无视他人甚至传达了主人的上述诸般情绪的词,竟然能和生动、美好,充满愉悦、幸福和快感的吃联系起来。而在方言的语境中,“呱嗒”已经彻底沦落为一个贬义词了。如“呱嗒人”,东院的二嫂是个长舌妇,总爱呱嗒人;如“呱嗒着脸”,不说话,说明含怒的人被气愤左右着呢,不愿理人;如“乱呱嗒一阵”,全然不顾他人的感受……

是谁,救赎了“呱嗒”?

把“呱嗒”输入百度,词义看尽,发现是咱们聊城人!

作为一种面食小吃的呱嗒,在山东省西部的聊城,据说已有200多年历史了,那该是在清朝。从源头尤其是从今天市场上看,沙镇呱嗒是聊城呱嗒的代表,要不都争谓“正宗沙镇呱嗒”呢!

沙镇是今天地市级的聊城下辖的东昌府区的一个大镇,历史悠久,人杰地灵。明代聊城五大家(任、邓、朱、傅、耿)之一的朱家朱延禧官拜礼部尚书(主管朝廷中的礼仪、祭祀、宴餐、学校、科举和外事活动的大臣,清代为从一品)和太子太师;王汝训12岁考取知县,后升工部左侍郎、刑部主事、兵部主事;牛天麟官拜监察御史……人文资源丰厚的沙镇却因自然地理得名,沙镇的名字,我猜,当是与宋朝时白天祖摆的一百零八阵(镇)有关,武水地、黄沙镇，不一般。因为此地距黄河不远，徒骇河南横，黄泛区属地，故黄沙之名可信。穆桂英破阵后改名沙镇，在沙镇南街，今天仍可见当年穆桂英的点将台。

沙镇属地的东昌府在明清时期更是了得。古运河沿线的九大商埠之一，时誉为“漕挽之咽喉，天都之肘腋”“江北一都会”，地位够高，也够富。沿大运河一带在当时是整个中国经济最富庶、文化最昌明、人口物资最集中的地区，以河为轴线，辐射影响自不必多说。想想，在堪称大都市的东昌府，西行不远处，沙镇也应是掩不住的繁华。郑板桥西赴范县上任，途中就留宿沙镇，还在此赈济民众，为后人留下板桥阁和板桥东西街。

说实话，文献记载上不见这些与呱嗒的关联，但谁又能说清，呱嗒的产生与这些人文资源无瓜葛？

如果在聊城，和 40 岁以上的人谈论呱嗒，多半会摇头叹息，早已经不是原来那个呱嗒了？年轻人则疑虑重重，不是满大街都有吗？可怜的年轻人，在聊城包括去沙镇，多半吃不上正宗的呱嗒了。呱嗒说：“哥已经成为一个传说。”

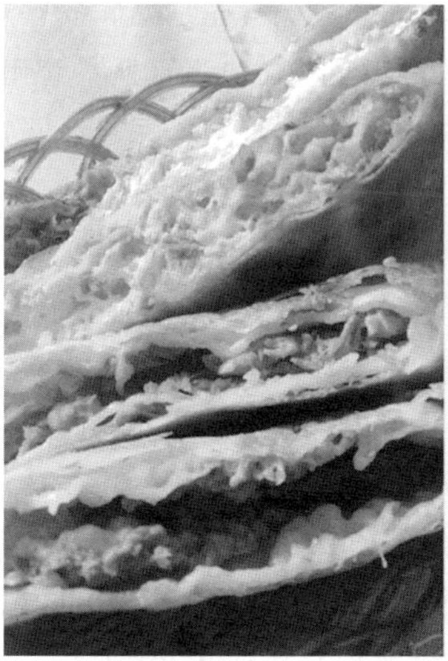

声声慢，声声急，是清晨小巷老饕们最动听的调调儿（摄影：王宇辉）

20多年前，我去沙镇的邻镇大张的一家企业讲课，中午老总安排司机专门去沙镇街上买了杨家的呱嗒。以前在聊城的大街小巷也吃过几次挂着沙镇牌子或是正宗杨家牌子的呱嗒，感觉都没有这次的呱嗒好吃。现在回想，那年的呱嗒好吃有几个原因：第一，老总介绍先入为主，杨家正宗家传，弟兄几个、如何分支、谁是正宗、其余都不正宗云云；第二，一上午的讲课后饥肠咕噜的状态，当年的赵老汉还是壮年小伙，肚腹健康得很；第三，确实好吃。确实好吃就是按照最传统的方法慢慢制作的，肉馅调养有方，和面烫呆有分，少油温煎，文火慢烤，斜坡躺，垂站立，师傅不急，顾客不催，大大的性儿，慢慢地等，唠着家常，打着招呼，慌么啊？等呱嗒出炉，热乎乎，烫手；金灿灿，垂涎；直挺挺，沉甸甸，以纸垫上，托在手里，如果实在忍不住，腾挪着手指掰开，小心窜出的热气熏烫了五官；不小心掉在地上，搞不好能摔碎了，因为太酥的缘故。而现在的呱嗒却保险得很，掉在地上，倒是"呱嗒"一声，完好如初。不酥、不脆、不焦，当然也不好吃。牙齿没了记忆，味蕾没了感动，吧嗒完嘴儿，也就想不起来了。那时的呱嗒上没有明油，现在的呱嗒出锅后则需要沥一会儿油，因为是从油锅里捞出来的，饱饱的湿，自然不会摔碎，也不会给牙齿留下碰瓷的感受。轻启齿，慢闭合，反复咀嚼，先是酥脆面香欢悦弹性的暖场，后是肉蛋充实的咸香，踏实而醇厚，这样的先遣部队最管用，一口下去，胃不慌了，人也不急了，天地一切安静下来了，此时的跟进是一口味道稍淡些的吊炉烧饼最好。当然，民间的智慧可不像我这般啰唆，他们的发明是拿刚出炉的烧饼从中间剖开，把刚出炉的呱嗒放入其中，夹起来吃。咬一大口，外层是吊炉烧饼，中间是呱嗒的酥皮和烫面层，最里层是肉蛋馅儿。这种发明的妙处在于对味道的综合平衡，面的混杂也带来出乎意料的效果。如果不心急，这一大口"三明治"下去，口腔内，滚揉搅拌均匀几十下，满满地混合了呱嗒的肉蛋咸香和烧饼的面香甜，吞咽下去，跟进一口稍淡的胡辣汤或是无盐的什么小米粥、豆浆之类，这时，你若是坐在聊城的早餐小吃摊儿的小马扎上，可以抬起头，观望一下四周，看看其他的吃客有没有故事发生，你会发现，多半都在专注地对付这个分量并不轻的中式三明治——烧饼夹呱嗒，收回目光，继续，第二口……

记得十几年前在北京求学，蜗居沙滩后街，走出高等教育出版社和人民教育出版社的大院，向西望了一眼安静的故宫和已经热闹起来的景山，匆匆融入那条摆满了各种水果和鲜菜的早市街，在街的尽头，我竟然看到了呱嗒。我不由自主地走上前去，摊主注意到我了，“来一个状元饼?”“你说它叫状元饼?”我追问了一句。“是，状元饼，很好吃的……”我不记得多少钱一个了，尝后发现，味道与聊城无异，从那人掩不住的地方口音看，那是我的老乡，我当时并没有感受到多么温暖，反而有种飘零的孤寂，苦涩涩的，灰溜溜的。是了，状元饼固然文化味儿足了，后来想，也不是虚话，聊城历史上共出过 18 位状元，状元饼其实称得上，但较之呱嗒一名，形意的认知和由此关联的消费冲动差了许多。后来听说状元饼也没在北京打响，这是所有地域名产、特色小吃的宿命，要不然，怎么是地方特产呢！

不知道从何时起，呱嗒不再是这种好吃的呱嗒了。顾客家常不拉了，吃早点的人来自新的小区，不再熟悉，况且手中端着手机，眼睛不用看人。打呱嗒的师傅不断听到“快点儿!”“好了吗?”“该我的了!”声声慢，声声急，不知怎么了，“聊城慢牵牛”这时候着急了？师傅的心渐渐地也慌了，乱了起来。后来，不知谁率先改革，发明了一个既不用煎也不用烤的快捷方式——炸，直接扔油锅里炸。果然快了许多，于是，从聊城到沙镇，全部改为油炸；于是，呱嗒就这样成了传说。

过了很多年，人们开始怀念原来吃过的那口呱嗒，但大街小巷再无踪影，举国上下都在着急，聊城怎能不急？弯道超越，赶超跨越，落后的更着急。

有一次饭桌上，与当地的领导聊起沙镇呱嗒的前世今生，我明确表示担心地方兴师动众地产业园规划、小吃一条街规模投资破坏了它们固有的生态，最终会导致从业者因逐利而忽略最为基本层面的品牌内涵属性建设，诸如传统的取舍、风味的留存、配适研究等等。每一种小吃，都有其特定生态，顺其自然，助推当然好，但要适度，如沙县和成都小吃，政府一定要清楚自己在其中的角色。

政府的大计划与小吃本心也许渐行渐远，但不妨碍有人注意到这种情怀的市场化可能。

有一次，在运河会馆，精致的小呱嗒让我们耳目一新，这至少是一个变化的开始。据介绍，这是严格按照原来沙镇呱嗒的流程慢慢制成，所以，味道上似曾相识。

在某银行的内部餐厅,我也见识了与市场上同样大小的呱嗒,细问了师傅,说是先煎后烤,用了猪大油,用了工夫,进行了局部的创新,虽然观感上没能出来那种金灿灿的酥脆,但值得夸赞的是呱嗒里层卷制多了层次,口感更丰富了。

这几件事后,我一直在考虑,呱嗒能不能产业化和品牌化?能不能走出聊城?

让我们回到原点。呱嗒以烫面、呆面合适比例糅合,以猪肉馅儿和鸡蛋调和五香味,过油,煎、烘烤并举。从原料看,可以说它汇集了中国北方的农民对好吃的所有想象,好面、猪肉、鸡蛋、油香……在聊城,只要看一看类似的原料和工艺制成的形态迥异的名吃,就能理解它们群众基础深厚。阳谷寿张的肉旋子、阳谷南街的肉饸、临清的武德奎肉饼、莘县的康园肉饼、武城的旋饼(在临清、高唐和茌平亦可见)、冠县的羊肉火烧……形式蜕变了,但实出一辙。中国5000年农业文明的传承,吃饱、吃好(过年吃上肉)是农民对美食的最高理想,土地回馈给勤劳的人民的是收成,庄稼收割,新面下来,养殖初成,有了肉的来源……所以,面馅儿结合是中国面食永恒的基调,馅料有肉就是吃点好的,这个说法完全可以涵盖馋了打牙祭的包子和隆重时刻闪亮登场的水饺。

女儿曾于南国求学,有一次以饭盒装了呱嗒飞空到米饭的主场,几个小时后,到宿舍,以电饼铛少油煎热,南省的少女瞬间吃得没了形象,飘香引发二楼宿舍一片混乱……粤省的芹君有次来大聊(笔者对聊城的爱称),最记挂的就是呱嗒了。你看,接受是没问题的,这是市场。

品牌问题。沙镇呱嗒、聊城呱嗒如何注册、保护?品牌向内走,技术如何提升?设备如何改造以利于口感?呱嗒从选料、调和、制作如何标准化?呱嗒的配餐有何方案?终端如何走?快餐化档口店可行不可行?既然鼎泰丰的包子、上海阿大烧饼可以成事,呱嗒为何不能?

行文夜深,恍若睡梦中听到油亮的擀面杖带起面块,在同样油亮的案板上"呱嗒、呱嗒"地撞击出美妙的音响,面块渐渐抻长,形如矩但圆角,裹了肉馅儿,下铁板鏊子煎……等翻了两面,呱嗒颜色开始泛黄,师傅在小茶盅里搅匀了蛋液，这个声音也很好听——就像最早的寿张肉旋子，夜里10点出炉的香气飘出，扯得麻将桌上的人再也坐不稳了——闻声而动。

起床，排队去！

（初稿于2017年5月29日）

临清托板豆腐

托板豆腐，顾名思义就是豆腐放在托板上。

托板是形式，豆腐才是内容。托板很形象，但豆腐才是重点。

这像极了戏曲里的角色，“咿咿呀呀”先出场的一般都是小人物，暖场而已。豆腐见得多了，但托板豆腐，形制特别，富于表演，内容纯粹，却很实在，很是地方风物。

每天下午四五点，是老周带着他的豆腐和老饕们约会的时候，老约定，几十年（摄影：王宁）

那是 1989 年，当我第一次见到这个表里并不如一的家伙时，却生生地错过了，几年后的体会就像错过了一段追悔莫及的恋爱。我记得当时是在临清的街头，看着那么多的人往前倾着身子，撅着腚，“滋溜滋溜”地喝着没有任何调料的白豆腐，说不清什么原因，我竟然退缩了。然而，自那天起，托板、白豆腐以及撅着腚的人这种怪诞的场景却深深地楔入脑海中了。

算起来，我前后花了 20 多年的时间才把它的前世今生彻底想明白了，并由说不明的畏逆势滋生出有来由的爱。终于，在 20 多年后的一天，我也站在大街上，和佟掌柜倾身撅腚，“滋溜滋溜”地无比幸福地喝了一板豆腐。由于肚腹有限，刚吃过了糖盖儿和徐家的甜沫儿，接下来还要吃八大碗儿，故此次倒是没留遗憾，却撑着留足了念想儿。

托板豆腐不唯临清有，沿着运河南下，济宁也有。

不过，在那里，托板变了形式，貌似更有道理。比如直板换了凹板，似乎更易托食；选材以椿或杉，也贵气了很多；还涂抹辣椒酱，味道似乎更丰富……媒体报道和民间杂谈曰“济宁热豆腐”，咳咳，咋说呢，有点儿农村的二妮儿进了城，新起了一个欲盖弥彰的名字。

总体观之，济宁热豆腐和临清托板豆腐毫无疑义同属一类，往深点儿说就是，家世出身和品貌脾性也极其相似，但在气质的氲成和境界上，我以为颇有分别。说实话，济宁热豆腐我从未吃过，临清托板豆腐也只吃过一次，翻资料良久，也没有查到二者历史谁更久远一些，或是谁学了谁。但我不气馁，我喜意淫，说道说道且看有无道理。

借大运河之利，几百年前繁荣现在却备受冷落的两个城市的小吃——一块豆腐，是何德何能穿越了那么悠长的岁月还能历久弥新？

那得从豆说起，有点复杂哦！

中国栽培大豆世界最早，有5000年历史了。自然，研发生产豆制品也是最早。西周至春秋，大豆（即菽）作为五谷之一，是主要食粮。彼时的农民这样唱：“中原有菽，庶民采之。采菽采菽，筐之谷之。”既入《诗经》成歌（《小宛》），可见，菽在彼时已成主食。

豆爸爸，不，豆爷爷，豆爷爷的爷爷基因强大，形象伟岸，所以，大豆家族地位显赫，谱系庞大，子孙后代一大拨儿一大拨儿的。什么水豆腐（嫩老豆腐、南北豆腐）、半脱水豆制品（豆腐干、百叶、千张）；从工艺看，什么油炸（油豆腐、炸豆腐丸子）、卤制（卤豆干、五香豆干）、炸卤（花干、素鸡等）、熏制（熏干、熏肠）、烘干（腐竹、竹片）、酱类（甜面酱、酱油）、豆浆、豆奶等……如果再发酵一下，豆豉、豆酱、豆腐乳、酱油大类又出现了，纵横交错又现很多分支，欲探究竟实在令人头大。即使在家里简单鼓捣一下，拿水一泡，几天就发了豆芽；上火一煮一炒，下酒菜和零食又出来了……哦，现在满大街的小五子（辣条）也是这类的东西吧。

20多年前于上海滩求学，在财大的食堂里我第一次打了素鸡，当时不清楚也没在意这种用酱油和糖渍腌的豆腐块为何叫“素鸡”。也曾经屡次面对腐竹，就是没想到它与豆是什么关系。油辣豆腐熏干充斥了南方的很多城市乡村，塑封在袋袋里，大包小包，我也偶尔想到南方的小巧是不是与吃这豆干有关系？而豆豉、豆酱、豆腐乳在北方的旷野上和太阳下，倒是很吻合北方的农家生活和北方人的特性。至于豆腐宴，我觉得如满汉全席一样，一个符号而已，当然，其中蕴藏着中国人丰沛的生活智慧。

豆及豆的后代们，在中国的大地里、餐桌上，放下了身段，飞扬了精神，为中国人的吃和营养奉献了里里外外，的确值得夸赞。也难怪中国人的餐桌上，无论是在北方、南方还是在宫廷、酒肆，豆及豆的子孙们无处不在。当然，也有一个例外——孔庙祭祀就绝不用豆腐，盖因孔学弟子后恶刘安攻击儒家为“俗世之学”。刘安就是那个传说中大名鼎鼎的豆腐发明者淮南王，这段公案里，孔子的后辈们也未免小气了。千年以降，虽然儒学一直长盛不衰，但丝毫也没妨碍我们对豆腐的喜爱。

据清代汪汲的《事物原会》记载，早在周代就有了豆腐，但先秦的典籍中查无证据。最终，这个好东西的创始桂冠就落在淮南王刘安的头上了。本来，刘安召集门客苏非、李尚、田由、晋昌、左吴等八人是为了炼丹，无心插柳却研成了豆腐，因这八位方士尊称“八公”，故也名“八公山豆腐”。

豆腐原名“菽乳”，菽就是五谷（稻、黍、稷、麦、菽）中的大豆。本来这个名字其实很贴近所指的本义意涵，且又传播出意境指向，是个好名字。之所以在北宋时改名为豆腐，应是受了宋代药物学家寇宗奭《本草衍义》中论述的启发，“生大豆炒熟以枣……又可，就是石磨。为腐食之。”可见，豆腐之名的品名价值在于彰显工艺。元代江阴孙司业（孙作）的诗《菽乳》这样说：“淮南信佳士，思仙筑高台。八老变童颜，鸿宝枕中开。异方营斋味，数度真琦瑰。作羹传世人，令我忆蓬莱。茹荤厌葱韭，此物乃奇才。戎菽来南山，清漪浣浮埃。转身一旋磨，流膏入盆罍。大釜气浮浮，小眼汤洄洄。顷待晴浪翻，坐见雪花皑。青盐化液卤，绛蜡窜烟煤。霍霍磨昆吾，白玉大片裁。烹煎适吾口，不畏老齿摧。蒸豚亦何为，人乳圣所哀。万钱同一饱，斯言匪俳诙。”从这首诗里可以看到豆腐的制作工艺，先磨豆浆，后入锅上灶煮，然后用青盐点卤，使豆浆凝固成豆腐。后来，豆腐雅号甚多，如甘脂、小宰羊、黎祁等，不唯名字，联想意义也佳。

豆腐历来赞誉甚多。

陆放翁在《邻曲》中有“洗酺煮黎祁”的诗句。《山庖》诗更见其对豆腐的嗜爱：“新春罢亚滑如珠，旋压犁祁软胜酥。更翦药苗挑野菜，山家不必远庖厨。"中国第一吃货苏东坡在《蜜酒歌答二犹子与王郎见和》中这样写道:"脯青苔,炙青蒲,烂蒸鹅鸭乃瓠壶。煮豆作乳脂为酥。"这最后一句简直冠绝今古。出身儒学世家的元代女诗人郑允端对豆腐赞赏有加:"种豆南山下,霜风老荚鲜。磨砻流玉乳,蒸煮结清泉。色比土酥净,香逾石髓坚。味之有余美,玉食勿与传。"也是苏州人,清代的褚人获在《坚瓠集》中归纳出豆腐有十德:"水者柔德;干者刚德;无处无之,广德;水土不服,食之则愈,和德;一钱可买,俭德;徽州一两一释盌(音义同"碗"),贵德;食乳有补,厚德;可去垢,清德。"与褚人获交情甚好的清代诗人和戏曲家尤侗曾借豆腐之清廉安贫,纵论儒者力戒修身,作《豆腐戒》,很是精彩,不知忌用豆腐祭祀的孔府家人作何感想——儒者须立大戒三小戒五,味、色、声三戒为大戒,赌、酒、足、口、笔五戒为小戒,总称"豆腐戒",因为"非吃豆腐人不能持此戒也"。

好豆腐自然需要好豆、好水、好制作,所谓"好制作"就是不厌其烦用足心。"心急吃不了热豆腐"也有此意。大凡好的东西其作也难也苦,每每三更灯火时劳作就开始了,所以才有世间三苦"撑船、打铁、卖豆腐",风雨街巷穿行,酷暑严寒无阻,卖不完豆腐,再早的劳作都是无用功。

如斯高尚美味的尤物曾与西施并驾齐驱,在西方人眼里却是无聊得很。英国人评选的最不能咽喉的东西之中,豆腐赫列其中。而在中国,从川菜的麻婆豆腐到淮扬菜中的烫干丝、大煮干丝、文思豆腐,再到鲁菜中的豆腐箱子,一路北上到辽宁的豆腐宴,堂皇入席大撑门面,即使跌落市肆乡里,小葱拌豆腐和油炸臭豆腐也能让你吃出难舍美味和颇深的人生哲理,怎能是味淡如白肉或是腥恶呢?

两千多年前的刘安发明的豆腐大大丰富了中国人的餐桌和饮食,明清时期运河的畅行沟通了南北的做法和吃法,运河上最繁华的中转商埠济宁和临清因为货物集散多重,卸装分流繁忙劳碌,于是,托板豆腐就产生了。这样一种既是兼顾时间匆忙来不及坐下来细嚼慢咽需要一嘬而就好上工的快餐,又是干湿兼顾有吃有喝能撑得住时候和重活儿的早餐,它就是底层人民的美食了。当然,合适的还有价格,起于乡里市肆,老百姓得能吃得起。一板两板热乎乎水嫩嫩富营养的豆腐是上码头出劳力的百姓一天的希望开启,倾身撅腚吃完就走也是争分夺秒为了赶个好活儿。至于说豆腐的托板,其形制和卫生，我以为都不是重点，平板反而来得效率更高，它只是一个工具而已，如果以香椿木或杉木论，我以为那是纯粹的扯淡，至于闲得学驴叫的老头儿带着自己的板儿优哉游哉地去吃豆腐，我觉得已经彻底背离了托板豆腐的原旨和本意。

更不要说辣椒酱调和味道了。

吃热豆腐要的就是那股子本香和清甜，加入如辣椒酱这么霸道重浊的东西一般是用于掩饰。比如一条鲜活的鱼，小学毕业的厨师也肯定会告诉你最好的吃法就是清炖，上桌酱焖或油炸浊炖的肯定不是鲜鱼。川菜的水煮鱼吃完，沉淀下来的麻辣的呆爽会使你忘掉重点，所以，水煮鱼的鱼只求一般，好鱼是不可以这样暴殄的。这样的例子很多，本地有个比较知名的丸子汤，很多人总是重重添加胡椒粉、辣椒糜和香菜香油，舌头如上了安全套，味蕾被塑封，浓浓的调料混合着宣泄到口腔喉咙，如果丸子本体不是足够咸，一通饕餮，那你就等于没吃到什么肉的丸子，只是灌了一碗辣椒水而已。若这样开启您的一天，整个上午，您只有牛饮各种热的茶或凉的水，稍停，慭慭然觉得两头蹿火，上咳下热，那是，胡椒粉直奔您的大肠头那个生痔疮的地方，坐卧不宁了吧！

所以，涂抹辣椒酱凹版托甚至自带杉板儿椿板儿的济宁热豆腐彻底输给了直板儿光板儿原味儿的临清托板豆腐，我以为。

超凡且脱俗，纯粹复彻底。临清托板豆腐，我喜欢。

（初稿于 2016 年 3 月 22 日）

站在黄河的金堤上，被寿张撩到（上）

在中国的版图上，黄河和运河交汇在山东聊城，其实，更准确地说，是在聊城的阳谷县，阳谷县的张秋、寿张一带。

寿张是今阳谷县的一个大镇，历史悠久，史上设县千年，位衔鲁豫，战略要地。

在我的阳谷人文地理划分里，寿张是南阳谷的中心。黄河北岸阳谷的乡镇共有六个，自西向东依次分布着金斗营乡、李台镇、寿张镇、十五里元镇、张秋镇、阿城镇，寿张踞阳谷的正南方，坐镇这个版块的中央。

站在高高的黄河金堤上，转睛可见坡上散落着觅食的羊群和赶羊的老人。远眺，越过丛树和村庄，天气好了能看到阳谷城中央的狮子楼吧。

临黄河，立金堤，放纵思绪悠悠穿溯，寿张的历史、传说、人物故事令我痴迷。漫步寿张老街，听着吆喝声、问询声，混着路边店里的桌椅拉动声、案板炉灶上的碰撞声，一路闻着吊炉烧饼、高桩馒头、手工包子的麦香和炒鸡的喷香，看着门前帐篷下条椅凳上的人生百相，寿张的生活着实令人倾倒。

黄河上的寿张

黄河到了河南、山东平原地带成为名副其实的“悬河”。若晴日，登上阳谷城中央的狮子楼，向南遥望，那高高逶迤的金堤（海拔 40 多米，在阳谷境内高于低处 10 多米）本来束龙缚龙，也似龙。过去的岁月，每当汛期时黄河水自西向东冲贯而来，河之南北堤下人家的心都不约而同地悬了起来。

几年前我曾经去过黄河北岸金堤下的一个很大的村子，叫莲花池，行政编制上属于金斗营乡，莲花池一、二、三、四、五、六、七村轮次简洁明了地排下去……可以想象，在过去，这里或常是水淹致涝，于是，成池，取名“莲花池”又与善良淳朴的劳动人民心生无奈但尚未完全绝望的状态下的美好期冀有关了。

我对寿张的印象和上学的经历完全相关。最早听说的寿张是教育的寿张，阳谷师范和阳谷二中在我很长的认知里赫赫有名。初中毕业时，我们班里学习极好的三四个同学考取了阳谷师范（小中专），老师说一入校就是干部身份，还有补贴，且分配工作。因此，阳谷师范于我们寒窗苦读的农村孩子，那是超越县城一中的神一样的存在，也是出身贫困家庭的学子迅速摆脱老一辈命运的捷径。在寿张的阳谷师范曾经为阳谷县培养了很多基层人才，至今说起来在聊城为什么阳谷人多，这是一个大家都认可的原因。

同样，在寿张的阳谷二中仅次于一中，有的年份还出过超越一中的"神人"考取了北大清华，所以，二中，于读一中的我也很神秘，无奈，求学时间紧张路途且遥，无缘去拜会。家兄与我的乡邻曾远赴寿张求学，当时以我活动的半径就10公里而言，遥远的寿张是个秘园，令人向往。

还有一个后来才知道的关联，令我对寿张也很有好感。我们赵姓是明时从山西洪洞县迁来，在阳谷各乡镇均有分布。我的老家西湖有个村子叫赵伯升，遥远的寿张有个赵升白村，据说原是兄弟一脉。西湖于我是故乡，赵伯升更是亲切的初中母校地，所以，对至今未曾谋面的赵升白就多了亲切，所在的寿张也多了好感。

我去过寿张三次，一次途经，两次专访。去前和归后也做了不少功课，但仍觉不够，每每面对这样饱经风霜的古郡，我如面对一个佝偻沧桑的老者，不自觉地就会矮下身躯，倾听那世代传承的老俗话、老人言。

翻《阳谷县志》，寿张初名寿良，寿良之名源自境内寿聚城及良山（梁山），始置于西汉初年，东汉时避光武帝叔父刘良讳而更名。县治初在东平境内，后迁梁山县寿张集，时属兖州东郡。经魏晋属东平国、隋属济北郡、唐五代属河南道郓州、宋属京东西路东平府的一路变迁，金承宋属，仍是山东西路东平府，但县治有变，1167年（金大定七年）迁竹口（今李台乡祝口村），1179年（金大定十九年）还旧治；明初再迁今址，归属山东布政使司兖州府东平州；清属兖州府；民初改属山东省东临道；1936年改属山东省第六督察专员公署；1939年成立抗日民主政府；1945年改属冀鲁豫行署二专署；1947年划归九专署；1949年改属平原省聊城专署；1952年改属山东省聊城专署；

1964 年 11 月，寿张县建制撤销，所属辖区以横亘于县境中部的金堤为界，南部划归河南省范县，后又分设为台前县，北部划归阳谷县；金堤以北的寿张区，1971 年改为寿张人民公社；1982 年改为寿张镇；2001 年，四棚乡并入。

纵观寿张名称、归属以及县治地的变化，其根本原因就是由于过去生产力低下，黄河经常决口、改道而致。上千年的因陈变迁，黄河沿岸的寿张人民，穿越历史风尘承传而来的奋励无畏、勤劳质朴以及涵练成就的宠辱不惊勇于开拓的民性、精神，因砥砺而愈璀璨。

今年秋天的一个午后，我走在有些冷清的寿张官道上，即使大隅首那里人物也稀稀拉拉，旧时县治的精气神儿没了。站在金堤上，南边就是素有“小香港”之称的河南台前县，金堤上下散落着一群群的羊和几个放羊的老汉，斑驳的树影渐渐拉长，将我罩在浓重的旧时光的回忆里。想起 2007 年对聊城百货大楼的企业采访，百大三女杰之张霞副总就是寿张人，我犹记得当时她给我描绘寿张的富庶和家庭的殷实，即使在她们那个年代也不挨饿不受冻。寿张的布匹市场也曾颇为辉煌，名扬远域，但后来，随着聊城香江光彩大市场崛起，布匹行业也式微了。

黄河金堤高坡上变换的春秋(摄影:张聚鹤)

擒杀蚩尤的王灵官(今遗有王灵官庙和庙会)、白莲教清水教派创始人王伦(今遗有点将台和聚义亭)、“寿张乔坐衙的李逵”……看着跃然纸上的一个个名字代表的寿张历史，我不甘心寿张当下的落寞，遂转移视觉向跌落在尘间的最没有修饰的百姓小吃里去寻觅寿张的精神和气质。

味道里的寿张

在一个吃货眼里，寿张的全部都在味道里了。

真正认识寿张，也是从这几样至今还在的小吃开始的。排队等多长时间吃寿张的肉旋子都是值得，喝一碗尹家的丸子汤熨帖全场（肠），坐在临街棚下的条凳上吃两个高家羊肉包子，尝尝四棚的炒辣子鸡，回来时再捎上一袋吴家的高桩馍馍。

家常吃食，取材当地，哺育周遭，没有僭越老百姓的味蕾和经济承受边界，与市场的普世认知、与城里的消费潮流倾斜着角度，维系着平衡，慢声细语诉说寿张跌宕起伏的曾经和当下。今秋的一个正午，我站在高家包子的案子旁边，看着高家的闺女、媳妇、儿子熟稔地擀皮、调馅、放笼屉，不禁想起了杂技，寿张的美食犹如杂技，波澜不惊的套路中高潮迭起，令人沉醉。

高家包子是远近乡民去赶集的惊喜

包子最是家常，但也最令人挂念。

在聊城，我自诩吃过不少的知名包子，但我始终疑惑：为什么普通的一包子有如斯大的弹性，让人可以从两极从容说道个一二？

几乎所有家庭中的无论巧妇还是拙夫都会侍弄这面与馅儿的结合，尽管老饕们也都认同我总结的“最好吃的包子在家里”的观点，但身不由己闯荡江湖的漂客们游走于山珍海味、酱鼐珍馐间，最后，还是在仅仅作为面食的包子跟前乖乖束手就擒。我也一度因迷恋美味的包子而出入犄角旮旯胡同里弄去找那种极为小众或个体的包子，但在质朴的高家包子面前，我觉得我想多了。

高家包子就在寿张老街大隅首向南不远的路西，门脸房穿堂过去是院子，院子里堆满了截段儿成捆的木柴和大大的铁皮盛器，过了院子就是厨房和起居室，都是劳碌的战场。门脸房里摆满了方桌和条凳，外面临官道搭起了棚子，棚下放置了案板、支起了炉灶，从屋里扯出电线，安上鼓风机，就可以作业了。临近操作台，方便的小方桌和马扎是很多顾客最为喜欢的，包子出笼两秒钟就可以到眼前了，两手捧着、哈着热气吃个最热乎。坐在棚子里的马扎上，往南打量，越过人群市肆，可以看见官道冲上黄河金堤，那边就是河南的地盘了。历史上多少年来，河南侯庙、孙口的人们也会在寿张大集的时候过来，可能也是为这口包子来的。

高家包子是羊肉馅，他们不迷信遥远的大草原羊肉和现下时髦的国外进口肉，就取材于当地小山羊。那不是，黄河金堤上无论是草绿了还是树叶黄了，总有羊群和放羊的老人，倘若再往南，台前到菏泽，台前到梁山、济宁一带，本地羊品种更丰富，吃羊肉的传统更盛……

这几年，随着电视上拍摄小吃的节目越来越多，镜头后边的手艺传人多了一份警觉，不知是编辑的造词还是手艺人的狡黠，说到配料的时候都喜欢用“秘制调料”一笔带过，是为了凸显神秘感还是有意装神弄鬼？我曾经遭遇被武断阻止的经历，说什么“我们这是祖传外人不得见”等等，彼时我很是尴尬。2016 年的一个秋天，我站在寿张高家包子的案板旁边和劳作的高家女儿、高家媳妇和女婿攀谈了很久，其间，有两次不断地配料调馅儿，也没见刻意地弄到小黑屋子里放上神秘的调料。大葱和面粉就在旁边立着，面粉是台前尚庄的向荣面，劲雪牌高筋特一粉，高家女儿告诉我他们要的都是最好的；粉条是梁山的地瓜粉条；大葱是当地的大葱。其实，只有当地的东西、应季的东西才最养人。羊肉、大葱、粉条主料齐备，酱油、香油、花椒水、盐辅料加入，调和到馅料泛着糯湿光泽、香气外放就好，雪白发亮的面粉和面中沿袭最传统的方式发酵，以面头发，盆面要上炕，还要盖被子。做包子的面和蒸馒头的面要求不同，时间控制有别，包子要求软筋上手。高家的儿子、女儿、媳妇、女婿正值 40 岁左右的壮年，高家包子到他们这里已经三代，固守的是剩下的传统，岁月和人心早就撇清了浮躁，但人无完人，物欲横流的浊世里还是多少有些向外的张望，交谈中女婿向我反问聊城育新街的生意如何如何。一个包子一块钱这是老人立下的价格，也是寿张四邻八乡的乡民久久约定的价值认知，到集上，吃顿好的，再带上几个包子给家人，能承受得起，但这样的价格发不了财。

面皮飞快地擀成，再飞快地抹馅儿，双掌合十，只一挤，入竹笼，厚墩墩的软面皮，大大的包子褶儿，高低起伏，有如小船儿在河水里颠簸，在一个吃货眼里煞是好看。

"你们的包子好了!"高家儿子起笼,浓浓的热气中麦香肉香弥漫开来,我理解为什么临街立灶了。我抓紧回到朋友占好的方桌,小心地坐在条凳上,专心地吃包子,一个、两个,吃着看着篮子里的包子,嘿嘿,典型的吃着碗里看着锅里,为什么不呢?什么味道,边吃好东西边说话的是憨家伙!

吃饱了,抚着肚子,回忆味道,最是味道。

不由得想起了儿时第一次跟大人去赶集,坐在自行车的前大梁上,一路颠簸,腿都麻了,也不敢抱怨(这是来之不易的福利,孩子多,表现好的才能跟着大人去城里开眼界)。在阳谷西汉庄吃的合手包就是这个样子,不过馅儿和肉无关,那个年代,以粉条用重重的酱油调了,已经很好了,三两口包子下肚的时候腿麻早已经忘干净了。

肉旋子是黄河两岸富户人家夜娱的牵挂

与高家的女儿攀谈中我提起了另一条街上的李家肉旋子,高家人的表情里明显写着自己与他们不是一类的信息,这个倒是不难理解。

高家包子一元一个,肉旋子十二元一个,单价差别是不小,但肉旋子一天下来出产量也并不大,若论销售额,可能还不如高家包子卖的多。

肉旋子做工非常麻烦,形制颇有特点,前文我有专述。

李德全的长辈做肉旋子的年代只有一个灶眼,十五分钟一个,一个小时只能做四个,可以想见一天能卖多少。到了李德全这辈儿,发展为三个灶眼,产量翻倍了,三个灶眼忙起来的时候,李德全夫妇和大儿子春龙几乎一会儿也不得闲。前些时日,我看到春龙微信,工具改进到有六个灶眼,可预见产能又翻了一倍,不知道肉旋子的风味因为灶具的改变而变化了没有。我这次来访主要是想看看改进后的效果如何,同时担心那个用了多年的老灶可别毁坏了。无奈,久叩门没应声,电话也打不通,最后见到一个邻居,说他们家院里有事,今天是开不了门了。

回到高家闺女的欲言又止,其实,她的表情意义在我们专业上就是定位不同。

高家包子立定老百姓的生活,而肉旋子从一开始就不是老百姓的吃食。

肉旋子早期的 VIP(贵客)不是游走黄河两岸的老缺就是城里打牌的富家子弟。据李德全讲,肉旋子原来都是晚上才做,白天下地干活儿,晚上慢慢做好的时候正是打牌的纨绔们也累了饿了的时候。安静的夜里,在茶盅里以木匙搅打蛋液的脆响声传得很远很远,那些坐累坐饿的人再也玩不下去了……所以,最初的基因里,肉旋子就迥异于饭顿里作为主食的包子。

高家包子是正餐里的主食,李家肉旋子则是欢场的宵夜。高家包子是四邻八乡的老百姓到寿张集上打牙祭的惊喜,李家肉旋子则是黄河堤上富户人家牌桌上放不下的零食牵挂。

尹家丸子汤是在大隅首的邂逅

尹家丸子汤现在的店位踞寿张大隅首的西北金角方位,南望金堤,四通八达。尹家丸子汤的位置几乎是寿张几种美食里最好的位置了。可以想象,当寿张大集的日子里,大隅首这里就是人群最集聚的地方,四面八方的人们在这里交汇,错身而过又去了另外一个方向。这里可以约会,可以驻足,这里很显然是最具商业价值的地方,金角是也。

不知道尹顺才老汉佝偻着身板,在这里已经做了多少年了,也算不清有多少来来往往的流客、乡民喝过尹家的丸子汤。

我第一次奔着丸子汤来的时候,并没有喝上丸子汤。记得那次是去梁山、过台前,归来时途经寿张,天色渐晚,算算时间赶回聊城吃紧,干脆去寿张街上寻特色。同行的朋友有本土吃货和外地吃货,听我说起寿张的小吃,很是雀跃。我带路就到了尹家丸子汤,天色已经黑下来了,老尹的生意已经准备打烊了,炉火已熄,店外的板凳开始往里屋搬。我不甘心,追着尹老汉,最后,把他没卖完的丸子打包带走。

今秋的这次造访就喝上了尹家的丸子汤。尹家丸子汤说起来也上百年历史了,几代人已经把它打磨得非常成熟,当仁不让算是寿张美食兵团里的硬茬子。

新收的本地脆萝卜水分很大,口感脆甜,洗净,切细条,开水氽,去水分,加绿豆面、精盐、五香面,兑成一大盆。搅拌是个力气活儿,在大号的琉璃盆里,老尹是以粗壮有力的双手上下左右地抓透、抓匀,再一个方向搅打出韧,还是用手，左手大拇指和食指圈构直径两厘米的模具，待大锅油温七成热，一个一个的丸子几乎排成队迅速跳下油锅，这时的老尹很专注，弓着腰儿，没有任何多余的动作，因此，效率很高，当然，也很累人。这个场景我很熟悉，也很亲切，我父亲每年腊月岁末在老家的地锅旁炸丸子也是这样，我在灶下看火，顺带给父亲准备好茶杯，茶水温热，等父亲直起腰来，水正好喝。所以，炸丸子是大事、盛事，能吃上丸子，可以说是隆重的幸福了。

老尹的丸子炸好了只是半成品，算是料，顾客落座，绿豆丸子放汤锅里加热，大碗里酱油、醋、葱花铺碗底，先是舀来加热了的丸子，后是冲清汤，最后淋上自制的花椒油、辣椒油、葱油作料和香菜末提香，热气腾腾，香气氤氲，看上去，金黄的丸子被白色绿色佐料点缀，好闻又好看。先喝汤，小心一点儿端起碗来，一大口下去，直贯腹底，身体被彻底叫醒……配个吊炉烧饼，里面夹上香油果子，最合宜。

尹家丸子汤到了老尹这里已经三代了，在寿张，每天二三百碗的消费量，也发不了财。但在尹家，做丸子汤是一门营生，一种守望；在十里八乡的乡亲，是一份牵挂，也是一种约定。来来往往，相遇，挥别，人生不就这样吗？

四棚辣子鸡是寿张接纳的外地浪子

15 年前，四棚还是单独的乡镇，2001 年并入寿张。据说四棚之名是因乾隆皇帝下江南登岸此地，驻留时扎四角龙棚而得名。四棚距离寿张和张秋都很近，而寿张和张秋在历史上都很繁华，自然，四棚也近水楼台。四棚最有名的吃食当属这道辣子鸡了。

辣子鸡在全国并不少见，歌乐山辣子鸡闻名南北，辣子鸡丁更是走进家庭餐桌，但我们本地的市场上多以酱、烧、卤、炖、熏、风干制鸡，鲜见四棚辣子鸡的做法，所以，四棚辣子鸡深究起来是合南方人的辣口味而变通的做法，炒炖鸡中放醋又迥异于本地炖鸡、炒鸡的做法。有一次，我专门请教市旅游协会的金福会长，他说与晋商有关，那就是和黄河、运河的影响有关了。

辣子鸡原料选蛋鸡即可，不一定非得笨鸡，这里面自有他的道理，我以亲身经历验证过。第一次吃四棚辣子鸡是 2011 年 1 月 3 日中午在四棚的老街上，老冀的四棚辣子炒鸡老店。店面简陋，厨房与餐桌连布帘隔离也省了，我得以全程观摩老冀的操作过程。老冀很热情，也很厚道，对自己的手艺也很自信。“我的炒鸡有二十多年了，濮阳、台前、范县、聊城的都来吃。”在我和老冀说话儿的当儿，同行的张总和老板娘掐定了一只“贵点儿”的本地鸡，半小时后，端到我们餐桌上的辣炒本地鸡报价93元，我听得邻桌的炒鸡38元一份（原料是蛋鸡），最后离去时我和冀老板打招呼告别，他正忙着炒鸡，我夸赞他手艺好，他随口说了一句“其实38元的和那种炒本地鸡差不多”……

四棚辣子鸡的做法是先重油热炒花椒、八角、茴香、干辣椒，下鸡块，翻炒，加醋去腥，入盐、酱油，开水大火，收汁儿，20多分钟后换锅，放油再炒。重点是炒两遍，要求很简单，不能粘锅，勤翻动，翻炒至金黄微微泛红时出锅，盛在盘子里的每块鸡满身尽披黄金甲，锦鳞闪烁的是油星儿，干香、辣香弥间，手里拿上两个馒头，每下一口，都是硬货。

为什么炒蛋鸡就有大道理了。蛋鸡普通，即使油炒两遍也不会很贵，只是多放了些油，成品干、韧，有嚼头儿，有回味，四邻乡亲都是出力的人，老百姓吃饭不就是图个好吃实惠吗？

四棚辣子鸡炒两遍的工艺从道理上归于复式。阳谷当地有道著名的琉璃丸子也是属于复式，炸两遍；誉为“南茅北虎”的景阳冈陈酿酒也是以独特的复窖工艺被大家盛赞……其实，复式的精神实质一是合乎科学，遵循食材的原料属性，苛求美食美味嬗变；二是不怕麻烦，正所谓“食不厌精，脍不厌细”，这一点在现下物欲横流浮泛图快的时代尤为珍贵。

醋的添加更是暗合科学的道理，表是去腥异，里是祛腻累。嘴里吃着得劲儿，不能给身体增加负担，醋就很重要了，敢担当，能担当，响当当。

四棚辣子鸡在寿张街上还有一个值得推荐的去处，叫“四棚名吃辣子鸡”，老板姓陈，辣子鸡做了30多年了，资格够老。也正像其他地方小吃一样，在寿张和四棚的街上，还有许多挂着要么“正宗”、要么“老店”招牌的辣子鸡店，工艺类同，原料差不多，如果说差别和能不能成为百年老店，我想，就看是否用心了。

吴家馍馍是家乡对外地游子的抚慰

中国是个农业大国，农作物的种植和食面的历史一样久远。随着原料的丰富和手工艺的发展，早在春秋战国时期就有了面点的制作。汉代时面点技术有了进一步的发展，东汉训诂大家刘熙在其《释名》中“随形而名之”，提及的饼食计有“蒸饼、汤饼、蝎饼、髓饼、金饼、索饼”，“汤饼”于是衍生出现代的面条。刘熙对蒸饼的解释(饼，并也，溲面使合并也。溲面就是发酵面)说明了汉代时有了发酵技术，这可是面点史上的巨大变革。馒头，也称馍、馍馍，晋人笔记记述，馒头的称谓始自三国蜀相诸葛亮。馒头是中国北方小麦生产地区人们的主要食物，在南方一般当作早点，也颇受欢迎。带馅儿和不带馅儿后又演化出来包子。

在寿张，以做面食闻名的有两家，吊炉烧饼的吴家和高桩馍馍的吴家。吴家吊炉烧饼就在高家包子的南邻，同样的棚下门庭若市，生意兴隆，暂且不表，单说那吴家高桩馍馍。

吴家高桩馍馍现在的掌门人是吴修春，据他说他家的馍馍有200多年历史了。我记得很早就吃过寿张的馒头，回家过年，年后离家的时候父母给捎带上众多的给养中就有寿张的高桩馍馍，应该就是他家的。

据老吴讲，他家馒头的秘诀是不用化学的酵母，也不是接面头，而是自制的一种酵子。这种酵子以黄米、麦麸、西瓜曲做成，以这种酵子来激活麦面中沉睡的精灵。当然，这需要时间，需要温度。和好的一盆面以透气性很好的瓦盆端了，盖上被子，放火炕上慢慢地捂，慢慢地发，慢慢地等它醒来。单是这个发醒过程就需要六七个小时。发好的面团柔软蓬松，接下来的一道工序是压二杠子，柔弱的面团要被大力地挤压、蹂躏，我想起来“上大刑”这个词。但老吴不这么想，柔弱的面块团成馒头连站也站不住(别人家是在笼屉上栽好了竹签直接把它插在上面)，如何去闯荡险恶的江湖？老吴是要历练它成金鸡独立能站桩，任凭风吹雨打坚如磐，所以，老吴还要赋予它更多的东西，所以，压二杠子很重要。

吴家高桩馍馍房压二杠子的场景(摄影:张聚鹤)

压二杠子可不是好活儿,以我老汉的年纪勉强有点印象。

儿时在农村过年,临近年关的某天就分配给了蒸馒头。一般是几户互助,各自发好了面,带到一个固定人家。先要准备好了道具,一般来说要有个门板似的大案子,固定牢了,两个壮劳力各执大面杠两头,将和好的大面块先是一起有节奏地起压,不断地翻个,上百下以后,面块上泛着韧道的亮光,再分割成小块儿,去上二杠子。

后边这道工序如果叫作"压二杠子",为什么前面这个不叫"头杠子"呢,我想到这个问题的时候也无心深究答案,两个壮劳力才完成的大面杠和一个人就能完成的二杠子在压面机出现后统统消失了。

压大面杠需要两人通力合作,光有蛮力不够,赶对点儿很重要。压二杠子是一人操作,但需要更高的技巧。先说这个装置,我依稀记得要有个结实的面杠,较大杠子小不少的面杠,是枣木材料的吗?大杠子、二杠子都很沉,只记得开工之前我们围观的小孩儿去抬来大杠子还很吃力。石墩子、石臼也滚来搬来用以固定一头儿,以井绳捆紧了,找好支点,设好案板,一手抬杠,一手翻面团儿……这个活儿要求手、腚并用,倾压则注全身之力,起身则人、杠、面同起,拿捏差不得分毫,难度极高。生手压手是经常的事,风险也算不小,所以,小孩子只是围观,不许上台。

就是在这样的人力劳作下,劲道和感情传递到面团中。老吴说,二杠子压120下，抓，面团抓不烂；抻，面团抻不断。好了，接下来可以掐剂子、滚揉成型了。别慌，馒头还要请上暖炕，再醒发两个小时。上大笼屉，30分钟后，以手快速试捏，弹性很好，齐活了。

胳膊酸了，腚硌红了，馒头熟了，看着一个一个英姿飒爽的高桩“白富美”，苦累也没了。

我还记得打开笼屉的时刻，小孩子又聚拢过来，狗也摇着尾巴，执事的大人先请坐在旁边观阵的老人尝，接着是小孩子，小黑手捧着雪白的馒头，不用咸菜，一口气吞下两个馒头没问题，真好吃。

老吴等移开笼屉，他还要细心查看，就像一个将军检阅他的士兵。掰开看，见层层叠叠，那是杠子的功劳；咬一口，麦香纯正，西瓜曲水甜功不可没，老吴脸上的褶子舒展开了，仿佛说：“好了，去上战场吧！”

（初稿于2016年12月15日）

补记

我在文中仅列及寿张五种代表性的小吃，结果不小心就“触怒”了寿张人，很多人留言，为吴家烧饼、西街老戏园子李家糊粥、邮政储蓄十字路口东北角一个时辰就卖光的豆沫、香油果子、肉盒子等鸣冤叫屈。我囧，挂一漏万，但也从中更见寿张过去的繁华富庶。

文题中所言金堤取意黄河大堤，与实意金堤似有分歧。《史记・河渠书》载，汉时称黄河大堤为“金堤”，但自汉末至宋，黄河屡决，金堤频迁，所言金堤还特指方位，不可执一而论。首都的魏老先生与我视频连线，探讨细处并提供资料，令我心下诚恐，笔端敛“玩”自觉凝重起来；《濮阳日报》原主编许光川先生借谭老转达鼓励；同事刘广涛教授电话鼓励并转达台前县政府领导的鼓励；阳谷县文化馆的李健兄耗精费时检识照片发我配文，并特遣张聚鹤小弟专赴寿张拍摄；寿张文化站张春梅站长亲自跑去为我要来了传承人的电话……拳拳眷眷挚情流盼，无以谢表，适逢我“猪拱地”商标注册下来，唯以更加卖力地拱地码字以报诸君厚爱。

莘县古城鸳鸯饼寻访记

我是从阳谷寿张肉旋子第五代传人李德全那里听说的莘县古城鸳鸯饼。

第一次造访寿张肉旋子是几年前的冬季，李德全他们家是在冬春的冷季（便于起酥用的猪油凝固）做肉旋子，暖季则做猪肉锅饼，说到肉锅饼的时候李德全提到了莘县古城那边的鸳鸯饼，一种和他的肉锅饼几乎一样的吃食。后来，又去过几次寿张，恰恰也都是冷季，始终不巧，没尝到李德全的肉锅饼，鸳鸯饼的名字倒是深深印在了脑海里，只是一直未去了古城，也一直未见鸳鸯饼的真容。

直到有一天，弟子茹菲电话我，说是从老家带回来了好吃的，知我是吃货，特意分我一些，她带双胞胎儿子和鸳鸯饼来见我的时候，你可猜得出一个吃货能有多高兴。

初见鸳鸯饼（冷冻的），我并没有看明白，晚饭上锅蒸熟，切开了吃，也没有想太明白。从此，心里更是强烈地记挂着鸳鸯饼的实地寻访。

去河南濮阳考察，回途经范县回聊，正好过古城。深冬的这天下午，没有太阳，也不是太冷，古城镇的大街上商业摊位不少，但顾客零星。听街上的老人说，现在的镇驻地街区都是新建的，600 多年历史的莘县老县城（这里曾作县址）早无踪影。

莘县古城地理位置特殊，有两省（鲁、豫）两市（聊城市、濮阳市）四县（莘县、阳谷县、台前县、范县）交会际遇，有仲由（子路）设院讲学、秦始皇走马修堤、郑板桥清正为官的故事背书，鸳鸯饼据说就是当地百姓为报答郑板桥清正为民谋福特意创制的美味。今天，旧址遗迹也已不在，走在古城新镇的大街上，倒是能看到好多处挂着“正宗鸳鸯饼”的或大或陋的门店，这倒是和网上说的政府想把鸳鸯饼做成产业加以普及推广相符，但就怕事与愿违。第一次来寻访的我们面对着到处竖立的牌子也犯难了，到底哪家更值得一看？根据多年走市场的经验，我们没信其大也不迷信其正宗的说法，选择走入一户外边就摆着大炉子蒸笼屉的店。

掀开门帘，房子里的陈设很简朴，正对门不大的案板上不规则地放着几个面剂子，紧挨着案板的立架上分层码放着一盖子一盖子排列整齐的鸳鸯饼。我并没有看到人，遂高声询问，一个个子不高的中年人从里间屋走出来寒暄，他就是店主荣发义，后来攀谈得知与我同岁。再一会儿，他的妻子，一位端庄敦厚的妇女从另一间里屋走出来，套着围裙，戴着套袖，手里托着一大块面块，是了，我们看到的不规则的面剂子是上次剩下的。点头示意后，她又去了里间，端出一盆调好的馅子，除了五花肉丁外就是大葱碎，调成浓浓的酱色，在这简陋的环境里格外亮眼，也很是诱人。当她在案板前的高凳上坐下来时，我们知道鸳鸯饼制作要开始了，遂聚拢来，打开手机的照相和录像键，老荣配合着妻子演示解说。

起初，我对网上关于郑板桥和鸳鸯饼的故事并不相信，因为所有的版本都是据说，并无史据。老荣也认为鸳鸯饼和郑板桥知县有关，并且说是老辈人传下来的，估计全镇上都这样解释，从感情上倒是成立。回来后我也没有查到更有说服力的版本，暂且放下。

说话儿的工夫，荣发义的妻子已经揪好了面剂子，旁边备好了揉搋面剂用的面粉，只见她熟练地把面剂子擀薄成不规矩的长条形，以左手压住一端，右手托拿着另一端有节奏地抻开，拉抻到飞薄几近透明。此处工艺的关键就是拉抻的火候和质量，不熟练的要么拉不开，拉不开待饼蒸熟层次不够，口感受影响；要么拉烂，拉烂的皮包了馅儿蒸制中就会侧漏，影响饼的形制和食用感觉。这是道关键工序，老荣说一个生手想做好鸳鸯饼，没有两年的功夫是不够的。接下来，老荣的妻子在拉抻好的饼皮上麻利地刷上一层油，在饼皮靠上的顶端舀上一勺肉馅儿，小心地折裹起肉馅儿，反正复次地折叠，几个回合下来，最后留下的较宽的饼端再向两边扯抻，对包裹好的鸳鸯饼进行艺术化（类似包子合口的褶纹）地最后收口，重叠后的面皮边梢掐下，积攒重新揉搓入面剂儿。这里也是关键程序，生手在最后成型的工序上往往会搞成面块，使鸳鸯饼厚薄不均，蒸熟后严重影响口感；再者，整形不美观，形象折分。所以，在这条眼花缭乱都谓正宗的大街上，你只需要看一眼鸳鸯饼的外形，大致就可以判出端倪。做好的鸳鸯饼要饧发一会儿，上笼屉，待锅水开，旺火蒸十分钟，稍停，即可开笼取饼。

老荣打开笼屉，蒸腾的雾气中鸳鸯饼玲珑剔透，晶莹的表面泛着惹人爱怜的光芒，肉馅儿隐约可见，袭来的面香中夹带着肉香，满是过年的味道。朦胧的雾气中，我恍若穿越到儿时聚拢的锅台，母亲和奶奶有时蒸一锅死面的油盐花卷，就是鸳鸯饼这种感觉，当然，它们之间的间隔就是那点儿肉馅儿，但在我们那个温饱不逮的年代，这个距离好大。

古城人民献给郑板桥大人的珍贵挚礼(摄影：王宁)

老荣请我们品尝，刚出锅的鸳鸯饼拿在手里，再也顾不得形象，大口咬下去，满口嗆香，馅儿的软糯和面的韧滑复合为搭配适中的咀嚼好物，面中筋道蒸出的本香与调和的肉馅儿浸淫其中融就的味道，正是我们这些永远走不出农业文明的人的不甘和不舍。在这个近邻黄河金堤的古城，在这个晌中的时辰，我们享受着刚刚熟悉的老荣夫妇给予的美食礼遇，规格与鸳鸯饼传说中郑板桥大人的待遇等齐，我觉得，过往的日子里一定是我们做足了好事。

虽然是在笼屉上蒸，但和我们熟悉的在锅上贴的饼子外形近似，故饼的称谓是恰当的；其中裹了猪肉馅儿，称之为“猪肉锅饼”也是贴切的。我记得当时寿张的李德全就是这样告诉我的，他冷季做羊肉馅儿的肉旋子，暖季做猪肉馅儿的肉锅饼。但同在金堤河岸，为什么到了不远的邻县换了名了？

从网上搜索，并没有合适的答案。鸳鸯饼更多的指代是另一个大品类——甜点，因复合了馅料，交融层现，故而称“鸳鸯”。

本来，鸳鸯是雄雌两鸟，因其总是成双成对出现，所以，在人们眼里慢慢成了美好爱情的象征。西晋经学家崔豹在其《古今注》中说：“鸳鸯，水鸟，凫类也，雌雄未尝相离，人得其一，一思而死，故谓之匹鸟也。”李时珍《本草纲目》也说："（它）终日并游，有宛在水中央之意也。或曰：雄鸣曰鸳，雌鸣曰鸯。"还有文献考证，说"鸳鸯"实为"阴阳"谐音转化，取其"止则相偶，飞则相双"之习性。中国历朝历代的文人以鸳鸯为题材创作了大量的诗词文赋作品，以表达人们对它的喜欢和对美好生活的向往，"鸳鸯戏水"也从门上年画的纸上堂皇入室，走进婚房中男女爱人并列而卧的床枕上，而称谓一路演绎，鸳侣、鸳盟、鸳衾、鸳鸯枕、鸳鸯剑……鸳鸯饼也就不足为怪。

由是观之，鸳鸯从本义到符号借喻，关键在于"成对儿"，所以，荣发义关于鸳鸯饼名称的解释最是合理。我们观察了整个制作过程，工序上并不能体现鸳鸯"成对儿"的概念，但从笼屉上取出时两两相扣，成对儿拿放极其自然；再者，因饼薄，食时取一对儿叠并一起吃，售卖也对儿卖，都是"成对儿"的概念，从此意义称谓"鸳鸯"倒是能说得过去。

鸳鸯饼的故事背书选郑板桥也算巧妙，因为郑板桥在此地做过知县（时范县），并对这个地方感情很深（据载郑板桥离开此地数年仍不忘范县人民，曾赋诗赞怀"范县民情有古风，一团和蔼又包容。老夫去后相思切，但望人安与年丰"）。他也确实喜爱食饼，今江苏兴化市郑板桥家乡"郑板桥纪念馆"里有一幅《乳母负燮图》和郑板桥《乳母诗》（平生所负恩，不独一乳母。长恨富贵迟，遂令惭恧久。黄泉路迂阔，白发人老丑。食禄千万钟，不如饼在手）及序中，都充分显示了郑板桥由饼延及乳母的感情。至于网上几则视频中郑板桥为鸳鸯饼所作的诗（一碧青葱肉中藏，二面千层口中香。三生犹得佳肴味，四季鸳鸯美八方）则是后人附会了，并无实据。

在政府以及酒店协会的网站资料上，古城的鸳鸯饼传人代表是陈照海，网上报道较为集中的则是崔增（说是第九代），老荣艺承陈照海，其他还有十多家，各有师承交错。一个乡镇上，这样的从业规模应该是典型的代表性小吃品类了，就像沙镇的呱嗒。但审视他们的说辞，发现除了大家共享的郑板桥背书故事，再就是低层次的争谓谁是正宗。其实，作为一种地方小吃，好吃才是王道。鸳鸯饼对面没有特别的要求，据荣发义介绍，一般六零面就可以，和面用水也无特别定规，夏季可直接用井拔凉水，冬季时调以温水。馅料上以猪五花肉为主料，肥瘦各半，切三寸方丁，辅以大葱葱白碎，以酱油老抽、香油、鸡精等调和成馅儿。猪肉和大葱的美味组合很早就被中国人民发现并掌握,无论在沸腾的鼎中(水饺),还是置上的笼屉里(包子)。鸳鸯饼现场做,鲜热的满足就近人们消费,2 元一个,也算经济实惠。外走携带中他们发展出一种冷冻方式(生的鸳鸯饼冷冻定型,以专用储藏箱收纳,50 个一箱),在冬季一般外带走三四个小时没问题,到家再冷冻放置或直接上笼屉蒸熟即食。老荣的店紧邻古城镇车站,每天都有外走。我们说话的档儿,就有司机师傅进来聊天,出锅时老荣也真诚地送上鸳鸯饼,师傅也不推辞,看来他们很熟。

回来的路上,脑海中反复回放着老荣介绍的古城鸳鸯饼的现状、困惑以及想尝试创新的冲动,我心下感觉很沉重,途经崔增家气派的门店,再也没有了初来时探访的雀跃。

古城鸳鸯饼的境遇与很多地方特色小吃相似,在当今的政治经济文化环境中,我以为从业者一定要有执念、有坚守,不可人云亦云。

就产品自身而言,原料的选用要精苛。美食需美料,正所谓上有追溯,消费才放心。这个起始并很大程度决定品质的环节在传播中也是很好的讲故事素材。原料执行务要坚守,高标准,不凑合,中国著名酱菜老号"六必居"成就品牌就是肇始于原料的讲究和执行的坚持(黍稻必齐,曲蘖必实,湛之必洁,陶瓷必良,火候必得,水泉必香)。这个环节,我觉得政府或行业协会恰恰不该缺失,引导承传人,汇集专家,制定完善的行业标准和管理细则,弄出白皮书,规范市场,首先为地方打响品类的品牌,成都小吃和沙县小吃的做法就堪赞。工艺方面坚守传统,不要为现代机器、规模批量所扰,实践已经证明,传统手艺若因逐利、求规模而机械化改进或替代,未来将是覆灭的结局。

地方小吃,其风味更不可以迎合广域的大众为由丧失其独特性。中国有句老话,"一方水土养一方人",带有地方基因的地域特色小吃不可能像麦当劳、肯德基一样全球一个模样,哦,对了,麦、肯他们也在做本地化。再看那些引入北方并"去辣化"的重庆小面的结局就更明白了。所以,莘县古城鸳鸯饼到济南去、到北京去未必合适。

一种风味小吃,自有其生存根基和消费因由。莘县古城鸳鸯饼,发乎当地百姓对郑板桥大人施清政、善待民的知恩图报,寄寓了鲁西人民淳朴的感恩和礼敬，这种文化认知在当地转化为市场驱动是没问题的，但无限扩展开来就未必能获得市场的认知，所以，我以为要内审外察，动辨先机，不可盲从盲动。

年后致电老荣，得知老荣收徒，也扩大了规模，心下也喜也忧，但愿老荣们的生计有个好的未来，也祝福鸳鸯饼一路顺风。

（初稿于 2018 年 2 月 28 日）

面儿裹了肉馅儿，然后过油

——大聊饕餮级名吃合集：康园肉饼、武德奎肉饼、沙镇呱嗒、阳谷肉饸

年后写下这个题目并不讨好，因为肠胃和味蕾的雀跃程度大不如年前，而且因为吃事积重，脑海里的幻象也不足；加上这个副标题风险就更大，挂一漏万，会惹得一大帮表弟表妹（阳谷炸鹅脖、寿张肉旋子、莘县荸荠丸子、冠县羊肉饼、临清水煎包甚至巷里家常炸藕盒等）不高兴，故先行揖过。

面、油、肉的组合

本来，面、油、肉是三样过硬的好生活必备品，尤其是对于吃不饱的上一代和擦边饥饿罹患穷苦的我们这一代人来说。过年的时候能有这三样好物，在一般的家庭就算是能过一个很不错的年了。

儿时的印象里，面分好面、孬面。所谓好面就是白面，小麦磨的面；孬面就是小麦之外的粮食磨的面。这是一种俗谓，并不能上得文本，但很形象。孬面做的黑窝头（高粱面、地瓜面、杂面等）、黄窝头（玉米面）质地粗糙，难以下咽；好面做的白馒头、卷子（特别是油面花卷子，一种以葱花、熟油、盐渍料卷入好面分层出花）则细腻好吃，也多愉悦的联想。在农村长大时，我家由于定额的粮票（非农业人口）不足，并不能天天吃到好面的卷子、馒头，母亲就在白面里掺了玉米面和成两色间隔的花卷子。我记得有一次拿了花卷子在街上吃，还惹了村上拿着各色窝头的小朋友的垂涎和围观。同样，在1982年，我和弟弟在阳谷西湖斜店中学的食堂里，手里拿着黑不溜秋有些发酸的

小麦面卷子，看着那些家庭富裕些的同学拿着街上馍房蒸的雪白而筋道的方馍馍，我们也是眼巴巴，于是心里暗下决心，好好学习，将来能天天吃白馍馍……后来的后来，我看到莫言获诺奖后的一篇采访，说在城里买了新房子后第一件事是先买几万斤粮食放进去……我觉得那时的莫言是足够真诚的。

油，在饥馑的年代同样是缺乏的。我大聊平原，过去棉花曾经是主要的经济作物，棉籽榨油的方便使我很久很久以来只知道棉油多美好。老家堂屋里熏黑的灶台里侧，同样黑乎乎的陶罐里很神秘，那里面放着奢侈的棉油，奶奶平时看护得紧。有一次，我冒着风险拿开覆在上面的遮挡，看到油罐底层只有很少很少的一点儿。那个年代，家里一般不炒菜（下饭的是咸菜，就是腌制的芥菜疙瘩，我们称为"老咸菜"，把炒菜叫作"咸菜"，因为要多放盐，就饭的），更不会炸东西，棉油的使用仅限于取出一点儿放了碗里加盐冲些热水混制成蘸干粮用的咸汤，至于同样的材料加葱花做成卤儿浇到面条上，那是看着家里来的贵客吃，我等也只是干馋的份儿。过年炸丸子是我见棉油最大的欢场，我们一次一次地被驱赶后还是围拢在锅台旁边，生怕油烟跑了，拼命地吸着鼻子……

肉，是奢侈品，比面和油要更高一个档次，当然是在那个年代。当我工作了以后，温饱之余和肉食企业老板分析精准客户时，我以"穷人吃肉"作为洞察，大家叫好，但我心下很复杂。那时，一整个乡里（彼时叫公社）只有供销社前面一家卖猪肉的，平时的村里见都见不到，更不要说吃了。谁家盖房子摆宴席轮到富裕家庭时村里才能闻到肉味儿，那个时候，我们小孩子和狗是不分先后跑来的，穷困的家庭只有过年时才去集市上割一点儿肉。有一次，跟着大人到集上，在肉摊旁不断听到买肉的喊，"多来点肥的"，一不小心拉多了，如果不坚持退回去，一年的开支得全变，心里也是割肉般的疼。买回来的肥肉交到会过日子的女人手里，就会有香喷喷的很长一段好日子过。我们这代人对油脂拉子印象最深，入口咀嚼，闭眼回味，那香，如同初恋般的刻骨铭心。上学期的课堂上，俊妍同学拿出 100 多元一斤选料极为讲究的青岛名吃脂渣让我品尝，我觉得远不如小时候炼出来的油脂拉子味道好……

今天，面、油、肉家庭常备，并不稀罕了，会生活的人们在这三个方向都比过去有了更多的创意探索和实践，不擅长在家里做饭的人在酒肆里也可以更方便地寻觅到花样繁多的三物创新组合。

聊城地处北纬35°～37°，是典型的黄河冲积平原，土地肥沃，四季分明，是中国重要的粮食、蔬菜产能核心区。此地小麦丰足，品质也好（过冬小麦），所以，好面不愁；走了棉花，来了大豆和花生，所以，油料也不缺；生猪饲养处处可见且有规模，肉的获取也很方便……有了原料的便利，在获得温饱之后，关于面、油、肉的美食探索也丰富起来，当然，即使穷困的过去，这三样原料的组合也存在，只是离我们大众很遥远。现在生活好了，这种美食小吃在本地生活的人们那里是隔三岔五地打打牙祭，在远离故乡的游子那里是按捺不住日思夜想的浓浓的乡愁。

面裹了肉馅儿（理论上也可素馅儿），可水饺（馄饨）、包子（荠馏）、烧卖、肉饼、肉饸、呱嗒、藕盒等，形态百变，各擅其长。入了水煮，上了笼蒸，过了油煎、炸，风味迥异。我们单表“以面儿裹了肉馅儿，然后过油”的品类，因为，过了油，味醇复叠会更香；过了油，酥黄饱溢欲更强，撩人撩到再也坐不住、睡不安，起而行，去饕餮。

饕餮一：朝城康园肉饼

康园肉饼再早些该是叫“朝城酥肉饼”，那也该是朝城设县时。

朝城酥肉饼据说是清光绪初年由妹家康园村的大焗掌房登山创制，故称“康园肉饼”。今天，康园肉饼在周边很多地市、县城都有布点，成为名副其实的地方特色小吃。

朝城系千年古县（唐开元年设县，新中国成立后先后隶属山东观朝县、范县，1956年归属莘县），今为镇设，属莘县。莘县历史也久，秦时就置阳平县。莘县腹地辽阔，东北西南狭长，与冀、豫接壤。莘县南面隔着黄河金堤与中原相望，西面隔着漳卫河与燕、赵、卫、魏故地衔连，文化融汇，因陈承传，无论观今还是望古，莘县和同位聊城西部的冠县两地风土人情都多燕赵古风，至于齐鲁文化，则淡多了。

我在莘县县城吃过康园肉饼，在濮阳、范县、阳谷的街头也看见过，但与之第一次相遇还是在我比较熟悉的聊城，那条生活气息浓烈的育新街上。

育新街其实是两条小街，交叉平行于聊城东昌路和柳园路两条主干道，窄道幽隅，偏安于旁附，闹中取静，消磨于生活，琳琅满目，让人沉溺。这条街上密布着粮油菜蔬肉类原材售卖店、点儿、摊儿，以及烹调加工的成品、半成品，各路小吃集聚，人声鼎沸，热气腾腾。记得是两年前的一个秋日，我站在阳谷寿张大街上高家包子铺的蒸笼旁，高家的女婿对我说他的计划就是到聊城开店，别人推荐的地点首选育新街。

在育新街第一次吃康园肉饼已是很久很久的事了，记得是匆匆路过时那股味道把我生生留住的。我很小心地打量着路边这家并不起眼的简陋店铺和傻乎乎的道具，煎烤炉具、和面的大案板和盛肉馅儿的大盆，然后仔细察看最关键的肉馅儿。煎烤炉延伸到店堂外边一些儿，炉边操作的师傅很是利索，套着围裙、套袖，戴着口罩，最外边炉具那儿的小伙子一手大刀，一手狭长的翻铲，仔细地翻看着煎板上的肉饼，来回活动着受热的部位，当那面金黄隐约可见肉馅儿，香气已然争先恐后地涌向路人打招呼去了。间或看到行人骑车驶过又猛地刹住车子转回来，这自然是肉饼场景和香味的功劳，我不由得对店家的商业智慧刮目相看。操作间的隔壁主间是可以就餐的地方，几张简易的桌椅，坐满了吃饭的人，没有人说话，大家都埋头大口而小心地伺候着肉饼，盛肉饼的盘子旁边，一碗鸡蛋汤或小米粥，大蒜、咸菜自取，蘸醋免费，这种搭配主次分明，食滋合理，一张肉饼和一碗汤粥 10 元打住，饱腹又解馋，经济复实惠。自从这次邂逅，以后的两三年里，我每每带外地来大聊求学的弟子来这里打牙祭，以至于南国的弟子志坚从此爱上了这一口。

康园肉饼的馅儿料配比很是讲究。放心鲜猪肉的精肉剁成肉泥(康园肉饼朝城起家时主馅儿是羊肉)，配以品质较好的泰安红薯粉条碎，至于肉和粉条的比例只能靠师傅多年的经验了，没能精准量化的比例就是多年来本地顾客的适口，我习惯称之为“艺术”，以挤兑那些所谓的“科学”。主料两样，以花椒面、酱油、盐调和腌制，充分入味待用，现场操作时，兑以葱姜碎，以香油提味。康园肉饼的面皮选用本地小麦精粉和制，肉饼皮薄馅大，形制呈方形，最后四角圆弧收边，文火慢煎，成色金黄，大口吃，酥皮触碰味蕾，鲜嫩肉香裹着热气争先而来，咀嚼回环往复，感受各种选料之美、调和之美。

现在的康园肉饼经过房家后人、亲戚、朋友的手艺承传和开店努力，已经走出朝城、莘县，在鲁豫的几个地市、县城均有设店，味传三家，食客络绎，同时也斩获了不少荣誉，还是非物质文化遗产呢！

饕餮二：阳谷肉饸

自去年起，阳谷肉饸在聊城开了好几家门店，生意很是不错，每每提及，在坊间谓为传奇。聊城的门店我不曾去过，阳谷的老店我去过两家，各有特点。

至于“肉饸”还是“肉盒”，我觉得都不算错字。“饸”指北方煮着吃的一种条状面食，最常见的是“饸饹（面）”的特指，多用荞麦面轧成。饸是长条面，肉为馅儿，卷成，肉饸很是自然。“盒”更无歧义，面皮做盒材，装入调好的肉馅儿，当然是肉盒子。但考证历史，不见肉饸的说法，却见疑似故人的馅饼的踪迹。

是了，“天上不会掉馅饼”（语出圣经《出埃及记》第十六章。摩西带领以色列人出走埃及，当行走旷野缺乏食物时人们开始抱怨，神耶和华令鹌鹑飞来，在露水上升之后地面呈现犹如白霜样的小圆物，以色列人叫玛哪，如白色的芫荽子，味道若掺蜜的薄饼），这个中国人熟稔至极形容坐享其成的俚语竟然是舶来，令我特别不能接受。但资料显示，西方的馅饼确实是沿着古代文明国家（古埃及、古希腊、古罗马）推进到英（12 世纪传入英国，且肉馅饼成为主流）美发达国家并普及开来的，馅料也由最初的奶酪、蜂蜜拓延到肉馅和菜的组合。中国历史上虽没有明确的馅饼演变记载，但饼属在汉代已经很是壮观。汉魏六朝时，饼一直是主要面点，且品种繁多，《齐民要术》中详尽记述了诸饼的实操步骤和轻重要点。到了盛唐，饼制更为精巧，宫廷里为皇帝做千层饼（以鸡、鹅膏、猪脂、花椒盐“厚掺干面卷之，直捩数转”），富贵人家则以玫瑰、桂花、梅卤、甘菊、薄荷和蜂蜜为馅制作甜饼，其实早就有了馅儿。宋代《清异录》记有莲花饼、五福饼、水晶饼，极尽样式机巧之美。高濂《遵生八笺》里记述的明代饼方也颇为丰富。李渔还高度总结出“饼得于薄”（糕贵乎松，饼得于薄）。袁枚则以“蝉翼”和能否映字为标准来衡量薄饼的程度……所以，今天我们自然而然地就有了一条衡量面裹馅食物的模糊而又至高的标准——皮薄馅大。

第一次吃阳谷肉饸是与两位好友同行。早上7点多的南街肉饸店(紧邻“睦修”牌坊)里里外外已经不少人了,矮桌板凳,三三两两。店中由里及外,依次排布甜沫桶、面案儿、肉馅儿簸箩,流水线上顺序分布老人和妇女,这种天然分工也是中国夫妻店生意或家庭作坊的标配。最靠近门口位置是煎摊儿,稳稳坐镇一位身材魁伟的男性大师傅,日子久了,师傅脸上油光可鉴,面对络绎的人流,他波澜不惊,应答都是极简的语式,“肉几个?素几个?”“牛肉几个?羊肉几个?”……肉饸与甜沫的搭配也许是实践检验出来的最佳,这个店里没有第二种选择。他们也是专业店,天天只做这个。店里陈设到极简,碗筷盛具等甚至有些简陋,这一切都是为了捧出主角儿——金灿灿、热腾腾、香喷喷的肉饸。肉饸上桌儿了,见者无不食指大动,再也顾不得别人了。是,你需要全神贯注,肉饸整个上来,一是很热,从哪里下口下多大一口需要研究,还要提防里面的埋伏,咬开口涌出的热气直奔口腔中最嫩的上膛,一不小心就烫着了。所以,偶尔抬头,你会看到很多人一大口下去,现出怪怪的表情,本来,嘴里腾挪空间不大,咽下去不敢、也不甘,只好迅速地在口里倒着、托着,挨着哪边儿都是热……我亲历了这个过程以后再也不着急了,等着,吹着,小心翼翼地下口。香是浓烈的,是那种穷怕了暴富了以后的多和足,其实有点儿过了,所以,早晨风卷残云过后,中午一般没食欲了,还顶得慌。其中粉条与肉馅的搭配堪夸,粉条是中性食材,但穷苦日子里也是罕见。今阳谷博济桥办事处有个国庄以粉条闻名,几乎所有的当地吃货都知道国庄的粉条好,肉饸里自然用了国庄的粉条。热软的粉条碎做了肉馅儿的跟班儿,很是听话,与肉馅儿紧紧抱团,饱吸了调汁儿和肉香,经过油煎,更加的晶莹透亮和惹人垂怜。

肉饸最大的一个特点就是里面浓浓的花椒面麻麻酥酥的味道,多了,过了,却让人记住了。被喻为多子的花椒(比如“椒房”)打碎了与肉是绝配,花椒辛温,健胃散寒,除腥消腻,助消化,解毒性……所以,肉饸的馅料搭配竟暗合阴阳平衡,确是道地中餐。再配一碗淡味甜沫,碗里顶层转着圈沥了醋,油腻得以中和,堪是一顿好饭。

这家店我去过很多次,后来发现,人多的周六日两天,他家不做素的只做肉的。后来据老饕讲，狮子楼风景区停车场对面丁字拐角处的那个肉饸店资格更老，去过几次发现，这里更朴实，肉饸形制也不同于南边那家的不规则长形，传统圆形，更像馅儿饼；价格也低，肉素丰俭自由。仔细观察，这里更多的顾客是老主顾，这里也更接地气。

相距不到300米，同为肉饸，渊源一定有，但经营理念已然不同。

聊城辖域里，近者比茌平、东阿，远者较临清、高唐，从地缘上，阳谷可以说是最亲近聊城的县。南向金堤分鲁豫，东部运河三镇（张秋、阿城、七级）贯南北，顺途北上，正好是聊城。淳朴、务实、敢作敢为、长于外出闯荡的阳谷人不甘一隅受穷，聊城自然是最直接的北上和外出。据不完全统计，几个县市区，在聊城的阳谷人也是最多。聊城开设的几家阳谷肉饸店很大程度上是由聊城的阳谷人及其影响的人群认知构成的市场。但如果一味地逐利而盲干，也就是一阵风的事儿，不会有传承，更不会有“百年老店”。

我还在心悸肉饸烫了嘴，那个吃得快的朋友已经在对付第二个了，等我吃完第一个的时候，另一个朋友才吃完第一个的一半……有一次，我带同事来吃，有个女汉子分别吃了羊肉、牛肉和粉条三种的，令我很是瞠目。

饕餮三：聊城呱嗒

如果说肉饼、肉饸的品类全国较为常见，那么，呱嗒就是聊城独有的真正意义的地方特产了。相传，初时城内以祖传“孙呱嗒”（孙立忠）最有名，乡间则以沙镇呱嗒最好，说是最初创制于清代，已有了200多年历史。聊城呱嗒真正的群众基础还得说是在聊城、阳谷、莘县一带，也有走出去到了济南、北京（名“状元饼”）的，但寥寥，生意并不如意。在本地的买卖，也仅是一小吃，夫妻店营生，并没有太大的气候。

我在专文《聊城呱嗒说》中毫不掩饰地表达了对呱嗒现状的无奈和以往传统工艺制作的呱嗒的美味留恋，工业化进程和消费时代像是无边的暗夜吞噬了所有希望的光芒，这种对未来绝望的直接后果就是移情别恋，不再吃呱嗒了。直到有一天，微信上看到木恪君的留言，说在育新街发现烤制的呱嗒。我一下子被撩起，坐不住了，立马就想一探究竟。

午夜就约好了木恪君。第二天早上，我急匆匆杀向挚爱的育新街。我选择从南街利民路口进入，数着侧身过的如老友的法桐，我几乎是雀跃地跳了，像极了童年时去上学。到第一个岔口的时候，我稍停留了一下，几年前那个卖手工布鞋的老太太早不来了吧。继续走，看见路西的高唐老豆腐，店里雾气蒙蒙，人影绰绰。再过两家羊肉摊儿，抬头间，就看见了木恪君说的堂邑彭家烤呱嗒，就在东西向的育新街路北。他家往东两家就是原来的瑞香村店，路南密布着临清三角火烧、赵家烧饼、李氏胡辣汤、鲁西甜沫等育新街傲娇的品牌。

走进彭家的店堂，该是 9 点过了。三两张桌子和若干四足圆凳布置，一位主顾坐在高凳上，面朝门口，筷子夹着呱嗒，悠然自得食中三昧，鸡蛋汤弥漫着香气，耐心地等着主人。靠门口的一侧是煎烤明档，没人；往后去是备料操作间，一位妇人在里面忙活着面事儿，闻声走出来打招呼。我说明来意，她很实诚，说等一会儿让她丈夫回来。说话儿的空儿，看她拿出手机联系，但电话没打通，我隐约听到欠费停机。当我仔细观察煎烤操作间里的那些家伙什儿的时候，她请那个主顾，显然是老主顾，给丈夫充了 30 元话费，拨通电话说明了原委。老顾客离开不久，木恪君也到了，又一会儿，一个国字脸、五官端正、一身敦厚的中年人走了进来，就是店主彭新华。寒暄过后，彭师傅走进操作间弄火，取出两小块猪大油放在鏊子稍高的一侧，沥上两小勺明油。这边油亮的面案上，他从面块上揪下面剂子，团团儿，以短小轻灵的擀面杖擀薄面皮，“呱嗒呱嗒”飞舞几下，一张飞薄的饼皮即得，放上腌制好的猪肉馅儿，摊平，从小头儿卷起，大头儿分两侧收边合沿儿，严实包裹如菜团，再置案板上按压、轻擀、拉抻、均形，成呱嗒雏形，可以放在鏊子上烙了。灶下炭火持续的热力让饼皮以肉眼可见的速度急剧地发生着变化，这正好安抚吃货们焦躁等待的心。翻个儿，腾挪位置，当呱嗒焦黄可见，饼皮里的肉香外透，大约是好了，彭师傅操起自制的敦实的铁烤架，送呱嗒去灶间深造，反正两面烤了，明油不见了，呱嗒更加紧实、饱满、挺括，外酥里嫩是最好的形容了，当然这是吃起来的真实口感，既然已经烤好了，既然已经等候多时了，不吃又待如何？友情提示：小心蹿出的热气烫了嘴。

呱嗒分肉素，也就是肉馅儿、肉蛋混合馅儿、鸡蛋馅儿，肉馅儿后来又延伸出来一个加肉定制。彭师傅很热情地为我们做了一个三两肉的定制版和一个鸡蛋馅儿版，所谓风搅雪就是指的鸡蛋馅儿。我一直很佩服风搅雪的命名者，“风搅雪”，形象且雅致。轻轻掰开，端口处煞是好看，蛋清蛋黄泾渭分明，真似风搅乱了天地，也狠狠地扯动了吃货的每一根食神经。

四十几岁的彭师傅从很小就跟着爷爷去堂邑镇上做呱嗒生意，耳濡目染，因因承传，行里的老理儿老规矩自是不敢违背，也不敢丢，恪守传统，信诚经营，在当今逐利浮泛的时代尤为难得。猪肉馅儿选材金锣放心肉，辅料也是大品牌的，关键调味料则自己制作以保证呱嗒的守常正大。

呱嗒是聊城人民每天早餐的念想。传统呱嗒不仅好吃，从呱嗒的制作原理看，它还暗合了诸多科学讲究和食养道理。比如猪大油的使用，使呱嗒面皮起酥增加呱嗒口感和香度的同时，也能增食欲、润燥、补虚、解毒；肉馅儿中用姜也颇为讲究，姜味辛、性微温，入脾、胃、肺经，生姜中含有辛辣和芳香的成分，而且，更重要的是姜还有醒胃开脾、增进食欲的功能。烫面裹了猪肉馅儿过油，自然是杠杠的硬货，刹不住口就会吃顶，而猪大油和姜融入其中，则很好地平衡着口感和鼓励着胃动，使呱嗒与吃呱嗒的人生生不息，久久相伴。

200 多年前的呱嗒当值康乾盛世末期，聊城时为运河著名商埠，“漕挽之咽喉，天都之肘腋”，全国各地客商云集，聊城呱嗒的产生肯定与各地饮食文化和习俗的相互渗透影响有关。我一直很纳闷呱嗒的形制，在中国传统的圆、方形状中为何能独辟蹊径，选择如鞋样的长形？后来想，不走寻常路就是创新呀，创新需要开放、包容，这不正是贯通南北的运河赋予聊城的精神基因吗？从此意义，呱嗒代言聊城当仁不让。

饕餮四：临清武德奎肉饼

位居北纬 36°61′华北平原上的临清小麦广植（过冬小麦），面粉优异，乐享生活深谙吃理的临清人的早餐面点里除了油条、糖盖儿、火烧外，还有面食类的四大传统名吃——徐家煎包、王家烧卖、窦家蒸包和武德奎肉饼，前三种灵指轻弄，心机精巧，唯独武德奎肉饼皮馅儿皆为巨制，大厚沉重，粗犷意味，最合老饕心意。

资料显示，武德奎是临清考棚街人，15 岁到北京东安市场瑞明楼饭店拜师学肉饼制作技术，三年学成出徒。1925 年，武德奎在天津饭馆里卖肉饼；1932 年，回到家乡，先后在三元阁街、会通街、考棚街主营天津猪肉包，字号“宝盛居”；1952～1956 年，改营肉饼，并于 1954 年加入公私合营的饮食四店。因此，武德奎肉饼创始于 20 世纪 50 年代，现在的经营者系武家后人。

很早就听闻武德奎肉饼大名，但机缘不巧，去过临清几次，始终未逮。去年岁末，朋友相约去临清品菜，我计算着时间，早午饭的间隙里正好去访武德奎肉饼。

美女敏早言，现在的武德奎肉饼经营者系其亲朋，自告奋勇美食导航。一个晴阳的冬日，我们北上，但不是沿运河顺流。258 省道过马颊河，经斗虎屯豆腐、堠堌熏鸡，到临清新华路，见武德奎肉饼店。阳光倾泻在武德奎肉饼店的玻璃门上，晃得人挺舒服。推门入堂，店主的热情也如这和煦的阳光，把仅有的一点儿寒意扫荡殆尽。年龄不小的夫妻两个加上儿子，三人照顾着店面。入门右侧就是肉饼的操作档，依次排开面粉、和面盆、生案、煎档、熟案，生案上两端摆放着肉馅儿盆、鸡蛋盆、散面盛具、油盆和打鸡蛋的碗，中间就是抻面包馅儿擀饼的空间，再往里是炉灶煎锅，上方是抽油烟机罩，转折右手边是熟案，烙好的饼放在这里切分，码小盘，送里间桌儿上吃。真正的厨房经过厅堂里走，吃肉饼一般打个鸡蛋汤喝，吃干的喝稀的是常识，何况是在以汤著称饮食讲究的临清。

吃饱、吃好是身为农业国家的中国人对饮食的最朴实的标准和理想，面裹了肉馅儿过油，符合所有中国人对好吃的全部想象(摄影：王宇辉)

儿子在生案操作，负责擀皮包馅儿整饼成型，父亲则负责烙饼，成熟后熟案切分直面顾客。面粉是本地永强粉，以冷水和面，翻打往复，从和面缸里的搅拌木棒可以看出这绝对是个力气活儿。面成饧发三分钟可用，面剂擀成长面皮，裹馅儿成饼。调馅儿繁复，可以看出临清人的讲究。猪肉选取后臀尖，肥肉切丁以增香，瘦肉剁泥，配以京瓜、葱丝、黄姜等佐料，卷裹封严入铛子，烙制中加板油以起酥，呈浅黄色时在肉饼正中开口，灌鸡蛋液，再烙至金黄，出铛。

武德奎肉饼的配料中，肉和蛋是主体，一个 6 斤重的肉饼，其中 3 斤多肉、8 个鸡蛋。葱姜是基础调味料，不仅担负健脾开胃增食欲之功效，更重要的是它们在肉的世界里还能消腻祛痰抑菌解毒，弄和谐、求平衡。中国人的饮食文化中，肉与葱姜的结合是最基本的日常。辅料中最令我惊奇的是京瓜的添加，京瓜有的说是南瓜，在我们当地称“白吊瓜”，此物性温、味甘，入脾胃二经，助消化，说大了还能抗癌防癌。在武德奎肉饼里，京瓜除了自身功效，还能巧妙消解葱姜的苦异味，提升品味的适口性，整体中和馅料性状，更加方便操作。原来传统上常见于包子中的京瓜当然可以用在肉饼里，但这种出其不意似乎又一次证明了运河上的临清味汇南北、开放包容的文化个性。

还不到饭点儿，店里没有顾客，店主老太太和我们寒暄的时候，父子俩已经为我们准备好了肉饼，还打了鸡蛋汤，我们只好感激接受。刚出锅的肉饼切小扇形装盘，一分钟后，我们拿到手的时候还冒着热气，没顾上坐下来，弓了腰，一手托盘，一手以筷子挟拖着肉饼往嘴里送，照例是呵着热气，照例是争先恐后，哎，本性难移啊！“外焦里嫩”是大家都知道的形容词，此时用来最是贴切。嫩中滑顺，这是京瓜的功劳了，品来香醇向甜，也是京瓜的和味。这很对嗜甜的我的路子，所以，在别人还没有吃完第一块的时候，我已开始蹂躏第二块了，全然忘记了一个小时后去大酒店品菜需要留点空的事儿了。

抚肚告辞时，我看到吧台上方武德奎肉饼近些年斩获的荣誉——“临清传统风味小吃名店”“临清名小吃”和“山东名小吃”以及东墙上方贴着的治饼口诀，这种顺口溜式的心经是方法，是诀窍，是做法，是活法，更是经验，是经营者历代恪守的信条，当然，还是临清老百姓称量店家的准秤。

武德奎肉饼治饼口诀：

肉不加菜，三天不坏；肉要保鲜，用时现加盐；

肉片切成丁，不化油腻轻；葱花拌香油，更显香味稠；

要想饼酥皮不焦，猪板油多为上招。

补记

东西 114 公里、南北 138 公里的聊城境内，5000 年农业文明的黄河和近 500 年商业文明的运河交汇，笃实、勤劳的品质与开放、包容的精神因承融衍，使得这方水土滋养的人民内视向外并立，敦实坚守和浮躁张望分列。但值得庆幸的是，康园肉饼、聊城呱嗒的外拓没有成功（阳谷肉饸也不到评说成败的时候）。我始终认为，一种好的地方物产，根本不应该也不可能在更广大的台面上折腾，它应该心无旁骛，专注守候一亩三分地就好了，否则，便不能称之为好物。

吃饱、吃好，是身为农业国家的中国人对饮食的最朴实的标准和理想，面裹了肉馅儿过油，符合所有中国人对好吃的全部想象。

物欲浮泛的洪流中，我依稀看见育新街上烤呱嗒的彭新华、康园肉饼店里的小赵师傅、武德奎肉饼店里的陈勇父子，一个个或敦实或单薄的身影坚定地立在春秋酷暑严寒里，长时劳作的疲惫缓滞了手上的动作，但他们抬头的刹那向顾客投来的热烈目光是我们大聊饕餮客心底最温暖的抚慰，也是大聊游子最闹心的牵肠挂肚……肉饼、肉饸、呱嗒……睡不着时就数它好了。

（初稿于 2018 年 3 月 6 日）

闲语

清粥小菜的日子能听见回声……

地方物产

属地有情，万物有语，用足了心去听，才懂。

碱蓬菜的一顿好饭

“一顿好饭”被一家国内知名餐饮企业旗下的新业态微店作为品牌传播主张公然镌刻在北京三里屯第一家形象店的脸面上，巧妙地呼应着店里点餐单的上方很是显眼的那句延续企业美食精神和品牌核心价值的 slogan……这是发生在今夏中国餐饮界很大的一件事儿，也正是我在大聊苦寻一顿好饭郁极之时。

“一顿好饭”在一个人不同阶段的理解里和不同的人那里有着不同的定义，这是自然。当我敲下这四个字，五十年的人生里那些难忘的吃食记忆被不同程度地激活，没吃上的、没吃够的、饱腹的、有肉的、没肉的，我想要排出个座次发现殊难。比如小时候在农村吃的面糊（又名“面辣子”），现在看根本不算什么，年轻人根本不解，这哪是什么菜呀！但于我们，在那个饥迫的年代却是珍馐，难以忘怀。这个问题我请教了几位方家，都感到无从说起。我问了百度，直接没人回答。在饥馑的岁月里，一顿好饭可能是一顿饱饭，但在食饱的年代，一顿好饭的评鉴肯定复杂多了。

据美国百姓朱莉·鲍威尔的体会，煮食的本质跟一次化学反应差不多。伴着细致而烦琐的过程，食材会发生奇妙的变化，此间过程与人的心情紧密相连，一顿好饭可能影响一个人的世界观。

酷热难捱的暑假，固居大聊苟且地活着，我内心一直不甘心地挣扎，想找寻一顿好饭慰藉老汉不安分的枯心。恰恰，弟子娅来救赎了。

她数次向我提及她服务的那个庄园并约邀，说就在徒骇河边沙镇的黄屯。

沙镇是东昌府、聊城乃至山东的大镇名镇，大家熟知沙镇以呱嗒著称，其实，沙镇历史悠远，文化昌明。聊城五大家（任、邓、朱、傅、耿）之一的朱延禧就生长于斯；同朝沙镇人王汝训 12 岁考取知县，后升为工部左侍郎、刑部主事、兵部主事；明代的沙镇人牛天麟官至监察御史，清风传世；朱元璋、郑板桥在此也有活动，佳话频传；穆桂英的点将台在沙镇（古武水）南街，沙镇本身就是穆桂英破的一百零八个阵之一的黄沙镇。

这个地方我可不陌生。我不仅去过黄屯村子好几次，而且颇有机缘的是，弟子娅说的庄园所在地及庄园规划前事宜我也约略知道，所以更有理由关注了。没再犹豫，遂呼朋引伴儿，出城南，沿徒骇河，曲折西行。河堤岸、白杨林荫里穿行，酷暑的天儿里竟是难得的清爽，同行者都想到一块去了，其实秋天落叶的时候骑行该是最美。

庄园并不是很大，但二期在规划，且业态在寻求突破，这里有希望。

近年来，我去过不少城市中心周边的农家庄园或生态园，乍看热闹，实际上几乎全部负利经营。回报很慢甚至可以说补贴型的农业项目在投资上是个大大的无底洞，政策利好只是锦上添花，不可能雪中送炭，加之项目一般缺乏系统规划，定位不清，创新不力，管理不善，同质化严重，盈利点匮乏，项目深陷投不起撤不出的胶着状态就不足为怪了。其实，兴师动众奔袭几十里，一顿好饭自然是个充分的理由，但破解项目困局也是我的初衷之一。

碱蓬，我恰好熟悉，盖因吾乡阳谷西湖（俗称“西大洼”）在土地改良之前基本全系盐碱滩地。四季里盐碱滩上的风景除了水汪汪就是白茫茫。水汪汪是坑洼里存水，而白茫茫就是土壤表层的盐碱质，我的童年就是在这样的底色上铺开的。大地上，落单或三两成群的红柳生命力顽强，年年准时地来去，秋冬砍来倒是可以编筐。矮草枯萎季节，红柳丛里呼啸着羸弱的少年和同样瘦弱惊奔逃窜的野兔。红柳之外，盐碱地上到处丛生的就是碱蓬了。羊啃、兔食、人也吃，但那个时候对碱蓬的整个感觉就是饿极了也得吃，不知伊为仙物。

时隔40年，当我看到庄园里的池塘以及池塘边上丛生的碱蓬，我恍若又回到无虑的少年时代。及至做功课才知道碱蓬是中药，在“国家中医药名词术语成果转化与规范推广”名录中。然而，在更早的宋代和西夏已有食碱蓬的记载。唐宋八大家之一、北宋著名的史学家曾巩在其《隆平集·西夏传》中记：“其民春食鼓子蔓、碱蓬子；夏食苁蓉苗、小芜荑；秋食地黄叶、登厢草；冬则蓄沙葱、野韭、拒霜、灰条子、白蒿、碱松子以为岁计。”当时西夏和宋辽有战争，借战争更有交流，“耕稼为事，略与汉同”，所以，可以推断，宋人在粮食不继的灾年会拿这些野生本草充食。明代朱元璋的五儿子朱橚更是直接把碱蓬记入《救荒本草》：“碱蓬，一名盐蓬。生水傍下湿地。茎似落藜亦有线楞；叶似蓬而肥壮，比蓬叶亦稀疏；茎、叶间结青子，极细小。其叶味微咸，性微寒。救饥采苗叶，煠熟，水浸去碱味，淘洗净，油盐调食。分布于东北、西北、华北等地区。清热，消积。”

碱蓬，又称盐蓬、盐蒿、碱蒿子、盐蒿子、老虎尾、和尚头、猪尾巴等，清乾隆年间龙柏（佩芳）的《脉药联珠药性考》里曾把它细分为盐蓬和碱蓬两种。碱蓬嫩苗俗称“狼尾巴条”，和老虎尾、猪尾巴类似了，自然都是劳动人民的生活经验。在内陆盐碱地和海边沙地，它的称呼又不同，青岛人称“海蓬菜”，东营人称“黄须菜”，而过海到了辽宁营口则叫“碱蓬草”了，也有的叫“皇席菜”“海英菜”。从不同的称谓可以窥探不同地域和时代的人们的生活境况及审美情趣。

这种颇为泼辣野生的东东品形并不差，一度博得“翡翠珊瑚”的雅称，至于“地球之肾”的美誉该是沾了养育它的湿地的光儿。

碱蓬菜鲜嫩茎叶营养丰富，口感也不差儿，除含有普通蔬菜所有的各类营养成分外，灰分、粗蛋白质、维生素 B_2、维生素 C、胡萝卜素含量比同种的普通蔬菜都要高，其中胡萝卜素含量竟然高出 40 倍，锌、硒等微量元素的含量高出 2～6 倍。碱蓬可入药，不仅清热解毒消积，而且可降血压血脂胆固醇，对高血压、糖尿病也有很好的辅助效果，还有一个很重要很重要的功能是减肥。当然，它最关键的系“纯天然”，天生“绿色食品”，它生长的土地也招惹不着那些农药、化肥类的东西。现在，它（碱蓬）由草到菜华丽转身，不再是过去救荒充饥之物，随着人们生活的变化和智慧的发现，一道道美食碱蓬菜走上餐桌。

嫩苗焯热水，凉拌蒜泥，香油提香，下酒不可多得；热炒也没问题，辅肉更佳；碎菜入馅，包水饺和大包子，最令人惊喜。当然，此菜吃油吃肉，不要小气。碱蓬菜的菜根类似地沟斜坡的毛根，普通至极却又珍贵至极，别怪我没告诉你，抢晚了就没了，港佬的茶餐厅一杯毛根水要十几块呢！

在我们现在的食饮生态下，碱蓬菜不客气地跃升为一种高档的有机食品，它的季节性可以通过脱水工艺延续生命价值，再深加工，可奔向保健品或化妆品甚至生物药品方向。灰姑娘诞于贫穷之家，但具备公主的潜质，关键看怎么看怎么做。

我们走土径访问散养的猪羊鸡鸭，踏石基以探花，踩木板桥穿行藕塘，蹬悬梯以望远……正午太阳正毒，汗流津津，游览周圈后在庄园的餐厅落座，冲茶的当儿正是渴极，庄园自制的碱蓬茶色相不好看，质碎，但热水冲下去，碱蓬立马升腾出青春的味道和活色，我不待放凉，转着茶杯，连着几口下去，微咸的茶汤一杯接一杯，入腹顺肠。待茶气氤氲，大热的天儿竟是说不出的舒坦，这自然是碱蓬天然盐补充人体出汗带来的虚空的功劳了。

焯过的碱蓬菜放在粗质的碗里泛着亮色，蒜泥点缀其间很是惹眼，入口微咸，这是本味，较为年轻的同行者并不感冒，动了一下再也不光顾了。说实在的，碱蓬菜这个时候是有些老了，弟子娅反复向我解释。今天用的是大师傅在院子里一大早精心淘来的嫩尖部分，稍老的部分包了饺子。我心里装着满满的童年回忆，索性把那碗碱蓬菜端到跟前，最后吃到精光，你说好吃吗？

开水焯了，拌油盐调味。一顿好饭可能影响一个人的世界观(摄影：猪拱地)

凉拌的马齿苋倒是鲜嫩，爽口；脆甜的黄瓜从下架到餐桌不到几分钟，瓜蒂也没舍得浪费；院子里结下的茄子切丝炝锅落干面烩汤，一碗接一碗，入肠殷实，而且回忆满满。

我们刚才在院子里看到过一只只漂亮的黑羽、红羽的飞鸡，炖笨鸡的鸡肉颜色超正，点缀黄豆，浓汤酱色，结伴而来的是庄园磨坊里的自蒸馒头和花卷，说是鸡汤泡馍最好吃，我笃信，我有太多类似的生活经验。

等碱蓬菜饺子上席的时候我的肠胃基本沟满壕平了。黑猪肉和碱蓬菜的馅儿融合得很好，碱蓬菜很吃油，黑猪肉不缺香，尽量不放调味品，所以，咬开饺子看，没有汤汤水水的东东，纯正、干净，以黑猪肉的原香去煨透盐碱地枯寂的精灵，自然的盐咸香更胜调味料的构成，和原麦的面皮香一起来，绝！一向嗜醋如命的我在这次吃饺子的时候决定为它破例，好饭就得纯粹再纯粹些。

哦，原来一顿好饭这么简单！

发动车，定导航，西南向，东昌府区沙镇黄屯天乐庄园。

（初稿于 2017 年 9 月 22 日）

以一颗平常心才能守住的滋味

俗语云,“五味调和百味鲜”。自古以来,中国人就重视以五味鼎调成就美食。

五味是“酸、甘、苦、辛、咸”,酸为首。但很久很久以前,人们用酸是以梅作为调和之酸(《尚书》记“若作和羹,尔惟盐梅”),后来发现了粟米中的酸浆,顺带也发现了苦酒。在这个漫长的发现酸浆和苦酒的过程中,中国人最大的收获是拥有了曲。有了曲,一切变得简单了,醋开始出现了。在杜康与黑塔父子的主流传说中,醋被隆重地推出。到了宋,醋开始进入寻常百姓家,正所谓“开门七件事,柴米油盐酱醋茶”。再后来就有了闻名天下的四大名醋——山西老陈醋、四川阆中保宁醋、江苏镇江香醋和福建永春老醋。但随着现代食品工业的发展,逐利驱使下基于规模化的各种勾兑几乎榨干了我们生活的原汁儿,在一次国际饮品博览会和一家调味品大企业参观后,我开始找寻真正的好味道。

三年多的时间里,我发现了老朱和他的醋。

与老朱的约始自2015年的国庆节,其间,因为这样或那样的原因蹉跎了好几次,今天终于成行。老朱可是个正儿八经的副科级乡镇干部,一周五天全在班上,周六日有时还加班,家也安在了县城。但在距莘县县城40公里外的王庄集老家,他有一间工厂,这是老朱2004年响应政府干事创业的号召,夫妻两人创办的企业,老朱因此还荣获了莘县“五一劳动奖章”,当年很是风光。老朱夫妻创办的企业叫“世园味业”,严格遵循古法生产“世园牌”食醋和酱油,产品以自有商标和贴牌的方式销往聊城以及河南、河北的部分地区,但总销量并不是很大,走量的也是价格较低的大众产品。

当然,也有专为醋坛子级的识货者准备的精品,真材实料,古法手作,我初尝就惊为天物。三年前,我在聊城初遇老朱,初识世园醋,从此就一直挂怀那种带有独特香气的醋酸味道，很想实地一探究竟。

上午8点出门，浓雾弥漫。这是11月份的中下旬，每年的这个季节我们鲁西平原总是这样，天乍冷，地面湿气蒸腾，一般到中午时分雾还不能消散。车行如在空中的云层穿越，格外慢，需格外小心。

西行出城，走东昌府区的侯营、沙镇、大张，到莘县县城，与老朱会合，过朝城、张寨，到王庄集的时候，已近11点。老朱很周到，在莘县县城时就给厂里打电话，嘱咐办公室打开空调，备好热水，因此，当我们一身寒雾落座时没感到一点儿凉意，且有热茶喝，在这样的时节且在村镇，也算是小确幸吧。

关于醋，我有两段挥之不去的记忆。

一是小时候参与做醋的经历。记得族里的大叔土法制醋，招呼我们小孩去干活儿，至今犹记得光着不干净的脚丫在屋子里"啪嗒啪嗒"地踩曲，完后脚丫子干净到前所未有，我也因此好长时间不再吃醋。

二是小时候去打醋的经历。在村里，拎着个空玻璃瓶去代销点打醋，今天所谓的热词"打酱油的"就是说的我们当时的状态吧。去代销点打醋打酱油可是份儿美差，不是每个孩子都有这种机会，一般来说，在父母那里比较听话的孩子才会被委以重任，大人给的钱往往富裕出来，因此有了不大但着实很诱人的想象空间，一块梨膏糖或者垂涎已久的小玩意儿总是能够挤出来的，因此，在那个贫瘠的20世纪六七十年代，去代销点打醋或打酱油首先是件轻奢侈的趣事儿，同时，来去路上遇到谁、看到什么事等等也构成了趣生活的一部分。至于那些有经验的小脚老太看到代销点的主人骑车从乡里供销社进货回来，立即带了空瓶子和醋桶快速移动三寸金莲早早地堵在代销点门口，那便是她们生活的智慧了。若来晚了，等到开代销点的人挑了水、关了门，那醋的性价比也注水了。

我们的参观是在老朱的侄子朱鲁科的引领下完成的。现在，老朱把当年夫妻创业的厂子全部交付侄子打理，夫妻二人很少来厂里了。鲁科很朴实，管理着厂子，自身更是一个壮劳力，迎接我们时虽穿单衣但满头沁汗，原来是在车间刚干完活儿。老朱看得很开，也很放心，给鲁科留足了空间。

老式的庭院里，梧桐已经很有模样了，车间前的空地里种着应季的蔬菜，田埂间青色微黄的南瓜星罗棋布，煞是喜人。工人在厂子里吃着自己种的菜，菜里放着自己酿的酱油醋，本是平凡至极，殊不知，这种田园里最朴实的简餐却羡煞多少城里人。

在外表普通、内里素朴的各个车间里，我看到了不同时期的建设和投资，配合着老朱故事性的介绍，我仿佛亲见老朱夫妻走阳江、上天津、去四川、访湖南、拜苏晋的情景，请技师、买设备、学工艺……与四川阆中保宁醋、天津独流老醋、湖南长沙加加酱油醋、镇江香醋、山西紫林来福老陈醋等中国醋林顶尖高手频频过招，当然，也走了不少弯路、花了不少冤枉钱，东西南北，横炼江湖，终成一身过硬本领，这是老朱的底气，也是世园醋的底气。

一路的交谈，听老朱说酿醋之法，为政之道，只觉得老朱很传统，甚至有些顽固地坚守着眼看着大势而去的东西，但他带有河南地方的口音里又不时蹦出“创新”一词。刚进入车间就看到电控式旋转蒸煮锅，而靠墙一侧是老式的地砌大灶台，人工翻炒式的蒸煮锅显然搁置已久，但并不蒙尘。我驻足这个堪称宝贝的老设施，恍若见蒸料师傅站在灶台上锅沿边，和着豫剧的节拍，挥动着铁锨，迅速翻炒着由稻谷壳、面粉、杂粮等做酵母的曲料……

醋曲发酵车间里，自然而成的温度和气味令人特别舒服，红褐色的醋曲安静地沉睡在老缸的暖房，像极了可爱的婴儿，面相平和，呼吸均匀，为玉成美味的波澜人生蓄积着力量（摄影：王宁）

发酵车间里，自然而成的温度和气味令人特别舒服。一排排老式的泥土陶缸绝不年轻，显然远超建厂的历史。果然，老朱说是费了不少劲儿从别家老醋厂收购来的老缸，这样的缸透气性极好，且耐用，红褐色的醋曲安静地沉睡在这老缸的暖房，像极了可爱的婴儿，面相平和，呼吸均匀，为玉成美味的波澜人生蓄积着力量。

翻缸的张福全师傅有些木讷，不问不会主动说话。我开口向他打招呼的时候，他停下来，说起话来有点语无伦次，我很歉疚，为贸然闯入，为武断地打扰了他的节奏。这些匠人由于长期独自在一个封闭的空间里重复着单一的动作，慢慢会变得不善与人交流，或者怕见人。简单的几个语词和片刻的慌乱后，他又执叉上阵了，我发现力量和自信瞬时又回到他的眼神里，动作简洁实用，然而小心翼翼，有些浑浊的目光专注于手下的醋曲时却是柔情满满，一下一下、不紧不慢地从一个缸把醋曲翻到另一个缸时，空气里弥漫了醉人的醋香和醋酸，他的眼里已经没有了我们。那是他的专属世界，我们抓紧闪人。

在另一个氤氲时日较久的车间里，乍去则让我身体一机灵。老朱说这一机灵可以说是我们检验醋品质的一个经验指标。我半信半疑，看了看老朱，确信他没有戏说的意思。我懵懂，进而心下感觉始有沉沉的仪式感，不由得放轻了脚步，悄悄地把手机调到了静音。这些五谷的精灵和酒，同序同酿，但比酒还要娇贵。仓颉造“醋”字，“酉”字旁“昔”字，意思是出酒后 21 日（昔）才成醋，所以，她更曼妙、更沉稳、更大气。当我们在厨房里火灶上以温度将她唤醒，香氛弥散，即刻挑逗了我们的味蕾，口水不争气地接踵而至。

火熏设施完全是遵照古法建制，融合了南北技师的智慧，原理是增香提香，这有点儿类似中国的烹饪——花椒、大料、葱、姜先行，以相辅相生、相融相克的平衡原理基础立味；主体原料或炒或炖或蒸煮的方式加温，以盐以糖以酱腌制入味；最后，烹醋或蒜蓉或香菜或飞香油或胡椒等提味——香氛抵减了醋酸，从而赋予了世园香醋独特的品质和味道。

中午时分，老朱带我们到镇上一家不起眼的农家院去吃饭。店老板与老朱相熟，老朱说他是烹饪世家，老板向我们推荐了梅菜扣肉、炖鸡胗和清氽羊肉丸子，我点了炒豆芽、醋熘白菜和水煮花生米。上菜很快，味道是乡间的传统味儿，不是城里的那种味儿。肉很地道，可以看得出来原料过硬；炒豆芽可圈可点，少量白滑的肉丝，蒜薹段儿点缀，大大的醋烹，吃得放不下筷儿，我特意以勺舀了菜汤，果然浑身一机灵。清氽羊肉丸子均匀地漂浮在大碗里，香油星儿在丸子间躲闪着漂移，入口，酸甜，酸更强些儿，刚刚好抵消多肉的油腻，这是本地的风俗。上馒头儿的当儿，老朱又让老板烹了整整一碗葱花辣椒肉糜儿，喝着酸酸的丸子汤，蘸着辣辣的肉糜儿，一会儿就下去两个馒头儿，汗也立即出来了，浑身说不出的舒服，唯一找后账的可能就是我那可怜的菊花残。

老朱其实不老，席间论起来，才大我一岁。虽身处偏远乡镇，但谈起来无论政治、经济还是行业趋势，见地都颇有高度。老朱系出书香世家，爷爷和父亲都是教师，到他这里既从政还经商，他自己说几乎是改了门风。

窃以为，老朱正是这种出身和职业的积淀才使得他做事的格局不同于一般的生意人，眼光高人一筹，气度才更从容。湖南加加食品（酱油）的技术顾问曾经在老朱这里待过不短的时间，老先生痛心疾首，说恰恰是那些行业中的老大们毁了那些行业中最宝贵的东西。图强做大，多快好省，企业高兴，老板高兴，银行高兴，当地政府高兴，消费者就高兴不起来了，再也吃不上好的真的东西，越是说“头道”，越是标榜“零添加”，越是喊“诚信”，越是背离这些本该做到的最基本层面的东西。

老朱于此看得通透，反而做事不急不躁，置身事外，看物看事自然有了气度。世园味业地处偏壤，但所有手续认证齐全，生产完全达标甚至高标。在传统作坊里它是有规模的大企业，但在那些现代化的大企业里，它又是固守传统、坚守手艺阵地的小作坊。品质表里如一，不促销，不淘宝，微利经营，稳健发展，在当今这样浮泛的世界里简直就是奇葩。

每每置身琳琅满目的超市，望着货架上各式精美包装的产品，耳际充斥着此起彼伏的促销叫卖声，我心中更加笃定，世间的好东西不会流转到这么远。

那，我赶紧落荒而逃了。

（初稿于2015年11月17日）

布衣想阿缟

穷苦年代，人们对荣华富贵的向往简言之就是吃好、穿好。吃山珍海味，穿绫罗绸缎，即使根本不知道也没见过什么是山珍海味和绫罗绸缎。但恰恰是这种困苦中向好的愿望和不舍弃的挣扎，成为咸鱼翻身的最大内驱力，如“学而优则仕”。当然，这无可厚非，我们每个人都曾这样的思想和做作。本来，衣食住行也是人类最基本的物质生活，况且，衣食住行也并非简单的物质堆砌，借之折射的精神意义和构筑的社会语系更为博大意深，如有“三辈子才学会吃穿”的说法。

诸葛亮在《出师表》中曾语重心长地血泪嘱托（刘阿斗），“臣本布衣，躬耕于南阳，苟全性命于乱世，不求闻达于诸侯……”这个句子乃至《出师表》整篇早就背过，但今天拈来细细体会，发现其中语义颇为复杂。一是诸葛亮用布衣称呼自己，字面看就是俺出身低微，贱民一个，非您等皇室贵胄，本来三亩地一头牛老婆孩子热炕头挺好的，阿斗啊，是你爹打乱了俺的平静生活……当然，这一定不是诸葛亮的真心话。第二，中国人以穿衣区分等级，好像从很早就开始了，并且很严格。穿衣位列一等大事，要不怎会有“衣食住行”的顺序呢？

过去，贵族特权阶层穿丝帛，老百姓只能穿麻布，自南宋引种棉花经朱元璋强力推广普及后，百姓可以穿棉布了，但穷到生活无保障，叫衣衫褴褛或衣不遮体，那就右手一破碗，左手一花棍，沿街“叫化”（残羹剩菜）乞讨，“乞丐”“叫花子”的名谓旨言“要饭”是关键，这时候，吃（食）越过了衣，成了头等大事。因为老百姓只能穿麻布（棉布），所以，布衣成为平民百姓的识别和代称，就连他们之间的交往（布衣之交）也脱不掉这种等级印痕，更有甚者把这种纯洁的友谊称为“贫贱之交”。既然是平民，想通过努力博取功名有时倍遭歧视，要额外付出更多的心血，后来册封淮阴侯的韩信“始为布衣时，贫无行，不得推择为吏……”难怪陈胜、吴广登高振臂扯呼：“王侯将相，宁有种乎？”

身为布衣，想出头，除了格外卖力（“头悬梁、锥刺股”都是寒门学子励志的版本吧），还有一径就是长寿。这像极人们总结的时下画家的盈财模式，越老（书画）越值钱。孟子曰：“五亩之宅，树之以桑，五十者可以衣帛矣。”汉朝桓宽在其著名的《盐铁论》中也曾道：“古者庶人耋老而后衣丝，其余则麻枲而已，故命曰布衣。”……你看，只要活得足够久，平民也可“衣丝”，丝帛本是上层阶级的穿着和符号，活得久老百姓就可升级啦！但平头百姓活到这个“耋老”殊为不易，在古代大概有七八十岁。洪荒年代，食不果腹，饥寒交迫，医疗条件极差，活到七八十特难，况且，还有一个中国式符咒高悬，“七十三，八十四，阎王不请自己去”。老百姓可不敢活得那么久，孔孟圣人（孔子活了七十三、孟子活了八十四）在前面横着呐，真到了那天，腰里早早地系上红裤带，闯关过，恭喜，升级贵族（可以衣丝），呵呵。我突然想到，今天逝者作别，即使再穷的人，也要给置办一身好衣裳，嘴里放上米饭……不知道这种风俗是不是还有抚慰下他（她）没有寿终正寝的遗憾。

扯远了，布衣，书归正传。

长居聊城，坊间早闻东阿有“阿缟”，有意寻访，但一直无线索。近几年，陆续结识了东阿籍的文化学者范玮和刘玉新老师，更有，随着阿胶产业热火，也结识了东阿县阿胶世家润惠堂的第九代传人任世斌先生，了解到古时冬至子时以桑木烈火取古井水才熬得上好阿胶。阿缟源自桑蚕缫丝，阿缟与阿胶又有了关系。再加上时常听闻“东阿有三宝，阿缟阿胶吉祥鸟”……神秘的柯邑深深地吸引着我，于是，在几个场合贸然打探。范玮兄有心，约了东阿阿缟纺织的翟总，并安排妥了阿胶文化宴，更是在今年世界读书日的前夕数次邀约，吾本布衣，何幸如之？

2016 年 4 月 23 日，世界读书日，我与谭庆禄先生、大庆兄、@慢牵牛四人东行阿邑，在范兄和任总的导引下，访翟总、会刘（玉新）兄、拜仓颉，一场心悦文事不假，却打断了一个百名文化人群体早计划好的读书荐书活动，真是抱歉！

东阿阿缟纺织的翟总系汉语言文学专业出身，饱读历史，是个标准的文化人企业家，热爱东阿，心系阿缟。无奈，中国纺织产业今非昔比，凋敝复萎靡，令人扼腕，况且，阿缟不再，徒留说说而已。

刘玉新先生系东阿知名文化学者，以文史之长、本真之心，笃情守护东阿这方“南北孔道、水路要津”的古邑。关于东阿，他最有发言权，关于阿缟，他早有《秦王服阿缟之衣》专文。回大聊后，当我在刘先生著述的《东阿县方志辑要》《风云际会》《名山圣水古镇》中恶补东阿的历史和寻觅阿缟踪影的时候，同行的谭老师早已发出《赴东阿寻绎阿缟》的诗作，我犹苦索结构，不决在阿缟之争的纷扰中。

微信中看到大学同学爱国招呼大家去吃椹果，前几日走济邯高速也看到夏津千亩古桑园的广告，2000 多年历史的古桑树群见证了沧海变桑田的神话，也位列中国农业部第二批“中国重要农业文化遗产”。2000 多年的古桑树群落中国唯一，“齐晋会盟之要津”远溯春秋，德州之夏津，与我们大聊，历史上同属古兖州辖，共为黄河古道，至今尚遗“金高唐，银夏津”之说，所以，布衣的我关于阿缟的华丽畅想游弋到德州夏津不仅仅在于地缘上的亲近，也有印证而释然，久擎未决的阿缟之争我先放下。

关于阿缟，史家有争论

李斯是战国末期的大儒荀子最有名的两个学生（另一个是韩非子）之一，相秦助嬴政统一天下，书同文、车同轨、统一度量衡、废分封制、代以郡县制，政治贡献可谓卓著。同时，李斯文章、文字造诣也是极高。鲁迅曾言：“秦之文章，李斯一人而已。”书法也堪称笔祖，“小篆入神，大篆入妙”。这样杰出的一个人，本可以“功与周、召列”，然苟合于赵高与亥二世，阿谀淫威，终落得个腰斩族夷。且不论李斯为人，看重点。我记得读高中时背诵过他的《谏逐客书》，文中字字珠玑，“宛珠之簪，傅玑之珥，阿缟之衣，锦绣之饰不进于前……”呵呵，就是这句“阿缟之衣”留下悬案一桩。

《史记·李斯列传》有“阿缟之衣，锦绣之饰”之句。《史记集解》引徐广曰：“齐之东阿，缯帛所出。”当即以东阿为地名。然而，《文选》卷三十九《李斯〈上秦始皇书〉》于“阿缟之衣，锦绣之饰”下注云：“徐广曰：齐之东阿县，缯帛所出者也。此解阿义与《子虚》不同，各依其说而留之。旧注既少不足称，臣以别之。”又,《文选》卷七《司马相如〈子虚赋〉》“于是郑女曼姬,被阿,揄缟”注云:“张揖曰:阿,细缯也。缟,细布也。”

当代著名史家史树青先生依据长沙仰天湖出土的楚简简牍上“市佑之绽衣,纯缟之”句,认为古代的“阿缟”即“缟”,《史记》的“阿缟之衣,锦绣之饰”是一个对仗句,阿、缟都是细软的薄缯。

《广雅·释器》云:“缟……练也。”王念孙《广雅疏证》卷七下云:“之言苛细也,字通作阿。”《列子·周穆王篇》及《淮南子·修务训》并云“衣阿锡,曳齐纨”,高诱注云:“阿,细。锡,细布。”《汉书·司马相如传》“被阿锡,揄缟”,张注云:“阿,细缯。锡,细布。”《史记·李斯传》:“阿缟之衣,锦绣之饰。”徐广《音义》云:“齐之东阿县,缯帛所出。”案,徐说失之,阿、缟皆细缯之名,非以其出自东阿而谓之阿缟也。

前有王念孙,后有史树青,都认为阿缟非东阿之缟,而是大类统称,一种很好的丝织品而已。

经历了许多诟病之后的中国搜索引擎们开始变得谨慎,《谏逐客书》下的注释,百度和360对于“阿缟”之“阿”的解释都是不确定——“阿:细缯,一种轻细的丝织物;或以‘阿’为地名,指齐国东阿(今山东东阿县);缟:未经染色的绢。”但事实是,东阿“阿缟阿胶”的说法由来已久,阿缟在东阿乃至更大的区域不断地得到验证。

吾本布衣,且不管史家们那一大锅不名粥,但取有意思的碗盏杯碟儿,拈来,想想。

嫘祖种桑养蚕缫丝,先蚕圣母礼仪天下。

嫘祖先蚕,源自传说,却是衣裳文明之始。

中华文明史,肇始三皇五帝。三皇者,燧人氏、伏羲氏、神农氏。燧人氏钻木取火、结绳记事;伏羲氏,造历法、教渔猎、驯家畜、烹食物、始造书契、订婚嫁礼仪等;神农氏尝百草、辨药物,教人种五谷、豢养家畜……五帝者黄帝、颛顼、帝喾、尧、舜,贤德昭日,文明恍恍。

就是那个居轩辕之丘的黄帝,在河南睢县的桑树下,第一次看到有“王凤”之称的嫘祖,身披彩衣,貌若天仙,于是,隆重迎娶嫘祖,封正妃。嫘祖心灵手巧,受蜘蛛织网启发,以蚕丝织出了人类第一件衣裳,“垂衣裳而天下治”的礼教文化由此开始。也正因为此，大约是北周后嫘祖被祀为“先蚕”（蚕神）。李白的老师、唐代诗人赵蕤题《嫘祖圣地》碑文称：“嫘祖首创种桑养蚕之法，抽丝编绢之术，谏诤黄帝，旨定农桑，法制衣裳，兴嫁娶，尚礼仪，架宫室，奠国基，统一中原，弼政之功，殁世不忘。是以尊为先蚕。”所以，说嫘祖母仪天下，确乎不过。关于嫘祖的传说很多，并不统一，但都异口同声地说，是她，开创了我们的衣裳文明。

一本汇集宋元明清大家智慧的书《通鉴纲目外纪》（北宋史家司马光作《资治通鉴》，南宋朱熹因续，成《通鉴纲目》，元金履祥作《外纪》，明陈仁锡变体例。康熙御批，后收入《四库全书》）中说：嫘祖“始教民育蚕，治丝茧以供衣服，而天下无皴瘃（皮肤开裂生冻疮）之患，后世祀先蚕”。

夕阳的余晖洒在那棵古老的桑树上

中国有句不知有多老的古话，叫“失之东隅，收之桑榆”。汉乐府名篇《陌上桑》中描述那个善养蚕的秦氏好女罗敷，启句也是“日出东南隅”。先民智慧卓著，随手拈来朴素的常物言喻深刻的道理，早上以日出之东隅表示，黄昏则以余晖洒处的树梢表达，树选桑和榆，可见，桑树在不知多久以前就种植很多且已很常见了。“失之东隅，收之桑榆”，说的是青春年华虽逝去，但珍惜桑榆般的老年岁月就不会为时太晚。安慰固然，怡人心宽，有失必有得，万事皆平衡，塞翁失马，焉知非福？这可以说是与桑有关的哲学吧！

在今聊城辖地，距东阿不远的茌平肖庄中国圆铃大枣生态园里，有一望晋台，我曾扮少年冲上土高台，西望，听着赵鹏书记讲史趣，心里却想着视线越过太行山，体会的是重耳的思乡情。其实，当年重耳在齐居留时乐不思晋，搂着齐桓公赐配的美丽宗女，吃有山珍肉糜，穿有齐纨鲁缟，国恨家仇估计早已销蚀殆尽，他觉得这样的小日子挺好的。还得说成事要有好幕僚，笃定跟随重耳亡命天涯的介子推在主人饿极之时，割自己大腿上的肉给主人熬汤喝，这样的忠耿之士如斯的血淋淋恩情竟被后来上位了的晋文公连带其老母亲一把火烧死在绵山，当然，重耳是听信了谗言并且也后悔了，于是，留下来个寒食节，也算是“收之桑榆”了。介子推算是小跟班儿，且说大跟班儿狐偃、赵衰，帷幄密谋回晋复国大计，恰被屋后长梯上采桑的齐侍女听到，报与宗女，结果，“明大义”的宗女把忠心侍女杀死，遂与狐、赵计，将重耳醉，拖上车，快马走，归家……可能，太阳照在桑树的余晖根本没能送到那个是叫小娟还是叫小梅的姑娘身上……又与桑有关，祸兮？福兮？想想，时序春秋，阿缟当时，晋文公重耳也许身着的正是那个桑女熬夜织就的纨衣呢，是冰纨？还是罗绮？好像并不重要。

中国自古农桑并举，基于分工，男耕女织。数千年来，在人类征服自然、改造自然图谋美好生活的生产活动中，房前屋后桑树下和广袤的桑田里有丰富的关于快乐和哀怨的记述。

我怎么觉得，桑间陌上应是花前月下的前世今生啊？

古人以桑为介、以丝为媒，爱情多，诗颂也多。美丽的《诗经》中，那个憨厚的“氓”（呵呵，不是流氓）傻笑着，以抱布贸丝为由，实来相亲；“将仲子，无逾我墙，无折我树桑”（《诗经·郑风·将仲子》），女子婉拒情人幽会也要借用桑；情人眼里出西施，在《郑风·出其东门》里，即使“有女如云”“有女如荼”，只有那“缟衣綦巾”的姑娘专属我心……

南朝乐府《作蚕丝》中有佳句：“春蚕不应老，昼夜常怀丝。何惜微躯尽，缠绵自有时。”女子一往情深，触蚕景生情思（丝），近乎痴情至绝。我读之每每心虚，三十年粉尘生涯了，总有人说教师这行高尚，“春蚕到死丝方尽，蜡炬成灰泪始干”，我总感觉看不到尽头，汗！

齐纨鲁缟车班班

杜甫在《忆昔》中曾这样描述我大山东的富庶：“齐纨鲁缟车班班，男耕女织不相失。”其中的齐纨鲁缟都是我山东的细丝出品。齐鲁共山东，为何同一种白绢织物其名别差如斯之大？齐绢何以称“纨”？鲁绢何以称“缟”？求典问籍无人解，暂不管它。

求学路上，我最早知道“纨”字是从“纨绔子弟”这个词中，同时知道，带绞丝旁的字多半都与衣、穿有关。记得听老师解释了“纨绔子弟”的意思，在那个男女生都穿蓝布裤子蓝布褂子的穷苦时代，在我们朴素的价值观里，就坚定地认为，穿华丽衣服的基本没有好人，不是地主就是资本家或是不务正业的二流子之类。也从此，对那些穿华服着盛装的人记恨上了。我记得有一年时兴光面绸缎的对襟棉袄，俗称“地主袄”，那时有条件的我也做了一件，流行嘛。只记得一共穿了没多长时间，隐隐然也许就是因为这个俗名以及纨绔的负联想。

“缟”字的初识也是在少数场合的组词中，如“一身缟素”和“强弩之末，矢不能穿鲁缟”，同样是无从想象那是多么薄如蝉翼的纱服。少年看了《西游记》，看到各路妖精诱惑唐僧时的露透瘦装备，在起着生理反应的同时脑海中不时闪现缟、纨的断片……

鲁以今曲阜为都，踞山东南，建于公元前1046年，周武王封弟周公旦于此地，赐名鲁，意是“(鲁国要)像鱼儿那样生活在东夷之海中，用摆尾的方式扫荡敌对势力”。这层意思从“鲁”字构成可见，甲骨文的鲁字从鱼从口，本义就是鱼儿摆尾。800年后(公元前256年)战国时鲁为楚灭。

但鲁是周姬姓宗邦、诸侯望国，所以，“周之最亲莫如鲁，而鲁所宜翼戴者莫如周”。《礼记·明堂位》记，“凡四代之器、服、官，鲁兼用之。是故，鲁，王礼也，天下传之久矣”，鲁国成为典型周礼的保存者和实施者，世人称“周礼尽在鲁矣”。齐国固然强大，但鲁国代表的却是山东乃至整个中国的礼仪和文化。

齐以今临淄为都，周武王封师尚父于齐营丘。姜太公建邦，以煮盐垦田富民兴兵，国力日盛，至齐桓公时，齐国疆域不断扩大，迅速成为春秋五霸之首，时人称“海王之国”。历吕齐、田齐，成战国七雄，最后为秦(公元前221年)灭。

齐国的“齐”，《说文》释：“禾麦吐穗上平也。”“齐”字，象形；甲骨文字形，像禾麦穗头长得平整的样子；篆字形下面多了两条线，表示地面。其本义是禾麦吐穗上平整。齐以麦穗为识别也如中国农业银行以之为标志是表明他们都是以农业为本吗？中国自古以来就是个农业大国，对农的崇尚一点儿都不造作，倒是合情又合理。但齐国的前身是东夷，一个由战神蚩尤领导的很不安分的部落，专心务农已经不可能，但遗落的东夷文化却有合理的成分，如为人笃厚、方法实用等。齐国时已经到了群雄争霸的时代，弱肉强食，活下去才有希望。开局的齐桓公自诩“三好”(好吃、好田、好色)，辅弼他的名相管仲是一个战场上的逃兵和曾“三辱于市”的商人，想不到这样的两个人竟然联手策动了中国历史上也许是最成功的经济大变革，并最终奠基了强大的齐国。

管仲兴齐以商道，重要举措有四：一是四民分业，士农工商并举。因分工而专业化进而成就了手工业、制造业，当时的齐国在世界范围也领先，齐都临淄出现了我国最早的丝织管理机构（“三服官”），时冰纨、绮绣、纯丽等高档丝织品远销四方诸侯国，“天下之人冠带衣履皆仰齐地”。二是管控宏观，搞活微观。立国储粮，分级征税；实施低税，做活国贸，对内完善服务，留住客商。单说当时齐国首都临淄开有七家妓院（女闾），拥有700名持证上岗的妓女（闾女），就这一招儿让外国外地商人乐不思家，管仲因此也被推认为色情业的祖师爷。据计算，当时的临淄居民人数已达30万之多，是当时世界上规模最大、最繁华富足的城市。无商不活，的确。三是抓关键，盐铁专营，从此开启国家干预经济的模式。四是以商止战，正是以穿的丝为杠杆、为竞争利器。齐与邻吕国、莱国有争，管仲大量收购吕、莱国特产紫草（印染的染料），并派人游说吕、莱国王，你们的紫草我以铜收，于是两国加大生产，三年后齐中断进口，吕、莱因大量种植紫草少种粮食致使粮食暴涨。于是，齐以紫草和粮食挤兑吕、莱投降。鲁、梁是齐邻的两个大国，生产很好的一种丝织品叫绨，很高档，于是管仲故伎重演，又鼓励齐人穿绨，并高价求购，鲁、梁国开始织绨荒田，最后也因绨使鲁、梁屈服。

经过管相的“无工不富、无商不活”，齐国由一个东隅小国，变为中国最为强大的诸侯国。《战国策·齐策一》中生动地记载了齐都临淄盛极一时的繁华景象：“临淄甚富而实，其民无不吹竽鼓瑟，弹琴击筑，斗鸡走狗，六博蹋鞠者。临淄之途，车毂击，人肩摩，连衽成帷，举袂成幕……”富裕的士族都穿着华丽的衣服招摇过市，个个纨绔，衣袂飘飘。因商而成就的齐国衣纨而市，或吃或娱或狎妓，正是纨词贬义所在，不是吗？《战国策·齐策一》中有一名篇《邹忌讽齐王纳谏》，开篇就说：“邹忌修八尺有余，而形貌昳丽。朝服衣冠，窥镜，谓其妻曰：‘我孰与城北徐公美？’”一个大老爷们对着镜子在那里照呀照，还与城北的徐公争个高低，如果妻说不如徐公之美又如何？暴揍一顿？

鲁国挟孔孟诸子厚德修行儒雅文风，应是对纨齐、商齐的最不屑，历史上的多次战争估计也和这种由衣事上升到价值观的不同有关吧。设想一下，纨绔的齐人若再有一道如关公、宋江的卧蚕眉，那就更应景了。

东阿，偎黄河北岸长狭卧，河岸有群山立，土地为黄河冲积平原。陆续的文物考察发现的大汶口文化、龙山文化遗址明证此地历史文明尚早。春秋置柯邑，战国阿邑属卫、齐变，多边的北杏之盟、齐鲁的双边柯盟皆发生于斯。后世虽跌宕，但物阜民丰，人杰地灵，璀璨风物荣耀着这方圣土。勤劳的东阿人民男耕女织、养蚕织布，亦是中国人几千年亘古不变的家庭分工和生活方式。《史记·货殖列传》中说："齐带山海，膏壤千里，宜桑麻。"

黄河流域是华夏文明的腹地，种桑养蚕早就是农耕的重要内容。《诗经·豳风·七月》载："春日载阳，有鸣仓庚。女执懿筐，遵彼微行，爰求柔桑。"说的是大好春天里，黄莺在树上欢唱，姑娘们挎着筐走在田间的小路上去采肥嫩的桑叶。采桑当然是为了养蚕缫丝织布。豳，秦邑，在黄河中游的陕地。

《卫风·氓》："氓之蚩蚩，抱布贸丝。匪来贸丝，来即我谋。"那个笑眯眯的男子抱着麻布名义上是来换生丝，其实是来求我成好事的。假丝求婚在中国的人际交往中再正常不过，唐时太宗命监察御史肖翼微服侦访王羲之《兰亭集序》真迹，肖翼巧扮山东潦倒书生打着贩卖蚕种的旗号入欣永寺接近持有名画的辩才和尚。布、丝、蚕种之所以能成为各种交往的媒，肯定是因为种桑养蚕缫丝的普及。况且，卫地系殷商王畿故地，在太行山东麓河南淇县，距我们并不远。

西周到春秋，黄河中下游地区歌咏蚕桑缫丝诗作颇多，说明当时蚕桑缫丝确已比较普遍了。而在黄河中下游各地中，又以山东的蚕桑业最为发达。周时山东是齐、鲁的封地，齐鲁大地从宫廷到民间，与蚕桑有关的故事多不胜数。齐桓公十四年(前672)，"王后亲蚕，以共祭服"，虽然亲蚕是装装样子，但说明统治阶级极其重视蚕桑生产。宋末爱国诗人文天祥《发东阿》诗有"东原深处所，时或见人烟。秋雨桑麻地，春风桃李天"句，也再次证实刘玉新先生在《秦王服阿缟之衣》一文中的记述，丝绸之路的源头是山东不是长安，而东阿又是山东丝绸业的重要产地。

丝绸之路分陆路和海路，贸易往来交易繁多，品类多杂且有文化的输入输出，却独以“丝绸”冠名，可见丝绸之盛大。

陆路传入的风物有核桃、葡萄、芝麻、黄瓜、大蒜、石榴、胡萝卜、西域乐器、药材、琉璃、象牙、犀角、玛瑙……陆路传出的风物有丝绸、布匹、铜镜、漆器、铁器、罗盘、纸币、火药、香料、麝香……陆路输入的文化、艺术与科技有佛教、景教、拜火教、摩尼教、天文、历法、马戏、射箭、赛马、马球、古印度文化、医学、数学……陆路输出的文化、艺术与科技有纺织技术、造纸术、灌溉技术、雕版印刷术……

海路传入的风物有象牙、珊瑚、琉璃、钟表、香水、香料、西洋棉毛织品、马铃薯、花生、辣椒、玉米……海路传出的风物有瓷器、丝绸、茶叶、漆器、铁器、硝磺、火药、药材……海路输入的文化、艺术与科技有伊斯兰教、佛教、天主教、数学、医学、舞蹈、西方文学、建筑艺术、雕刻艺术、西方音乐、绘画艺术……海路输出的文化、艺术与科技有印刷术、绘画艺术、纺织技术、榨糖技术、制瓷技术、音韵学、针灸术、音乐、文学、哲学、文字、茶文化……

时光倏忽千年事，沧海可以变桑田。不管缟、纨、缣、绨、锦、绮……因桑而兴了齐鲁、盛了北方是不争的事实，还庐树桑，摄桑萎扬，开轩面场圃，把酒话桑麻。维桑维梓，必恭敬止，因此以桑梓喻故乡。可见，由桑植到养蚕缫丝，从仓廪实到知礼节，桑、蚕、丝、衣贯穿了中国人的物质和精神。

行文至此，月余的折磨强行画个不圆满的句号，东阿访阿缟时葱绿的大地已是芒种时节的滚滚黄浪，稻香村的节气甜点竟然是芒种桑葚果，北方也正是桑葚与樱桃上市，蛰居大聊的我倒是没缺樱桃吃，桑葚只能是在回忆中了，远远弱弱，弱弱远远，表妹芳那时才 5 岁，我带着她到村子南遥远的地里寻觅宝物，终于发现遗落的一枚紫葚，红紫的甜蜜从此涂满记忆的底板，每每经过集市和胡同的桑葚摊儿，我拒绝停下，也不受诱惑，生怕打破那童年漾满的美好记忆，只待哪年芒种，让京都的芳妹买了稻香村的桑葚果甜点也给回忆画个句号。

（初稿于 2016 年 6 月 7 日）

魏氏熏鸡

魏氏熏鸡在聊城很有名，每逢外地客人来，临别送行多半少不了它，这里面是有一定道理的。

如果海选代表聊城的赠送风物，从知名度大致这样排前三名：景阳冈酒、东阿阿胶、魏氏熏鸡。景阳冈酒在世界华人圈里知名度颇高，属地阳谷名声更是凌驾聊城，加之景阳冈陈酿、赖茆酒历史悠久，产品线长，选择空间大，特别是去了阳谷，上了景阳冈，登了狮子楼，带点阳谷特产景阳冈酒最是自然。东阿阿胶是好东西，无奈，这些年随着"价值回归"，价格噌噌涨，高处不胜寒，带二斤阿胶早已是极其奢侈的了。然而，若退求其次，拿阿胶糕抵挡一下，又不免失之情义注水，让别人和自己都觉得别扭。只有魏氏熏鸡，价位适中，个性又是如斯傲娇不侪（黑硬咸），很适宜外带。但缺陷是包装简陋，文化底气不够，终失之市场不咸不淡，有些尴尬。

我自毕业来聊城工作生活已经 30 年，对于魏氏熏鸡有远观、有近读，也有几次礼赠友人的经历，但事后的反馈多半不佳，众言皆指向它的"黑硬咸"的个性。

最近，当同事刘博士抛给我"魏氏熏鸡与运河有何关系"的问题时，我开始认真打量这只又黑又硬又咸的鸡，揣度再三，梳理三个问题，自言自语，亦求教于方家。

为什么是熏鸡，而不是鸭和鹅?

在各种版本的小学教材上，鸡、鸭、鹅三个字几乎是同时学的，但作为饲养家禽和市场上被消费的肉类甚至文化背后的符号寓意，三者相差颇大。

鸡是五德（文武勇仁信）之禽，在中国历来受重视。神话中天地初开以一日做鸡、七日做人。六畜中，鸡排在第一位，其意是东方日出光明之旨在。

"三更灯火五更鸡，正是男儿读书时"，雄鸡报晓，闻鸡起舞，因此，勤奋的祖逖和一只高大上兼具武勇信德的鸡被历代传颂。野鸡驯饲渐成家鸡的历史也长达数千年，且在十二生肖中，鸡是唯一的禽类。"黄帝之时，以凤为鸡"，鸡更是被视如灵禽，能为人类祛除妖魔带来光明。

至于吃鸡，更是中国人的文化传统，营养复美味。鸡肉味甘、性温、无毒，补益虚弱，祛邪除瘟。中国人喜欢养鸡、吃鸡，与中国农业文明形成中鸡的物质利益和精神文化价值不无关联。中国人即使再简单不过的房子院落构成中，也总有鸡窝和猪舍的空间。鸡蛋和鸡都能卖钱不说，有几只鸡养着，老太太的生活就会变得充实而有趣，当然，"鸡腚眼子当银行"不仅仅是一个很贴切的比方，更是细水长流的生活及贫穷时代的卓越生存智慧。来了客人，转身院子里鸡窝里踅摸个鸡蛋一炒也很撑面子，当然，客人的脸如果足够大，宰个母鸡炖上足以让你忘了自己姓啥了。鸡是宴席上的大件，无鸡不成筵。有鸡，无论清炖、红烧，都大吉大利、主客尽欢。

中国人对鸡的喜欢到底还是被美国人识破了。桑德斯上校带着肯德基早早地来到中国，不仅推销中国人比较熟悉的炸鸡，还以汉堡夹之，即使边角余料也不放过，糊弄个面饼一卷，美其名曰老北京鸡肉卷。这帮洋鬼子带了汉奸组成的团队比我们自己还了解中国人，玩到极致，竟在上海开出了完全版的中餐厅东方既白，你看，这个名字里包藏着多少的祸心，是阴谋，更是阳谋，让我们败得没有脾气，雄鸡一唱天下白，高！真他妈高！而外国那个快餐巨无霸大麦克则一直没能看懂其中的道理，所以，在中国，国际市场上大个子的麦当劳被小个子的肯德基远远地甩在后边。如果总结一下，就是，懂鸡，赢中国。

其实，与鸡相比，鸭和鹅饲养起来更省事儿。房前屋后的池塘，村头儿的河流，每天你只需点点名，让鹅鸭报报数就行了。因为水的方便，所以，中国南方多养鹅、鸭。

鹅肉性平、味甘，归脾、肺经，益气补虚、和胃止渴、止咳化痰，尤适"秋冬补阴"。鸭肉性寒、味甘、咸，归脾、胃、肺、肾经，可滋五脏三阴，清虚劳之热，补血解水，养胃生津。从广东的烧鹅到北京的烤鸭，从粤式的老鸭煲汤到南京的盐水鸭，鹅鸭虽然个子大，花样也不少，但终究还是干不过鸡的千变万化。广袤的北方大地上，酱鸡、烧鸡、烤鸡、扒鸡、熏鸡、风干鸡、白切鸡，鸡鸡美妙动听；炖、炒、干蹦、肚包、叫花、布袋……鸡鸡饕餮美味。

如果高度总结一下，只有一个字，我们爱吃鸡。

所以，鸡，在中国农耕文明的发源、形成、发展过程中，历史悠久，格调高猛。所以，鸡在中国市场上先天拥有强大的认知，所以，才有了巨大的市场和未来。

为什么是熏?

在我们生活的典型北方地区（黄河流域南北），关于鸡的做法以烧鸡最为普遍。烧鸡的“烧”是一种烹艺，将前期处理的原料经炸煎或水煮加入适量的汤汁和调料，先以大火烧开，调基本色和基本味，再改小中火慢慢加热，至将要成熟时定色、定味后旺火收汁或是勾芡汁，简单说就是以烧制方式传热，以炸、煎、煮、焖等方式调味色。一只中国人无比好感的鸡洗净了身子在混合了各种本草香料的陈年老汤里恣意开张肌理，饱蘸咸甜滋味，重口味打通任督两脉，浸淫骨髓间。吃，最好冷却上桌，不用筷子更好，徒手，撕扯，吃肉，啃骨，骨头久吮，弃之，再吮指，此处当小心指头吞下去。

烧鸡为什么好吃？窃以为，无论席面还是居家，重口味的烧鸡冷食，排在优先开路的位置，抢得了先机很重要；其次，重口味自然深印象。最负盛名的中国烧鸡有符篱集香鸡、沟帮子烧鸡、德州扒鸡、道口烧鸡等，在本地，也有著名的阳谷刘家烧鸡、莘县烧鸡、冠县西街烧鸡、临清金郝庄鬼子鸡、东阿姜楼烧鸡、东昌府万家烧鸡、茌平杜郎口烧鸡等，烧鸡深入人心里，弄肆随处可见。

我总觉得这些烧鸡们都可以归类到鲁菜体系中去，或是说与鲁菜有很大关系，因为重重的酱香、咸香和料香很符合鲁菜的主张。烧鸡在农村有时代表了一个人的人生最高追求。听老人讲村里的一位爷爷弥留之际，儿孙问最想吃点啥，老人最记挂的就是烧鸡……

问题来了，在烧鸡如此深入人心的本地为何出现了熏鸡？

其实，熏制在中国的北方也很普遍，虽然不如烧。但熏制绝大多数是象征性的，浅尝辄止，是繁杂的工序中的一道而已。真正木熏火燎进行到底的，唯有魏氏熏鸡一家，熏的革命最坚持、最彻底，即使已如炭烧、黑硬咸，即使吃起来评价并不高。

有资料载述，聊城北关的魏家最初生产的是扒鸡，清嘉庆十五年(1810)时创制了熏鸡，主要是因为熏鸡能长时间保存，能借运河之利，远走他乡。

彼时，每当大地萧索，冷风渐吹，魏家人开始忙碌起来。选原料，找活鸡，观，要外形丰满，肉多肥嫩；称量，要在二到三斤。健康是必须的。当年生鸡，先是加工为扒鸡，所以，从这点上看，扒鸡是熏鸡的半成品，是前世。既成扒鸡腹内装丁香、八角、桂皮、茴香等药料，架置锯末(木屑)烟头上熏，锯末以沙、柳、红松木最佳，并要掺入适量的细土。有经验的老师傅总能巧妙地控制好烟的出产，烟不多不少，熏鸡才会色泽栗红。烟过，肤色则黑老，烟少，肤色则浅淡，都不是想要的效果。我想起了小时候在灶下点柴烧火的经历，或撅腚吹火连连咳嗽满脸斑灰，或轻松点火 so easy，真是“难者不会，会者不难”。这种烟熏通常要维持三到四个小时，扒鸡的水分被慢慢地蒸出，散去，皮缩干裂，红肉外露，弹性渐无，熏制后的压缩版的鸡药香味更浓，存放一年，还是那个样儿，不变质，可走远路。熏鸡不像烧鸡、扒鸡可以大饕，慢慢形成的过程也需要慢慢地唤醒，那就是柔嚼，与你牙口好坏没关系。正确的吃熏鸡方式应该是先上笼屉以水汽蒸罢，顺丝(肌理)撕扯，小心码盘，轻拈入口，柔柔的嚼起，回环个无数次，前后左右上下东西，浸香慢慢导出，舌底、齿缝、腹腔满香，下酒、佐茶，两相宜。

每年农历的十月到十二月，一整个冬天，魏家人都在忙活这一件事，这一季的生产量可供一整年的销售。封了袋，装了箱，打了包，借了运河，北上京津。中流南下，弃舟登岸，沪、浙、闽、粤，铁公鸡，味全国。

铁公鸡的今生与未来

魏氏熏鸡素有“铁公鸡”之称，其中还有个故事，算是魏氏熏鸡品牌的背书故事，且有老舍这等文化名人赐名，于一种地域小吃，品牌资产上算是小有一笔财富啦！虽然 1935 年在青岛那个小酒馆的那餐饭很简单，但围坐的三个人却是中国文化界鼎鼎大名的——翻译家赵少侯教授、文学史家萧涤非教授和语言大师老舍先生。从魏氏熏鸡品牌的长期运作看，完全可以借此大做文章。但今天看,聊城市场上的魏氏熏鸡们,似乎是分头经营,各干各的,尚好的是,统一的是一个招牌,一个故事。不好的是没有围绕产品和品牌内涵外延做文章,而是有些浮躁地争先宣称自己最正宗,并附属一些不必要的投资(如门口的公鸡石雕),徒增成本不说还误导消费。

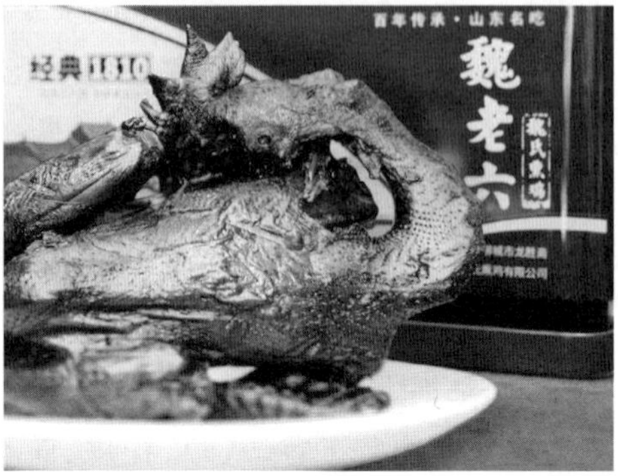

熏干了水分,是为了把美味带向远方

出于家族,品牌后纷乱于市场,千年来,模式如出一辙。突破并成功者往往是放弃成见,整合力量,统一形象,加强内功……这是不二之路,别无选择。

首先,能否弃前嫌,图长远,一个品牌,一个面孔,一种声音?

问题之下,首先是股份制现代企业的呼之欲出,业态融和,手工作坊之上话未来。公司治理更是魏氏熏鸡长治久安的大问题,是真正的百年老号的百年大计。

其次,凤祥五更炉熏鸡的启示。

因为生鸡国内市场化原因,阳谷凤祥推出了五更炉熏鸡,几年来市场反响不错。就产品,严格地说,五更炉算不上熏鸡,更不能拿来与魏氏熏鸡比较。但通过现代调味和市场包装,对接了市场需求,便跑出了一片新天地。反观魏氏熏鸡,特点鲜明突出,当然,这个独特也是它在市场上的诟病,从文化战略上当然应该坚守。但是,在最传统的熏鸡制作和现代化食品调味中间有太多的空间可以动作,有太大的容量市场可以探寻,站在魏氏熏鸡战略规划的高度,似乎可以有长长的产品线扯出来,分品牌运作,照顾不同的消费者。魏氏熏鸡的优势资源在于传统熏制,也有文化背书,传统熏制的后续变化无论在技艺还是材料上都有相当的空间值得探索。

再次,向内做品牌。

如魏氏熏鸡这样的传统老字号,需要的是向内做品牌,而不是向外做品牌。你说你老,你有多老?如何证明?你说你有文化?你的思想观点、让人心动赞叹的言谈举止何在？

鸡的先期处理不厌其烦为什么？二次加料的依据是什么？为什么加这种料而不是其他？为什么用松木屑烟熏？为什么用细沙？烟熏几个小时鸡的形态和肌理如何变化？能不能制定一个国家或者国际标准出来？一只熏鸡进化白皮书能不能做？人的配合方面，人的耐心、专业、人与物的交流、对消费者的关注体贴等……徒弟如何带？技艺如何传承？这都是向内做产品、做品质、做服务、做放心，最终是做品牌。暂时放下你的知名度，谁也抢不走魏氏招牌，但做得不好，可能会彻底丢了魏氏招牌。

魏氏熏鸡，我看好。

（初稿于2016年2月3日）

东阿寻藕偶得

初识于食终觉浅

我的家乡因地势低水位高，故多洼地碱地，名“西湖”，所以，水不缺，但不见莲藕，唯一的解释就是与当地民众的生活习性以及种植传统有关。

记得我第一次见到莲藕已是8岁那年。岁末，大人相约着去赶集买年货儿，彼时穷迫的生活里，年货儿可不像今天这么富足，鞭炮一挂、两响（二踢脚）几个、滴答筋儿一把儿。吃的也就是割点儿猪肉肥膘，或许买上一个猪头或一挂下水，这还得说生活条件好的。把猪耳、猪舌、猪拱嘴等下水仔细地一一剔出，或卤了，或酱了，等大年初二来贵客了，弄两三个高级的下酒菜，倍儿有面子。也有割了一两斤正位的好肉，瘦少肥多，那是争相讨好屠户师傅的结果。在穷苦缺油水的年代，斤把儿的肥多瘦少的猪肉在过年时要发挥大作用哩！大家还记得《范进中举》里的胡屠户说的话，（女儿自进了范家的门）“不知猪油可曾吃过两三回哩”。至于牛羊肉，那是连想都不敢想，买不起啊，以至于后来好多人有条件了很长时间还吃不惯羊肉的那种膻味儿。这个道理我与瑞香村的两位张总探讨过，得出过一个颇有指导性的结论——穷人吃肉，吃猪肉。所以，猪肉及其饲养产业在中国是广大老百姓的福祉，是战略产业，猪粮天下安嘛！除了肉，再就是买点平素不常见且能存放的食材，如干豆腐、土豆、木耳、粉丝等，藕也在其列。

我第一次见到藕就是在年货的筐里，几节细弱或带伤的沾了泥巴的东西，其貌不扬。现在回想，那是大人专门要的别人挑剩下的不好部位的廉价的“藕棒”（东阿县保晶莲藕种植专业合作社的郭保晶介绍说那叫“藕鞭”），拿到河里洗净了，发现有很多眼儿，大人说吃了就能长心眼儿。买来的藕即使次如藕棒，在贫穷的家庭中还要进行再次分类及赋予不同的角色。稍粗壮一点儿的切片，开水氽了，凉水焯了，置稍大的盛器内，以姜末、醋、盐反复颠匀了，飞儿滴香油，在冬日里，脆甜可听、可闻，更可回味。那是大人的下酒菜，是要隆重登场的，小孩子吃不到，偶尔尝到该是在“下山虎”（吾乡称谓剩菜）的盘底上侥幸逃脱的。藕棒两端不规则或是带伤的部分被分段儿裹了咸味口的面糊，等炸丸子后紧随下锅，条件稍好的家庭里藕中若能填些肉馅儿，那便是藕合了。炸藕合，该是那个年代最好吃的东西了，没有之一。为什么？我以为好东西风云际会，都凑到一块去了，又巧妙安排了排列顺序，还兼容了烹饪的诸般技艺，想不好吃都说不过去。羊肉馅儿调制，隔夜以香油大养，烫面以蛋液五香面葱花和后反复搅打，藕片双联，吃饱了肉馅儿，周身披挂了糊，入油锅烹炸。这样的方式，肉馅儿最大程度保持了鲜、嫩，藕片最大程度保持了本色、适口，面糊则舍身救护，披了金甲，给味蕾带来焦酥的脆感，香甜是分着层次，叠叠闯入。

过去的日子里，吃上藕和藕合皆是极难得、极奢侈的，只有过年才有机会。记得小时候跟着大人去走亲戚，动机单纯有三，一是精神层面的长见识，去了远村见了更多的人也结识了更多的人，还听闻了更多的事；其余两个则是物质层面的实惠了，有长辈给的压岁钱，还能吃点好的。当然，穷亲戚那里谁都不愿去。无论丰俭的招待，藕都是当地年宴上的必备。凉拌藕或是炒藕段儿（藕条儿）是下酒菜，藕合（藕夹）放碗里蒸热则是吃饭时的重点。抢上两块藕合，下一两个或方形或高签儿的白馍馍，喝一碗炝锅炒的白菜烩粉条汤，再放些丸子切半，撒了香菜，飞了香油，热乎乎下去，这趟亲戚就没有白走。还记得稍稍长大，去姑奶奶家走亲戚，能和大人一样上席了，大人们吹牛聊天喝酒，我们则勇猛吃菜，家境贫寒的几个叔叔轮流做庄，有一次我记得席上竟有四盘凉拌藕，很显然，那是凑数了，当然，也好吃。

读了中学，在课本上见识了周敦颐的莲和藕。周是北宋大理学家，极是干净，本来，肮脏的官场里是容不下他的，也是他不该来，就像介子推，洁身自好，宁肯远走深山也不愿同流合污。周敦颐以抱病之躯命人在为官的星子（今庐山）衙东挖了池塘，种了莲花，还与友人约泡品茗赏莲。他的《爱莲说》我摇头晃脑背了多少遍，在很多版本的试卷上也回忆了很多遍，现在是想忘也忘不掉了，但里面的句子现在想来并没有完全吃透，对莲、藕的了解仍然不够。

及至求学游走，在北京吃过鸿毛的猪肉藕馅的水饺，说不上很好吃，但满口的软糯柔滑中藕的加入带来的硬度滞留和突兀令我颇为新奇，感受也自然独特，从而记忆深刻。南国的糯米藕味以甜主打，形以藕为架，摇落星星点点的桂花，最是江南，最忆江南。只是，某年的春节，有缘邂逅一只封装的酥锅，让我颇费思量。打开了看，藕、海带、排骨、冻豆腐、白菜、猪蹄、鸡、鱼、肉赫然混杂，俨然联合国。味道上复陈了甜、咸、酸等，不纯粹，是混搭，好像缺了底气、功夫不够才这样平衡设计。而实际上，酥锅烹制起来特费工夫，温炖时长达十多小时，鱼肉骨刺酥烂。始自清初的这道菜老根据地在山东博山，博山地处齐都高地，自然，这道名菜应该是齐国的大菜。我想，这里面一定盛着齐国的隐秘和精神。无独有偶，中国四大菜系中的粤菜也有和鲁菜之酥锅形制相同、物料颇丰的搭配菜，叫“盆菜”，历史也很久远了。分层码在盆里的计有十五种菜，煎蚝、鸡、鸭、猪肉、炸鱼、油豆腐、支竹、牙茹、鳝干、肉皮、云茸、冬菇、芹菜、萝卜等。大盆菜象征“百鸟归巢”，团圆富贵，企盼来年国泰民安、五谷丰登；酥锅之“酥”通“肃”，取意肃静，过年“打酥锅”，来年安康顺利、事事如意，一锅齐团圆，富裕且汇聚，扛鼎鲁菜，够分量。

至于藕在其中，深意为何？暂且按下。

滞留于文也不逮

后来，频频见到过周敦颐颂赞的莲花。济南大明湖的夏雨荷，杭州西湖的荷湖，江北水城的湖荷……无奈生活匆匆，走马观花，没来得及停下来走近她，细细品味其中的美，以至于错过了一个又一个不该错过的佳期盛时。也曾惊叹于它的修直和艳美，随口也还能吟哦“予独爱莲之出淤泥而不染，濯清涟而不妖，中通外直，不蔓不枝，香远益清，亭亭净植，可远观而不可亵玩焉”，但总觉得没能真正读懂她，因此，怠慢了她，委屈了她，也“亵玩”了她。

后来又读到李渔的《闲情偶寄》种植部里的专章“芙蕖”。李渔，这位被列入世界文化名人的大才子，文学家、戏剧家、戏剧理论家、美学家、休闲文化的倡导者、文化产业的先行者，桂冠一大摞，但我最愿意称呼他为“生活家”，因为，他对莲（芙蕖）的认知可谓洞见，最真实，最生活。

赏，自荷钱出水就点缀了绿波。茎叶既生则日高日上，日上日妍，有风尚作飘摇之态，无风亦呈袅娜之姿。菡萏成花则娇姿欲滴。花谢乃蒂下生蓬时，蓬实也亭亭独立，并擎翠叶。

闻，荷叶清香，荷花异馥。暑，为之退，凉，逐之生，妙极。

食，莲实与藕并列盘餐而互芬齿颊者也。

向霜败叶，世人多言残荷，似乎零落难堪沦成弃物，但李渔说可以摘而藏之备经年裹物之用，我更是觉得仍不止于此。中国自古就有“荷叶减肥，令人瘦劣”的论述，现代科学也已经证明，荷叶能制茶，可降脂、清肠胃，排毒养颜，滋肝润肺，即使匍匐于水的莲杆也是治疗前列腺的良药……浑身是宝，堪称神奇。

荷花、莲子、莲藕的赞美诗在中国历代诗作中都可发现，荷莲的高洁品德也被引用到颇多领域。品高直入宗教里，处处赞颂，跌落凡尘生活中，且益且趣。在《诗经》的纯净世界里，“山有扶苏，隰有荷华”，“彼泽之陂，有蒲与荷”。屈原在《离骚》里借之表心迹，“制芰荷以为衣兮，集芙蓉以为裳”，意思是剪裁绿荷做时装，缝纫白莲制衣裳，君知臣之忠情了吧？劳者歌其事，采莲这么有趣的事当然颂诗最多，也最有趣。自然，其中，漂亮的荷花和翠绿的莲叶最沾光，赞美最多。

网查找到94首咏莲诗，快阅读时代吞吞吐吐不见精神，五言、七言道不尽，押韵的阵脚还不够。要走出去，纸上得来终觉浅。莲，佛教抓住不放占了先机，道教植入生活似乎更懂她，儒家凭它借喻也满满。

几年前，我曾经就着水、荷的符号和意象为聊城市审计局整体规划机关文化，懿德、清风、内省、自察、向上、勇为等无不正能量，凝心、聚力、塑形、铸魂，尽职尽责，激浊扬清，成就全国审计系统标杆似乎水到渠成，清莲自是功不可没。

敬畏于魄才精神

“饥者歌其食，劳者歌其事。”固然，作为吃的莲藕唤起了诸多值得回味的往事和亲情，但还是忽略了莲藕生命历程的艰辛，其中的磨难、峥嵘甚至有些狡黠的大智慧在食不果腹或是温饱刚到但不精致的生活中，根本没来得及细细品味就狼吞下去了，故有“亵玩”说。一路求学，应试教育下摇头晃脑、囫囵吞枣地背诵也如水过鸭背，没有躬行体察，纸上得来，还是“亵玩”。唯有深入才能探精神。终于，我等来了一次机会。今年大暑，在东阿大桥镇保晶莲藕种植基地，大聊的一次文人雅集后，谭老微信我说保晶莲藕值得一看，约定等采莲子和起藕时共访保晶莲藕，我欣然应诺并开始了等待，当然，我的关注重点是传说中的莲藕宴。暑寒轮换，转眼立冬，谭老说去看起藕吧，于是有了东阿行，有了访保晶，还有了东阿供销社的张立勇兄组织的圆桌式保晶莲藕学术研讨会。与藕零距离，身心俱震，自觉不是“亵玩”了，思虑再三，慎名藕得以记。

我一直以为东阿是个福地，历史悠久，文化厚重，黄河环抱，物产丰饶，“阿缟阿胶吉祥鸟”品牌远闻。大桥镇踞东阿东，黄河大桥连平阴，扼京、津、冀、鲁、豫咽喉，是名副其实的聊城“东大门”。黄河岸边的大桥镇后韩村一带原来废弃的窑坑洼地被利用起来放水养鱼，实验一番，效益不好，只得放手。后来，在废弃的鱼池里引种莲藕，由于品种问题，产量低不赚钱。再后来，在东阿县和黄屯乡两级供销社领导的帮助下，在这块地上反复折腾的主角儿郭保晶南下湖北，以东阿人的笃诚打动了武汉市水生植物科学研究所的专家，并签订了北方实验协议，引入鄂莲 1 号、6 号、7 号和“巨无霸”四个新品种，由于产品科技含量高，莲藕亩产由原来的 2000 多斤提高到现在的 3500 斤，好的高达 4200 斤。莲藕密实，粗壮，“巨无霸”直径更是达到 13 厘米，体形硕大，但并不笨、艮，脆、甜是其最大特点，也很好地迎合了市场需求，进超市走酒店，供销两头旺，凉拌爆炒总相宜，保晶莲藕从此打开了好局面。黄屯乡供销社的李勇主任善动脑筋，在盐碱涝洼地改良实验上帮了大忙，经过多次试验，最后成功以土工布下层隔离上面放土（土工布中间是聚酯类隔水材料），改良了劣地变成了良田，帮助合作社及签约的农民致了富，对此，郭保晶每每提起都是心存感激。

热闹归寂，想着来年（摄影：刘玉新）

一个深秋阴霾的日子，我和谭老约会了东阿作家刘玉新、王涛、范玮、张立勇和摄影家王乐洲造访了保晶莲藕合作社，得以见到上文的李主任、郭保晶和喜煞人的鄂莲藕。这个时候，莲藕已经成熟，水塘里早没了夏荷的生机，一池一池望过去，徒留或密或疏的荷干或直或斜地支兀在水里，有的不堪风、不承重，折断向水，如战场上不甘心的战士，残伏也成一座山峰，最后化作营养还报水池贡献明年。我第一次近距离地观察这么大面积的荷塘垂荷，我蹲在水边，似乎还能听到她均匀的呼吸，我被深深地震撼到。夏时娇媚迎风摆，老了老了还是这么美，单看抑或群观，都美，人言残荷，何来之残？残荷从此在我的字典里消失了。她是那么美，令人窒息，我是被她惊呆了，先灵魂出窍一会儿。恍惚间，穿越到翠绿的夏，岸柳蝉鸣声声，荷叶碧绿连连，荷香清溢，倘若，彼时，有一场雨，就更美了，水滴跌落荷床，淘气地冲来冲去，一不小心分身为二、裂变成群，大珍珠变身小珍珠、细珍珠，如精灵般地惹人爱。但蜜蜂不会分心，专心向花，采蜜授粉，善良的人们也不会惊动它。我曾经好奇莲藕的生命历练，水下的孕育经年累月，淤泥中，冷水里，经得起挫折，耐得住寂寞，广取泥中水里营养，攒足了劲儿，探出水面，又遭风吹雨打，无怨无悔，摇曳着纤细的腰肢，为人类展现枝叶的蔓美和花荷的精彩，让人美赏，启迪思考。而我们大多数时候却无视她生命的艰辛，漠然冷视匆匆过，只看一眼叶绿花红，无暇体会她生成的美妙和生命的神奇。

出淤泥，见生活(摄影：刘玉新)

我们沿着池间的埂地，踩着松软的枯草，一池一池地走过去，来到正在起藕的池塘，和我同姓但看不清多大年龄的师傅正在水里忙碌着，左手水枪，右手飞快地循着水枪伸过去，弯腰挺腰间，一株三节或四节的莲藕被拔出，浮于水……我站在岸边想，这个活儿是个技术活儿，并不好干，但郭保晶介绍说他一天能起 1000 多斤藕，工钱按重量算，5 毛钱一斤。为了配合拍照，老赵右手高高举起刚挖出的巨无霸，脸上漾来了一圈一圈的微笑，他的周遭和滴下的水也轮次荡开一圈一圈的涟漪。

回到郭保晶的驻地，立勇兄主持了圆桌式的学术研讨会，谭老师为我们补足了莲藕知识，李主任为我们介绍了保晶莲藕的来历，桌上摆放着郭保晶注册的“黑泥巴”莲藕包装箱和巨无霸莲藕，产品取得了“绿色食品”认证并上到中国供销合作社的平台。在我们众说纷纭的时候，郭保晶和他的妻子在厨房忙活着招待我们的饭菜，立勇兄周到，做了备忘纪要并录了音，保晶的儿子在大学读市场营销专业，今天专门在家听了座谈。中间间隙，郭保晶就着大家谈起的“古莲”话题送给我一份武汉蔬菜科学研究所的刘义满教授发给他的求证打印文章，其中对“南斯拉夫雪藕”“美国雪莲 3 号”和“泰国花奇莲”做了科学的考证并拨乱定论。

天地之间，物竞天择，适者生存。莲藕，多年生宿根植物，以一年为期，春去秋来，经由萌芽、展叶、开花、结实、长藕、休眠，孕育于泥，奋袂于水，灿放于空，春华繁育，历夏氤氲，秋实暗生，一次生命的轮回，经受了风雨，历练了寒暑，始告完成。这样的生命才不枉，这样的生命才完整。她刻意与人们保持着距离，她把成长中最为艰难的孕育甚至可以藏起来，只让人们看到她的绚丽（荷叶、荷花、莲实）美颜，还以自己的果实惠施与人，以自己的品格和精神涵养于人，在人类大肆征服自然的过程中，这也许是一种生存智慧，我以为是一种很高级的智慧，从这一点上，莲藕值得敬畏，值得学习。

回来做功课发现，在莲藕面前，人类其实显得不够那么精明和智慧。从视娱和口腹之欲看，人类垂涎于她，花莲、籽莲、藕莲（果藕、菜藕、加工藕）各呈其惠。唐代大诗人韩愈曾赞果藕“冷比霜雪甘比蜜，一片入口沉疴痊”，简直太神奇了。另从符号隐喻和精神价值层面看，人类前赴后继地歌咏她，莲藕以其审美、宗教价值和满足人类的借喻意义悄然远立，你看，民间戏谑世间四大鲜：“头茬韭，花香藕，新娶的媳妇黄瓜扭”，花香藕不仅能与新媳妇相提并论，更重要的是给人广阔的象征意义空间。当然，她也能彻底放下身段，不着痕迹地融入老百姓的生活，在市肆、在餐桌处处有她的身影，这有点儿像“大隐隐于市”了。

一种植物，因为刻苦、内敛，化百炼钢为绕指柔，早在明清时期就呈奉出一桌色香味形意俱佳的全藕宴（以扬州宝应当地为例）——蜜饯捶藕、桂花藕粉圆、糖水花香藕、炸藕夹、葱花藕饼、荷叶叫花鸡、荷叶粉蒸肉、金莲瓣、琥珀莲羹、荷叶八宝粥、甲鱼莲子羹、藕丝糕、糯米烂藕、莲菜八宝饭、百年和合水晶糕、荷塘戏、荷花金针木耳汤。

一种植物，因为天赋异禀，立于天地调动八方能量，竟然生成十种中药，足可傲视同侪了——莲子、莲心、莲须、莲房、莲花（荷花）、荷叶、荷梗、藕、藕节、石莲子。

郭保晶再度闪身进来的时候，是上菜了，一会儿的工夫，圆桌上摆满了盘子和陶盆，这个季节，缺花少实，我们不敢奢望全藕宴，但郭保晶夫妇弄出了四个藕菜：莲藕炖笨鸡和金黄的炸藕合都是慢工菜，醋熘藕段和凉拌藕虽是分分钟的快菜但极其考量功夫，更难能可贵的是我们吃到了肉片炖炒野生鸡腿菇，这是郭保晶夫妇有心了。

去之前，立勇兄在“吾山书院”群里发了山东电视台乡村季风栏目拍摄的保晶莲藕打擂的专题片，在回程的车上，有一个镜头始终萦绕我的眼前，那就是片中郭保晶以手掌拍碎莲藕的细节，我觉得郭保晶他就像是一个武林高手，后来又想，藕何尝不是呢？

吃货补遗

在我大聊，尝闻茌平的博平南莲池藕，十孔白莲，“藕中之俊”，乾隆年间曾为贡品。李健兄敲字传讯儿时记忆：“（莲藕）脆甜，掉在地上即刻粉碎。吃法生猛，河里挖出，用河水运送。食客将之清水洗净，基本不用打皮，拍碎后白糖撒其上，食之如三伏嚼冰块之爽，无渣。”也听友人绘声绘色不远处的桓台马踏湖白莲藕，以荷叶包藕，轻捶击碎，拌些白糖，吃起来爽心甜脆……呵呵，保晶莲藕又多一种新吃法。

（初稿于2015年11月17日）

纸 遇

在学生和教师两个角色之间来回扑腾了几十年，终究没有跳出校园的围墙，注定了一辈子与纸的不了缘，但静处细思量，其实庆幸远大于后悔，故心下稍安。

纸，形声。字从糸、从氏，氏亦声。“氏”义为“基底”“基本面”“受物面”；“糸”指“植物纤维”。“糸”与“氏”联合起来表示“植物纤维（浆液）均匀铺摊在一块平底板上”，因此，纸的本义为在平底板上摊晒压平形成的纤维浆液硬结层。这样的解释至少很形象，准确地描绘出造纸的原料属类和工艺过程。缫丝剩余坏絮以帘网捞起，装填入冬袄则御寒，晒干以书则为纸。这个肇始于缫丝的文明事儿，先是直接弄出了遮羞升级版的穿衣文明，再就是动作重复地创新衍生了更高级的文明——造纸。有了纸，好多事情变得简单而高效，也解决了很多生活中的困扰，这一点，只需要想想没有纸之前人们如厕怎么善后这个问题，就知道造纸术为什么被列为“四大发明”之一了。

葱茏岁月，人生折折曲曲，纸遇种种，五味杂陈思想。

“文革”期间，背了母亲缝制的布书包去上学。那个年代我家尚买得起教材，有颜色的课本很高级，满世界找来厚些的纸包上书皮，复杂点儿带四个角儿，简单的就平铺，上面工工整整写上“语文”或“数学”以及自己的名字。作业本就差些了，从公社供销社捎来或在村里代销店里买的带方格或划着线的本子自然价格不菲，珍贵得很，只用于上交的作业。若没有特别要求，则是买了一开的黄纸或粉连纸，裁成 32 开，装订成粗陋的本子。这样的本子我用过很多，甚至还和同学竞赛，看谁写得快，先用完本子。这样的本子并不好用，纸张粗糙，有时候在纸面上还赫然横陈漏网的麦秸，写字、列公式得绕着走。那个时候，即使这样的本子也是正面写完写背面。现在每每看见大学生毕业打印废掉的论文层层摞摞，程序走完处处堆积直接丢掉了，我就禁不住想起那个时代，我们在砖垒灰砌洋灰抹面的桌子上佝偻了羸弱的小身板儿在黄纸本上写字的情景，嘘唏复嘘唏，也没有结论。

那时的上学并不正规，我记得每学期学生还有割草的任务。学生散开了田野里去割草，完后背到学校过秤记斤数，最后也不知把草弄哪去了。我只记得去割草以及割草中发生的各种事儿，有小聪明者在草里藏了砖石加重，更有被揭穿大囧当笑资好多年的。在田野割草干活儿很是乏味，但事无绝对，单调劳作的旷野里捡到台湾飞机撒的传单令我们惊喜且印象深刻。当然，捡到包装精美的饼干和午餐肉罐头的我就不知道怎么形容他们的心情了，反正我们那一带只捡到了好看的彩色传单。30 年后，听大庆兄讲在东阿县域，他们捡到很多午餐肉罐头，胆子小的被清缴到武装部，后来也不知哪去了，胆子肥的自然吃到了一生都抹不掉的美味。我没见到过午餐肉和饼干，只说传单。现在回忆起来当时震惊的是怎么有这么好的纸，还印着那么逼真摩登的人物。那个时候当然也不知道海德堡几色印刷机能干什么。但是，县志资料显示，县里彼时已经有印刷厂了，可能印的就是我们买到的黄纸和劣质的小演草本。今天的大街上，房地产的广告传单印制可与当年的台湾传单媲美，只是塞到手里的时候，我们再无当年的惊喜了。

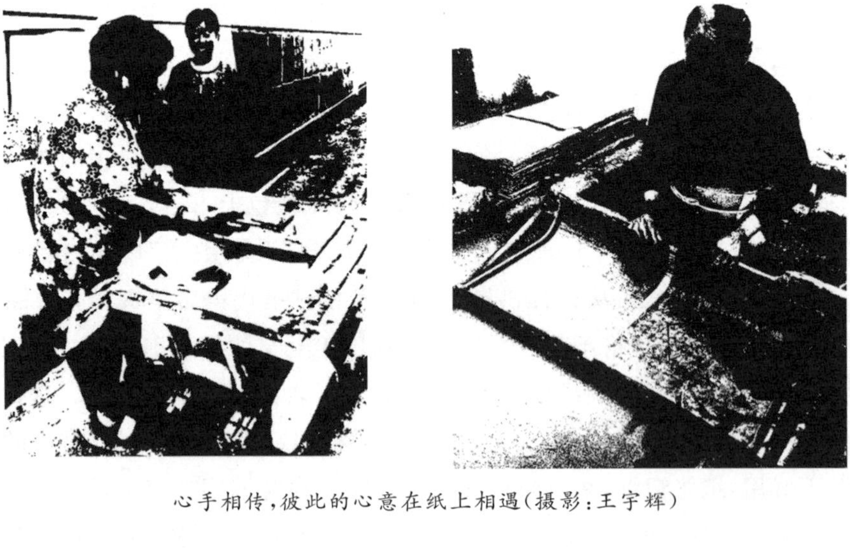

心手相传，彼此的心意在纸上相遇(摄影：王宇辉)

1979年前后，父亲参加县里组织的高考监考，拿回来几张剩余的高考试卷纸，一面画有虚线和字样，很亮，很白，很光滑，我爱不释手，立马想到我用的黄纸糙本，天上地下，又是一番感叹。曾经无数次拿出来钢笔，铺开了纸，选好了誊写的内容，酝酿好了情绪，但终究是没舍得用。一直珍藏着，好多年，直到工作以后又好多年，直到几次搬家，再也找不到了。

敬惜字纸是后来才慢慢体会到的。

去年，木恪君去了苏州新开的台湾诚品书店，给我带来一本叫作“敬惜字纸”的书，书是杂文感想，但这四个字却是另一番境界。

龙应台说她曾领教过一位看似没文化的普通老人。她在路边歇息时拿一张报纸铺在石台上准备坐上去，老人说，纸上有字，不能坐在屁股底下。古人有论，读书前需要去洗净手，周正衣冠，端坐高椅，那是很庄重的事情，也带着对文化的敬重。民间风俗要把带字的丢弃的纸烧掉，这个烧掉废纸的所在很讲究，也很好听，叫敬字亭，一长串儿别称同样很美：惜字亭、圣绩亭、敬圣亭、文笔亭、字纸亭……科学发展了，有了碎纸机，造纸厂可以回收，物尽其用，循环福祉，当甚幸。

去年，与吾山书院众师友拜仓颉墓，绿色的麦田里兀立的墓碑前，我们安静地看着仓颉墓碑上的文字，遥想当年仓颉造字是如何“天雨粟，鬼夜哭”，越想越没有答案，越想越觉得我们很小，仓颉那事惊天地、泣鬼神，大得不能再大。

有了字，有了纸，有了书，汗牛充栋，我们渐渐默然于字纸，连敬畏都没了，尤其在这个电子化的时代。

台湾的彩色传单后来知晓那是铜版纸彩印，质感厚重挺括。我于这种彩印的惊叹还有一次，发生在二十几年前的上海求学，那正是我蹉跎了几年才知道自己想干什么的时候，通过选课遇到了施（宗靖）师，在他家里我有幸见到他书桌上翻开的印刷很精美的一本大书，精美得令我恍见天人，内容也是我如饥似渴的干货，我默记下书名，花了两天时间在上海滩寻遍了五六家书店，终于在企业家书店发现了那本书，塑封着，高高地矗立在书架上，向营业员问询请求拿出看，多次被严辞拒绝并伴以冷脸，只有一次我得到允许拿在手中看但不准打开，隔着塑封的膜，我看到了作者和出版社以及那个令我彻底却步的价格,后来知道,那几个鬼子是行业顶尖的大家,出版社是台湾的。哦,又是台湾!

施师师承中国市场学的奠基人梅汝和,课极好,在上财很有名,属于讲课窗台外也站人的那种。我受教于他两门课,每次都是耽误了前课先去第一排坐定,在笔记本上记下他说的几乎每一个字,课后与贵州的龚兄一一核对,查资料,再丰富,最后誊写在一本纸张很好的笔记本上,我还记得笔记本的品牌是“纳爱斯”(nice),上海出品的,很好的纸,很好的内容,外加一颗纯净热烈的心。

吃了鸡蛋,总得见见母鸡吧!

现代化的造纸厂我素无好感,因为我用粗糙黄纸本子的年代有一次跟大人去城里,看见了造纸厂院墙外的排水沟,如中药汤液的臭水向不知多远的远方流去。几年后,我骑车去县城一中读书,每每路遇逶迤的臭水沟,小伙伴们争相屏息掩鼻,加速而逃。

那就去看古法抄纸,最传统的做法。

机缘种种,促成了丁酉春末师友一众鲁庄行。

鲁庄系山东阳谷县石佛镇的一个村子,相传这个村子造纸历史悠久。《阳谷县志》专章“一轻工业”篇中关于“造纸”的叙述几乎全是鲁庄造纸的历史。

明清时,阳谷县北部鲁庄及其附近所产麻纸颇有名声……

1930 年,阳谷县有手工抄纸作坊的村庄 20 多个,纸池 60 多个。

1937 年,阳谷沦陷,造纸业也一度萧条。

1944 年,冀鲁豫边区政府扶持(每个纸池发放贷款 11000 元边区票),复兴,纸池增加至 200 多个。

1947 年 5 月,成立阳谷县土纸统销局,负责组织生产,指导改善技术,协助采购原料,纸张统一配销给边区机关、学校、报社等单位以印刷公文、报纸、货币、契约及中小学课本。

1948 年,纸池增加至 280 个,年产长方麻纸 9000 捆,大麻纸 460 捆。

1952 年,成立鲁庄造纸合作社。

1956 年,成立鲁庄纸业生产合作社联合社。

1957 年,以鲁庄纸业社联合社为基础,成立阳谷县造纸厂,定址县城内。

1962年，造纸厂实现机械化连续生产。

1966年，"文革"开始，农村手工抄纸业被取缔。

1978年以后，造纸业迅速发展。

1981年底，国营、集体造纸厂增至5处，年产机制纸1667吨，农村手工作坊抄制呈文纸2533刀，全县造纸工业总产值185万元。

1984年，阳谷县造纸厂与山东造纸研究所共同研制的中性亚铵法全棉杆浆箱板纸试制成功，国内首创，达国际特号标准，并于1986年获得山东省科技成果一等奖。

1987年底，全县造纸企业增至11处，国营1处，县办集体2处，乡镇办村办集体8处，从业职工达1217人，年产机制纸及纸板9110吨；鲁庄纸池110个，从业人员590人，年产呈文纸、草纸10刀，产值75万元，利税41.5万元，成为远近闻名的抄纸专业村。

相传鲁庄的古法抄纸技艺源于蔡伦，在我们专程走访的省市县三级非遗传承人鲁清田的家里，我看到了当门矗立的蔡伦雕像、供奉的造纸祖师主干图和对联，这是一种行业的图腾和对专业的敬畏。但一生活动于内廷先后侍奉过四个幼帝两个皇后的太监蔡伦是否到过大聊且在谷城传授过造纸技术尚有待进一步考证，蔡伦井的说法也勉为其难，至于"蔡侯纸"或"谷纸"的称呼倒是可以理解。

明代科学家宋应星的《天工开物》里详细记述了"杀青""抄纸""焙纸"等古法造纸工艺："身为竹骨与木皮，杀其青而白乃见，万卷百家基从此起……凡抄纸帘，用刮磨绝细竹丝编成。展卷张开时，下有纵横架匡。两手持帘入水，荡起竹麻入于帘内。厚薄由人手法，轻荡则薄，重荡则厚。竹料浮帘之顷，水从四际淋下槽内。然后覆帘，落纸于板上，叠积千万张……"在鲁庄，一代一代的抄纸手艺人以其智慧和反复的实践不断改进完善着古法抄纸的流程和技艺。树皮、麻头、破布、旧渔网经选料、浸沤、切碎、浸灰水、碾压等工序形成粗纤维浆，打浆之后就是典型的抄纸，再经榨、翻、晒、揭，完成整个工序。

凡中国传统手作，在现场和整个流程上，我们很自然地看到组织内男女的劳动分工和凝聚组织的内在力量。以家庭为中心，长幼尊卑及伦理关系在其中好像黏合剂，给予了疲惫的营生业态足够的生命韧性，看似摇摇欲坠，却能够顽强地峰回路转。这其实是一种内蕴的文化，中国的非遗、老字号甚至家族企业应该仔细挖掘、梳理这种“是什么”“为什么”，凝练自己的核心价值体系，找到生意或事业永续的圭臬。

1957 年，西安市灞桥镇出土了著名的“灞桥纸”，专家鉴定为公元前 140 年到公元前 87 年时的出品物，这就把造纸的肇始时间提前到西汉时期。今天，西安北张村也如我们的鲁庄仍在延续着古法抄纸的技术和手艺。“仓颉字，雷公碗，洋出纸，水漂帘”“有女甭嫁北张村，半夜起来站墙根”的古老纸谣在当地也已传唱了 2000 多年。“我们鲁庄原来家家户户都会抄纸，附近很多村子也学会了抄纸。但随着工业化机械造纸的冲击，手工抄纸市场越来越小了，原来主要的东北市场几乎没了，陕西、河南、山西等地用的大多是糊酒篓或作为酱菜产品的内包装，也有糊窗户、学生写毛笔字用的。造纸作坊越来越少，不少人出外打工，抄纸师傅也越来越少。到了 2003 年，全村只剩三家作坊，现在，只有我一家了”，鲁清田的介绍里掩不住落寞和忧虑，“村里的年轻人都到大城市去打工了，老一辈不干了，这个营生更难做了。”

在现场，我发现了鲁清田的小儿子鲁福增，一个很忠厚的小伙子。交谈中，他告诉我他已经准备好接过父亲的这一摊儿。我鼓励他有时间了走出去看看，与外界多交流，可以更好地拓宽传统抄纸的用途和价值。因为，在大城市和发达地区，传统的古法抄纸要比机械造纸价值高得多。今年的苏州文博会上，一刀纸要价一千元毫不含糊，而抄纸的应用也妙乎毫巅。在日本，和纸的应用在文创产品领域遍地开花；著名工业设计师深泽直人和纸质品牌 ONAO 合作的“SIWA 纸和”展开对纸的无穷探索。

鲁清田告诉我，他知道和纸，并且有日本人要来拍他的老石碾，他严词拒绝了。最后，他告诉我最近接了一批活儿，为济南一家做灯笼的定制一批特殊的灯笼抄纸，我连忙追问利润可观否，老鲁的脸上闪过一丝狡黠，“还可以吧”，言辞闪烁打着掩护，但心底涌出的欣喜已经冲破了皱纹的层层叠叠，向远处荡开去了。

也许，这是一个新时代的开启呢！

（初稿于 2017 年 6 月 14 日）

亩产300斤有信仰的麦子

小麦亩产300斤？谁听了都不会相信。

是啊，啥年代了，现代社会随便弄弄亩产都能过千斤，忒简单了。我初听也是这个感觉，和过去“大跃进”时代说亩产几万斤一样异曲同工，波诡云谲。于是，有了今夏酷暑的两次探访，探访亩产300斤的农场和农场里的人。

三伏天里一个预报有大雨的日子，经营农场的朋友接到我，出城西行，经侯营（镇）、过运河，到张炉集（镇）王双阵村的以诺农场。

张炉集镇是东昌府区下辖的西部以中小拱棚种植芸豆闻名全国的乡镇，我以前没有到过这个地方，所以，很兴奋。

沿路从车窗望出去，可以看到农田里的玉米幼苗已经挣脱麦茬的枯黄，一片嫩绿了。坐在车里，冷气中的我不禁回想起儿时在农村挥汗如雨的日子，这个时候在田里得格外小心，因为稍不留神就有可能被簇连韧硬的麦茬扎了脚和划了小腿。这个时节，刚过去的麦收大忙和麦后玉米苗疯长的酷夏，几乎没有一天好日子过，天气热暑不说，活儿多且累，农民要与时间赛跑，抢收抢种，自然苦不堪言。当然，生活中也有趣事儿。犹记得儿时跟大人到队上的地里割麦，村上一位长辈因割麦速度奇快，就得了一个外号“二家兔子”。这个称呼自然是形容他割起麦子来利索，推进速度快，像兔子飞奔。事实上，盖因吾乡西湖“西大洼”盐碱地薄，集体的麦子长得很不好，所以，收割起来特别快。至于割麦的人群惊动了兔子，倒是我等少年满心期待的事儿，正好可以逃个懒儿，撂下镰刀撵兔子。

印象中彼时亩产也就是100多斤，我还记得村里稍好的屋墙上刷着的标语，“大干快上，实现亩产300斤”，那时候，亩产几百斤想都不敢想，标语那是口号，当不得真的。

但随着改革开放实行土地承包，土壤得以改良，加之现代农业科技的推广，小麦亩产1000多斤已是常态。所以，现在听到亩产300斤的小麦，人们反而有先是不信而后探个究竟的冲动。

以诺农场，一块108亩的农田里，东部是1900棵6年龄的核桃树，“鲁香”“香铃”和“鲁核”三个品种分别来自山东农业大学林学院杨克强教授的实验基地和山东省果树研究所的核桃基地，早实、壳薄优质。

核桃树下栽植了16万株油用牡丹，就是我们识花辨称的白牡丹。白牡丹不仅寓意懿德高范、至荣至贵，而且它还是牡丹系列中唯一有中药保健作用的。花盛时置身其中，清香怡人，有免疫及改善人体微生物循环之功效。立秋收籽，打的油贵比黄金，营养远超橄榄油，被专家誉为“世界上最好的油”，也是中国独有的健康保健食用油脂。白牡丹在聊城种植不多，我在黄河下游急转弯处东阿的艾山看到过更大面积的白牡丹。

林下散养的鸡、鹅正好会意主人不施除草剂的初心，撒着欢儿，吃着草儿，觅着虫儿，嬉戏着快乐成长。也有卓尔不群的，想去看看外边的世界，决然地钻过篱笆，再也没有回来。

百亩田的另一半地里，就近着路埂和房前屋后，辟开小块的菜田，种了土豆、地瓜以及各种时令蔬菜。稍远大块的田里，自然种植庄稼。我初次造访看到大片已收割的麦田只剩下麦茬丛立，成队的小鹅和争先恐后的小鸡在里面觅食。第二次来看到长起来的大豆和玉米，当然是非转基因的，为这些大豆和玉米种，朋友是多方打听，找了许多地方才凑齐的。

收获的麦子经过晾晒处理后已经入了封闭性很好的如意圆囤，五只大圆囤排列在屋前，很有生活感，等过年的时候，以毛笔红纸写个“粮囤满仓”“丰衣足食”就是典型的中国农家生活场景了。

是了，这块108亩的农场就是按照传统农民生产生活的布局自然形成的，没有刻意的规划和所谓科学的设计。我第二次去的时候，朋友约请的来自临沂平邑的巩天乐一家人已经到位，他们矢志生命农业，信仰笃定，忠厚善良，踏实能干。在我两次去的间隔里，农场已经发生了较大的变化。这位憨厚的小伙子带着媳妇、孩子和母亲从山东的东部来到西部，显然，对农场的未来充满了信心。

生命农业旨在恢复天地之初的美好，生命农业出于对生命的敬畏，从而全程拒绝使用任何化肥农药的种植法和养殖法。自然、大地给予人类，人类敬、止、回报，既取又予，方为循环，为生态。因此，他们讲究从微生物、植物、动物与人类的生命关系上出发，采用仿生态科学农法进行种植和养殖，采用牛奶等复合营养液体发酵技术，不使用任何转基因原材料。生命农业将牛奶发酵、生物仿制和种养循环结合起来，不可能大规模实现有机平民化。

以诺农场这块地原来是林木育苗用地，经过五六年的不施化肥、农药、除草剂的生态养护，去年以植物酸奶营养源种了 30 亩小麦，但产量并不如意，亩产 300 斤与周围地块的高产恍若两个世纪。当然，这 1 万斤小麦所滋长的土地、用水都是通过 SGS（欧盟）的检测，是国际认证的最高标准了，所以，以诺小麦是安全的，也弥足珍贵。收割后在经过一两个月的休眠期（也是后熟期）后，就可以磨面使用了，蒸全麦馒头、做老面包、弄面筋胡辣汤……安全放心，正是伊麦生命灿烂时。

以诺农场的原麦石磨磨成面粉，黑黑的，没有分离麦麸。粗糙的麦麸对于那些在艰难的日子里挣扎过的人们只要看上一眼或触摸到它，熟悉的味道从三四十年前一下子穿越而来，粗粝、笨拙的原香扯着乡愁，小心翼翼地试探着这个到处充斥着高科技白富美的陌生世界……（摄影：王宁）

第一次去以诺农场，我和农场都经历了暴风雨的洗礼，风雨飘摇后，天地一片澄明，西天边还划出一道难得的彩虹，生命农业的概念也划过我的脑海天际，令我兴奋。第二次再去，我约邀了几个朋友同行，我们选择上午，因为麦子经过休眠也磨了面粉蒸了馍，在条件简陋的以诺农场吃顿午饭令我等老饕充满期待。

从聊城城里出发,车程40多分钟。我们到时巩天乐小两口正在简陋的厨房里忙活儿,天乐上灶,天乐媳妇执刀切菜。灶上大铁锅里炖着农场自产的鹅和土豆,没有一丝风很热的中午,香味还是霸道地挤满了空气。在厨房逗留,我惊喜地看到天乐他们从老家带来的成摞的大米面白煎饼,有煎饼、有新鲜的时令蔬菜,估计中午可以大快朵颐了。

天乐的母亲,一位不善言谈的老妈妈在粮囤东侧院子里正侍弄炉子。这种炉子我第一次见,只见她从上面小孔里续火,捡来的树枝折断,放进去,然后又干别的活去了。过了一阵儿,她拎起整个炉子往暖瓶里倒水,原来是带夹层的装置,询问朋友高大忠厚的"二哥"才知道,这是当地都习惯采用的一种简易方便的烧水炉,看来,天乐妈妈早已融入当地的生活,学习能力够强的。

与我同行的诸位行业翘楚都想探究以诺农场的生命农业。我们一行先是参观了农场的整个布局和种植,后被请到正屋坐定,新装的空调虽则卖力,我们仍然汗出津津,拿笔和本的手都是湿的,但与厨房里的天乐夫妇以及地里干活儿的兄弟姐妹们比是好多了,他们几乎都是汗透衣衫,擦汗的毛巾湿得不知拧了几次水了……我总觉得这样的前奏肯定有意想不到的惊喜在后边等待,有取有予嘛,这不正是生命农业的原旨吗?

座谈被上菜打断,正好也饿了,索性先吃。

天乐小两口听从了刘焗掌的建议,焯过的马齿苋、秋葵、苋菜叶等菜蔬大盆盛来,一小碗蒜泥、一小碗麻汁儿、一小碗面酱伺候,一大盆鹅肉炖土豆,再加上原麦香甜的馒头和天乐老家的白米面煎饼,齐活了。朋友转身去田间摘了几根黄瓜,在水龙头下冲了冲,从田间到餐桌,不到十米。人手一段儿,鲜、脆、甜无与伦比,也是酸奶营养液的功劳了。

天乐的手艺很是不错,懂得轻盐少料,突出原味。当然,原料好很重要。

鹅肉炖土豆我连下两小碗,原汤顺下,直觉从未有过的酣畅淋漓,补足了挥汗偷走的盐分的同时,鹅肉土豆铺实了底儿,煎饼又卷了各样菜蔬,很是过瘾。最后还上了炖鸡,我以为重复了,但是人家的心意。我们基本未动,留给了没愿意上桌儿的天乐夫妇、天乐妈妈以及"二哥"他们。

付出的辛劳正在一步一步地变为回报。

麦子熟了，好了，可以脱粒成麦仁。全麦的面粉是找老石磨慢速磨出来的，就差人力推了，这样可以最大限度地呵护麦子的营养。

麦仁是全麦谷物颗粒，含有麦类谷物的全部营养成分，养心、益肾、除热、止渴功效突出，这个季节，居家生活正当用。但大多数人忽略了麦仁的多样适用性，从而与美味错过，在吃货看来，不仅可惜，而且罪过。

麦仁与薏米组合，加入赤豆、绿豆，慢火熬粥，很是经典；麦仁当值，加入山药成粥，红枣切片，并入核桃仁，慢火成粥……无论哪种，都不能慌，心安事则成，瓦罐里丰足的原料特别能安慰我们这一辈儿经历过苦日子的人，一碗五颜六色的稠粥在手，沉甸甸，心里踏实。我想起莫言说过的那段话，于我心有戚戚焉。大意是说买一套大房子，先放进去足够一年吃的粮食等物……真是饿怕了，穷怕了。

还有一种青麦仁，约是芒种时分，当麦子饱满未熟之际，脱皮而得，小麦粒色泽碧绿，口味清新爽口。你也许还记得少时在田地里掐了带秆的麦子生火燎了、搓了、来回倒着手吃一嘴带灰的美味。青麦仁含有丰富的蛋白质、叶绿素、膳食纤维和 α、β 两种淀粉酶，能助人体消化、降低血糖，完全是一种高营养的纯绿色食品。如果时间从容些，青麦仁富足些，青麦仁的价值和食用百态会更好地启迪人类。青麦仁入菜几乎可以搭配所有的荤，并且，中国几千年的烹饪经验告诉我们，这样做的时候，麦仁是主角，其他肉类、虾类甚至飞禽类要统统放下身段儿。请君忍住不要吞口水，容我报出一串的菜名：青麦仁炒鸡丁、青麦仁炒腊肉、青麦仁炒牛仔骨、酱肉青麦仁、青麦仁小羊排、咸蛋黄青麦仁、青麦仁炖鸽子、青麦仁鳝鱼丁……肉退让成丁，不唯遵从主角儿，也是为了更好地彼此吸收，荣耀自我。青麦仁也可入汤成粥，甚至和汁儿成甜品。青麦仁山菌汤自然是滋补佳品；大米桂圆麦仁粥则是主食系列，慰藉肠胃是说不出的舒坦。青麦仁橙汁冻则是一道甜品，置身丽人圈，我猜，它也有足够的底气不怯场。至于青麦仁邂逅了马蹄、玉米粒和虾仁，青黄白红，各擅胜场，那真就是仁者见仁、智者见智了。

以诺农场的原麦面粉没有分离麦麸，一是因为珍贵，今年只有区区万斤麦子；二是因为麦麸是好东西，尤其是对于现代人而言。李时珍《本草纲目》

里记："（麸皮）润大便，治气痢，除黄疸，老人煮粥甚益。"《日华子本草》载："润皮肤，养心肺，解热毒。"麦麸内外兼修，确实好物。生活经验告诉我们，麦麸饼做茶点再好不过，牛奶麦皮粥亦滋补佳品，既食又补。

现代科学研究表明，麦麸主要是纤维、糊粉、一些矿物质和维生素，还有部分胚芽。麦麸性味甘凉，敛汗液，富含粗纤维和维生素 B 类，可食、可入药、可酿酒。

当然，麦麸面相不好看，和在麦粉里蒸出来馒头也不好看，而且口感也不好，但如"绣花枕头"中看不中用，"花瓶"好看腹中空，还有那些纨绔光鲜巧舌如簧之人，也不顶用啊！

于麦麸，那些在艰难的日子里挣扎过的人们看上一眼或触摸到它，熟悉的味道从三四十年前一下子穿越而来，粗粝、笨拙的原香扯着乡愁，小心翼翼地试探着这个到处充斥着高科技白富美的陌生世界，寻觅着那些模糊而又熟悉的面孔……

你，还认识我吗？

（初稿于 2017 年 8 月 24 日）

忒高级的包瓜

年届半百，方遇包瓜，让我觉得人生特别失败。因为，这个包瓜忒高级了！

初识包瓜的那一段时间里，我疯狂地问询所遇到的每个和我年龄差不许多的人，“你小时候吃过包瓜吗？”然后，眼睛紧盯着对方，心里高度忐忑。如果他说“吃过吃过”，我脸上讪讪笑着而心里别提多不平衡了；他若说“包瓜？啥是包瓜？”我的心下顿时大爽。咳咳，我这是……

包瓜原来是甜瓜

以我一个年届半百的吃货之阅历，第一次听闻包瓜竟没有想象出来那是什么东西，你能计算出来我的挫败值和心里阴影面积了吧。刻骨铭心，记得是在一个吃性遄飞的餐桌上，一帮老饕吃着喝着还热烈地谈论着吃事，有大能者提及包瓜，乍听懵懂后我热切追问，能者见我一脸的猴急，却慢悠悠地一一道来。我边听边迅速启动回忆五十年来吃过的与之相似相近的好东东，搜寻结果里没有如包瓜样的东西。若从品类上说也只是找到了那瓶母亲炒过并放了不少棉油带到饥饿的中学很快就被同学闻香帮忙扫光的老咸菜（芥菜疙瘩丝，炒了，拌以老棉油或豆油），但老咸菜和他们描述的包瓜，一个天上，一个地下，差距也忒大了！

人生几十年里一直闻所未闻见所未见的包瓜在我初闻后没几天竟然神秘地出现在我家餐桌上，可想我的惊喜，无以言表。我围观着包瓜，问，你是田螺姑娘吗？仅此，我就觉得上天特别眷顾我这个苦命的几十岁还没吃过包瓜的老孩子……

很快，我请教了先期吃过包瓜的诸贤，也知道了包瓜的前世今生。

包瓜原来是甜瓜！

于我，甜瓜倒是老熟人。虽生穷乡僻壤，但我对甜瓜有40多年的认知经验，且刚入初中编班那天结识了一个异常有趣的同学，我们昵称他“瓜疙蒂（谐音）”，因为他狂言他吃过的瓜疙蒂也比我们吃过的瓜多。这句话本是“我过的桥也比你走过的路多，我吃的盐也比你吃的饭多”的老人言翻版，但我还是信以为真了，也震惊了，他竟然吃过那么多在我认知里算是最高级的甜瓜。现在想来吃瓜那事儿不一定真实，但他的语言天赋还是令我惊诧，他竟然可以这样高级地概括不着痕迹地贬低了我们……我记得那场来自乡村乍聚到公社里的农家孩子间彼此陌生而又好奇于是相互试探起的纷争在哄笑声中以“瓜疙蒂”为高潮结束，从此，我们都亲切或不亲切地称呼那位同学这个雅号了。后来知道，即使女生，在背后也这样指点称呼他，该是甜瓜的魅力吧，我以为。

吾乡地多盐碱，种不得甜瓜。后来知道，即使救荒的地瓜我们那里的也不好吃。记得小时候听得最多的是西乡里的地瓜、西瓜、花生好吃，彼时，西乡还很遥远，所谓西乡就是莘县徒骇河、马颊河两岸的沙地区域，富有沙地。

我对瓜的认知排序是：黄瓜、菜瓜、脆瓜、西瓜，越来越高级。黄瓜多见，不稀罕；菜瓜个大，不脆不甜；脆瓜在吾乡多称苏（酥）瓜，自是很脆，也甜，凉拌可，生食更爽，当季时有商贩进村才有机会吃上，属于物以稀为贵也是好物的那种；甜瓜也是，现在回忆，一年吃不上几次，即使吃到，穷苦的日子里数量也不会足，瓜瓤更是不舍得放过，小心地吸溜着，害怕把瓜子吸进嗓眼里，甜瓜的面、甜以及汁儿齁（甜）就刻在记忆里了。以至于后来写作文形容日子幸福或心情美好时我一直不愿意使用大家都用烂了的“像喝了蜜一样甜”，我更乐见“像吃甜瓜那样美”，直接的原因是我被父亲养的蜜蜂蜇休克过，所以拒绝它甜蜜的粪便。甜瓜无论物质层面还是精神价值，在我这里都是弥足珍贵。

以后机会多起来的日子里，甜瓜曾经吃到饱够。现在这个年龄，每年有时连一只甜瓜都不曾买、也不吃了，但想到甜瓜、听人提及甜瓜，心里顿时暖烘烘的，甜蜜荡漾开了，心都要化了。所以，获悉包瓜原来是甜瓜，就更加敬畏，更加心仪了。

花了几个晚上，从网上做了功课，荡了很多篇与包瓜有关的文章和中国著名酱园的文章，但纸上得来终觉浅。绝知此事要躬行，于是，我标注了就近的冠县和临清两个生产地要一探究竟。时光倏忽，琐事杂陈，小暑立誓的访行竟然推迟到冷秋。

无酱不包瓜

遍察包瓜，首先，“酱包瓜”的称谓较为完整，不仅能够带出语词符号背后的意义，还能说出关键工艺揭示过程。其次，就像名称文字的排序，酱字当头，酱的历史自然也比包瓜悠远。故，说包瓜，得先说酱。

然而，我并不喜欢酱。从小就这样，不知是不是因为其形制其外貌，但我倒是不排斥芝麻酱和后来遇见的桂花酱。啥原因？终究是味道占了上风，底露吃货本色。

在我关于酱的认知中，最清晰的莫过于那句大家都耳熟能详的“柴米油盐酱醋茶”，此谓开门七件事，实为老百姓终生奔波所谋。大雅人张岱在其著名的《夜航船》中这样总结饮食创造的历史：有巢氏始教民食果；燧人氏始钻木取火，作醴酪；神农始教民食谷，加于烧石之上而食；黄帝始具五谷种；神农的独生子开始种庄稼，教民食蔬菜瓜果；燧人氏作肉脯；黄帝作炙肉；成汤作醢。其中，成汤作的“醢”就是肉酱（以肉和鱼作酱），这种用料昂贵颇为奢侈的做法决定了彼时之酱不是老百姓开门七件事中的“酱”。《周礼》上已有“百酱”之说，说明周之前就有了酱。《礼记》中提出“五味、六和”，“六和”是说“春多酸，夏多苦，秋多辛，冬多咸，调以滑甘”，看来在那个时代人们就已经非常讲究调味了，五味调和百味鲜。《礼记·内则》更是进一步记述，吃牛肉、羊肉、猪肉都要以醢拌着吃。食物与酱的搭配令人眼花缭乱，即使八珍中的“淳熬”“淳母”，在米饭上也得以醢浇上，我不由得想起20多年前在上海求学时贵州的龚兄对辣酱之极嗜，无论面条还是米饭，第一件事是先拌上黔乡的辣椒酱，有滋有味迅速吞下，慢慢回味。

悠悠数千年，酱由奢侈品的肉酱到调味料的各类酱，再到液体的酱油（《齐民要术》中已提到“酱清”“豆酱油”，宋代也有了酱油的文字记载，林洪《山家清供》中说“柳叶韭：韭菜嫩者，用委丝、酱油、滴醋拌食”），从孔子“割不正不食，不得其酱不食”的“食不厌精，脍不厌细”的饮食哲学，到今日老百姓生活中无酱调味不成菜（又想起鲁菜黑乎乎油乎乎咸乎乎的形象），可见中国人的生活中对酱的依赖有多重，酱文化情结有多浓。

甜面酱是以面粉为主料，经过制曲和保温发酵而成的一种酱状甜味调味品。甜是来自发酵过程中产生的麦芽糖、葡萄糖等物质；鲜是蛋白质分解产生的氨基酸；而食盐的加入则产生了咸香味。味道总体甜中带咸，还有酱香酯香，所以，甜面酱特别适于烹饪中的酱爆和酱烧菜；直接蘸食烤鸭、大葱、黄瓜等凉菜也爽；若以酱为原料，大大的性子，慢慢地调儿，使之探索珍馐秘境，唤醒深层次里的美好世界，如酱鸡酱鸭酱鹅酱牛肉等更是大美。

当然，酱包瓜也属此列。

包瓜！包瓜！包瓜！重要的事情说三遍，我倒不是为了恶心诸位，只是我与包瓜初识新恋正是发昏缠绵期，只觉得，重复地多说了几次，直好像多吃了几回。

包瓜系酱菜中的珍品极品。酱菜出酱园，酱园一般设在城邑郡县，其实是方便各级政权施以管治，因为盐的专卖株连以盐和大豆为原料的酱的经营，故此，酱园隐隐然有"官酱"高冠。而在寻常百姓那里，有一只或大或小的酱缸就不错了。犹记得小时候去别人家玩儿，偷偷掀起屋檐下那只外边透着白盐屑的大缸小缸，使坏断然不敢，知道那关涉生计，当然屁股上也有沉痛的印记。一户人家如果连酱缸也没有，家里真是穷得没法过了。倘若在城里，除非有明代零陵名士蒋鏊的洒脱劲儿（贫甚，值除夕不能具朝铺。乃自吟曰：柴米油盐酱醋茶，七般俱在别人家。唯有老夫无计策，开窗独坐看梅花），否则也是"开不了门"了。但酱园的真正形成却是在明代中叶后，基于15世纪东部近海地区商品经济崛起而加速发展的城市群需求。到了晚清，"中国四大酱园"（北京六必居、扬州三和、长沙九如斋、广州致美斋）和"江北四大酱园"（保定槐茂、济宁玉堂、山东济美、北京六必居）已经很是驰名，很多出品成为贡品。

我们生活的这一带，得黄河与运河之利，享农产物丰和交通之便，生活得酱自是容易些。所以，在各级城区、坊巷及乡镇供销处都有酱园、酱坊。我自幼长在农村，城邑的酱园、酱坊不曾去过，但酱园里出品的咸菜经过县乡供销系统到了村里的代销点，酱油还是打过的。高级的包瓜不曾走到乡村，家庭的酱缸里也酿不出这等尤物。所以，包瓜的寻访于我竟有朝圣的感觉。

西行百余里是冠氏邑，高速路两边的辖区里有大辽国萧太后的墓，方圆数十里更是棋布穆桂英当年破的阵（镇）……再往前穿越，这里曾轮属卫、晋、赵、魏诸侯国，从文化上已非齐鲁板块，要不是一条漳卫河隔开冀鲁，冠氏邑的冀域文化属性估计更加突出，从这里生产包瓜的工艺和用料就能感受到它和馆陶、保定的一脉相承。

张东先是我这次寻访的主要人物，土生土长的本地人，自16岁进入当时的国营冠县酱菜厂下车间当学徒，一干就是几十年。他凭着自己的踏实、勤奋、好学，一路升至车间主任，直至亲见酱菜厂的衰败、破产、改组。

“是体制的僵化、人员的老化、管理的落后、思想的保守，是墨守成规，不接受、不开放、不创新，让这些酱园酱坊老字号陈腐烂掉。”

言苛情切，看得出老张动了感情。在厂子衰败之际，老张经过一番思想斗争，出手把老厂盘了下来，原来反复酝酿的方案终于可以自由实施了。

迁址，一般认为酱园酒坊使不得，但为了作别陈腐，涤荡出一番新气象，老张果断地做了。在城外寻了60亩地之后，又不辞苦劳，北上南下走名园访高贤求艺取经，同时看看这些大地方的市场潮流和消费需求，因为，他屡次从中国历史上酱油脱身于酱的变化中体察到技术与市场需求的重要性，他想开启下一个百年。

培育新菌群，更是艺高人胆大！我去的那天天气阴霾，房间灰暗，老张坐在沙发里吞吐着香烟历数那些百年老号的味变陈腐时我却想到的是另一种陈旧和腐溃——导致这类企业停滞不前或日渐衰败的架构设计、人力、管理、品牌传播和企业文化因素。但我们的对话里不时有思想的火花迸现直如老张手里的香烟上跳跃的光芒。他从北京找来了新菌群，慢慢培育，陆续上市的包瓜从味道上较之老字号已有分别。自从听闻包瓜，我就恶补包瓜的知识和以往几十年身体的亏空，在餐桌上反复比较体察各地的包瓜味道，结果证实老张这一步走对了。后来仔细想开去，也对，故步自封是没有出路的，唯有创新，在传统中循宗而扬弃才有新路。

结缘中国农业大学的教授施以新以技术改造老做法让老张倍有底气。

从源头种瓜开始，300 亩甜瓜从种植、管理到采收全程监控。采收的生瓜系早期或中期结实，尚未熟透，头尾一样粗，重半斤左右，洗净、去籽瓤、盐渍、沥盐、配料、填料、手工缝合、酱制到成品，二十几道工序有科学流程，手作但不失严谨。

包瓜的发明和创造不是恰恰代表了中国劳动人民的勤劳和智慧，不甘贫穷对美好生活向往而积极进取奋励竞为吗？（摄影：猪拱地）

包瓜有料这是在一开始命名时就埋下的伏笔。要不然，缘何名包瓜？有了包材，包什么成为关键，并且，包什么往往比以什么包更值得期待，就像吃包子和饺子时我们总习惯问一句什么馅儿的。都说包瓜金贵，但如果说甜瓜本身不厌其烦地处理也高贵不了哪去，那只能看料了。小小包瓜腾出的有限空间里，放入莲蓉、核桃仁、杏仁、花生仁、苤蓝、冰糖、青丝、玫瑰等做的菜馅及白糖，这些都是寻常百姓生活中罕见的珍品，以马莲线缝合也透着讲究，随着酱腌，马莲香草的味道也能被彻底吸收，这样，包瓜的和合众香更为强大。本是一种餐桌佐粥小菜，结果流程不厌其烦，工艺繁复杂琐，用料精益求精，酱鼐珍馐，不计其贵，真是“食不厌精，脍不厌细”，难怪各地包瓜多为贡品，也难怪我等远村穷民闻所未闻。

关于包瓜的源想

这么好吃这么高贵的包瓜是谁最早发明的？围绕这个问题的疑问我从一开始就有，只不过是被包瓜堵住了嘴没回过来神儿思考和发问。

看到的资料上显示，包瓜始于唐，说是和魏征、李世民有关系，只是传说，无据可考。所有的叙述里也没有说是宫廷御厨发明的，皇帝老儿成天山珍海味满汉全席也轮不到这等小菜登场啊？还有资证，就是各地老号的包瓜最终荣升贡品，要么地方进贡，要么皇帝私访巡游途中邂逅，所以，包瓜铁定是在宫外才有的。寻常老百姓的酱缸里也没有这么复杂的东西，温饱不逮的老百姓讲究不起这等奢靡之事。如斯，上边没有，下边没有，就在中间了，应该是城邑郡县的酱坊，况且距离田间也不远。

为什么就没等甜瓜长成熟透就摘下了，不浪费吗？这也不像我们农业中国勤俭持家的风格啊！资料中比较合理的说法是泰安当地关于包瓜的传说，咸丰二年(1852)夏天那场著名的冰雹把泰山南部大白峪村李老汉的甜瓜给削光了叶子，苦涩不熟的生瓜让李老汉发了愁，愁急生智，选些鲜嫩完好的瓜洗净放入酱中腌制，腌制后的瓜皮生脆味浓，后来不知又经历了多少次的试验，甜瓜去了瓤，又不知等了多少年，里面包进了调料，调味料由少渐多，最后，终成如今的包瓜模样，也传播开来。再后来，应该是从稠密的甜瓜秧上疏果，摘取嫩瓜，专制包瓜，至于今天专门种植等未熟之际就摘下就是功利所驱了。

这样想来，包瓜的发明和创造不是恰恰代表了中国劳动人民的勤劳和智慧，不甘贫穷对美好生活向往而积极进取奋励竞为吗？

包瓜好吃，还讴歌生命、赞美生活，为包瓜点赞！

（初稿于2017年10月25日）

寻访临清贡砖

“山河千里国，城阙九重门。不睹皇居壮，安知天子尊？”写过著名《咏鹅》诗的初唐四杰之骆宾王在中年时所作《帝京篇》甫出，霎时传遍京畿，火遍长安，一时引为绝唱。骆文开篇寥寥数语，就把世人媚上和当权者显摆的心理刻画得一目了然。我猜，燕王朱棣也许是看过这个开篇才决意规划建设北京城的。至于靖难之役、燕王造反，在精心雕琢北京帝都这个鸿篇巨制的作品面前，那是无趣的政治，不涉艺术和风月。

山河千里国，城阙九重门。不睹皇居壮，安知天子尊？（摄影：王宁）

朱棣的北京城

翻阅史料，燕王朱棣选在北京建都有几重考虑。

首先，在地理形势上，北京地势雄伟。背靠长城，北枕居庸，西倚太行，东连山海关，南看中原，地势易守难攻，地利方便实现“控四夷以治天下”，就是在军事防御的背景下也是非常有必要的，至于说是像什么形状等诸多北京立都的风水原因自不必多说，玄妙也有道理。

再者，从洞察朱棣心理入手，有人认为迁都北京或许跟他得到皇位不正有关，也无不道理。朱棣以武力逆转了侄子建文帝的江山，而南京是建文帝的施政中心，天天生活在南京旧殿的房子里，可想朱棣的心理阴影面积有多大，而他熟稔快意的北方根据地又相距甚远，所以，心向北、向北漂注定是朱棣的大动作。然而，造一座不输于长安（今西安）和应天府（今南京）的都城谈何容易？

按现在的思路，造城需先行规划设计，然后才是建。目前的史料没有明确显示北京城是哪位设计大咖所为，历史久远，如谜诡吊，传说和推断扑朔迷离，这倒是符合中国文化的脉调。那我们就跳过官司，直接爆料，建筑的料。找来能工巧匠，备齐石头、木料和砖，就可以干活了。

其实朱棣早有预谋，在建都之前就采取了一系列发展北京经济的措施，徙晋浙名户精英以填人口，减赋税，复海运。终于，永乐四年（1406）颁召拟建北京城那年，四川、湖广、江西、浙江、山西、云南等地的名木从深山被采伐络绎不绝地运往京都，房山的巨石也被采集，专家反复勘察，沿运河起窑，苏州烧制金砖，临清烧制青砖。永乐五年（1407）那年征集的全国能工巧匠就达二三十万人，加之可调集的军队，乌泱乌泱的人众参照着元大都和南京城池宫殿的规制，开启了一场轰轰烈烈的造城运动。

临清的贡砖

说重点，临清砖在北京城的建造中居功至伟。可以说，没有临清砖，就没有北京城，“漂”来的北京城的说法丝毫不为过。

今天看，北京的故宫、天坛、地坛、日坛、月坛、各城门楼、钟鼓楼、文庙、国子监及各王府营建中所用的临清贡砖比比皆是，处处可见。明十三陵、清东陵、清西陵等皇家陵园营建中所用的“寿工砖”也由临清烧造。另外，南京的中华门城墙、玄武桥，曲阜的孔庙，德州的减水坝，张秋镇的荆门、阿城、七级等闸坝等处也是临清贡砖，这些砖至今不碱不蚀，敲击有声。悠悠五百多年，临清烧造贡砖的时间之长、数量之大是中国任何地方无法比肩的。明清时期临清是州制，下辖夏津、武城、邱县、馆陶四县，所谓的临清官窑应是以临清为中心，南至现河北馆陶境内，北至山东德州武城县、夏津县，东至现临清魏湾乡，原清平县的漳卫运河及会通河两岸。当时，此地窑窑相连，名匠如流，热火朝天的生产运输场面可以想象，当然，这也是当时临清“富庶甲齐郡”“繁华压两京”的原因和体现。康熙时客居临清的江南文士袁启旭曾赋诗吟咏烧砖的情形："秋槐月落银河晓，清渊土里飞枯草。劫灰助尽林泉空，官窑万垛青烟袅。"可见，临清"岁征城砖百万"绝非虚话。

多少年过去了，世事沧桑，临清繁华不再。

我曾怀着极大的兴趣数度探访这个历史上钞关税收收入一度能占到全国税收的1/4的大都市，心里也一直放不下理不清称呼临清人的那个调侃词"临清猴"以及很多说临清人的段子。从舍利塔到宛园，从托板豆腐到经堂席，从糖盖到什香面……临清的曾经和临清人快托不住的骄傲一度令我心灰意冷，直到我在一个冬初晴日遇到一位临清年轻的官员和一位80岁的贡砖手艺传承人，临清在我的心底板上开始泛出温暖的光泽。

说到底，临清是运河上的临清，历史上的繁荣和今天的无奈都拜运河所赐。探访临清砖我以为是接近临清地气和脉搏的最直接的方式。

我们先去了临清的两个乡镇魏湾和戴湾，这种带有强烈地状意境的名字本身就充满了无限的想象。运河在魏（家）湾和戴湾的蜿蜒抑或是对黄河故道的亲近？多少年的风雨里，成就了临清贡砖的原料——"莲花土"。这种特殊的土质得益于黄河的反复冲击，红、白、黄相间，细腻无杂质，沙黏正宜。此土历露天堆积、阳光直晒、雪雨冻蚀，再经手工粉碎、过筛，留下细密的纯土以水滋润，人畜反复和炼，最后烧成的砖"击之有声、断之无孔、坚硬茁实、不碱不蚀"，不仅硬度高，而且吸水性也好。国家文物所曾以回弹仪对临清舍利宝塔上的老古砖进行过测试，硬度竟然高达200号，比许多石头都高，莲花土、临清砖真可谓地利天成，可遇不可求。

至今，在运河两岸，犹有以某窑、某洼为地名的村落。从大堤上望出去，堤内河滩上隐然可见一个个微隆的高坎，那是古砖窑的遗址了。

但我们寻访的两座恢复生产的砖窑在大山东环境治理下又停产了。接待的朋友带着我们走走看看，无奈地诉说着困窘。我们面对着冷硬的砖胚和近似荒芜的砖窑，也无言以对。其实，近些年随着旅游业的勃兴和古城复建，临清贡砖的市场是很旺的，新旧动能转换对于我们欠发达地区是个巨大的命题。

中午，带着些许忧郁，我们去了城里的临清市直机关招待所吃饭。说实话，临清的饭菜甚至民间小吃在聊城及周边范围里还是相当不错的，这也是临清人的底气和骄傲的很大部分，我的每一次去临清的由头和动力很大部分也是这个。这是临清几百年来涵养出来的气质，运河的开放、沟通、交流促成的因变、融汇、创新，是临清骄傲的资本，就像杭州之于上海，因为南宋都过、祖上富过，底气全在斜睨过来的目光里。今天，临清人看不起聊城、临清的厨师不来聊城，也是这个原因。

菜轮次上桌，主人为我介绍几道老菜的新变化，细尝之下果然不同，我不由得重新打量我并不陌生的这个地方、桌上的菜品和盛器，仔细求证他说的变化。主人兴之所至，谈起临清的名片计划，谈起临清狮猫和什香面，并且，最后他特意安排上了什香温面。这个什香面与以往相较有了很大改观，配菜有变化，搭配有逻辑，融入有顺序，有进攻，有防守，阵型完整严密，尤其是几粒生花生的断后我觉得特别人性（因为浇卤有蒜汁儿）。不要小看这种变化，首先是从意识上的根本转变才会有物质层面的转变，意识之变以市场为源、以人为本，这与过去以经验、以专家老厨为中心截然不同。一个县市级政府招待所普遍不景气、经营难以为继的大环境下，临清招待所的什香面能有如斯根本的质变，我觉得一定是里里外外根本的变化在先，堪赞。

有基础，有传统，有气质，再有因之环境的变通，还有什么困难是不能克服的？我不知是饱食了美味还是心下被鼓舞充满了信心，走出招待所的时候竟然步伐轻快，回眸间，我狠狠地望了一眼这个宽阔的庭院和院子里林立的大树。

景永祥的金砖梦

下一站，拜访临清贡砖的重量级人物景永祥老人，我内心满是期待，而雀跃。

景永祥，居西陶屯，临清贡砖烧制技艺的第四代传人，也是该项工艺的唯一传承人。自清末的景玉科始，历景传善、景兴吉、景广德，他家的景氏砖窑是临清古运河沿岸的传统砖窑之一。百年来，从官窑到民窑，由柴类焙烧到无烟燃煤，再到生物质燃料间杂木料，与时俱进是融通，也是创新。

乘车抵达临清城外西陶屯田间的永祥贡砖厂时，隔着车窗，我看到了在电视上早已经认识的老人。他腰杆笔直，没穿棉衣，近八旬的人立在风中候着。下车后我紧步直奔景老，双手握住他满是老茧并六根手指裹着胶布的大手，景老的手劲儿很大，这是长期劳作的结果。走路大步流星，下盘功夫稳健，像极了武林高手。

景老的砖窑建制历史比较久，并早早地进行了新旧燃能转换设计，所以，在今天整治大环境的硬形势下依然能开工生产，可谓意识超前。景老带领我们循着贡砖的传统生产顺序，从莲花土说起，碎土、澄泥、熟泥、制坯的上游环节历经了从人工到机械的转变，景老坦言对泥土的领悟也越来越深刻，我觉得这是关键。据他说，泥土其实是有灵性的，来自地下沉积多年的土经过水的反复滋润，成泥后在大自然中砥砺风吹日晒，再拿去火中历练，遇水淬炼，整个过程，(金木水火土)五行俱在，再加上人的血汗，历练的生命赋予了砖灵性和魂魄，进而赋形一座城，历岁月守护，那是生命另一种形式的延续吧?

“坯子毁三，给块砖不换”，景老以这句行业老俗话为我讲解他对泥土的领悟心得，乍听这句话，不明就里的人可能会心生嘲讥，“你憨精，拿好砖换你的坯子，你一边子去吧”。把砖坯毁了，泡到水里，三次反复，成熟泥，澄泥其实是对泥性的精益求精，费了功夫，花了力气，好了泥性……景老说，当他第一次这样反复侍弄、成熟泥、上窑烧、开窑看的时候，那效果，简直是“炸了，我被惊呆了，那砖的色泽、样式、净(细腻)真叫绝”。当景老兴奋地说这些心得时我听得懵懵的，所幸录了音，回来反复听，慢慢领悟到其中的奥妙。

我记得当时景老话锋一转，说起和面的道理、包饺子的经历，发面如同和泥坯，充分“和”的前奏太重要了。

在临清运河岸边长大的景老天然有收集信息、吸纳众长、融汇创新的本领。他走南闯北，遍访名家，交流学习，与单霁翔(原文化部党组成员、故宫博物院院长)、李瑞森(天津营宸古建筑研究所所长)等行业大咖结为朋友。有一次，在李瑞森的办公室，景老发现李总的茶桌很特别，细打量，看似花岗石样的，中间斑驳了灰、白、黄、蓝杂色，心下好奇，禁不住问了一句，李瑞森说那是苏州的金砖，景老当时没说什么，心里却不以为然，回来后仔细研究了苏州金砖并实地察看，回到家，兴冲冲地去郭堤、杨坝、范庄处的黄河故道取土，到隋炀帝运河河滩取土，综合阴阳，反复澄泥，成胶泥，取样，寄给北京擅长配料研究做雕刻的张老师，化验后，张老师盛赞原料好，完全可以做质量上乘的金砖，于是乎，景老的厂里又竖起一块临清金砖研究所的牌子。

“思想开放”是景老反复提到的一个词。新中国成立后，临清恢复贡砖生产，在景永祥主导下，他们组团去河北唐山陶瓷机械设备厂看人家的瓷碗瓷器，回来后进行试验，杠子滤，以脚踩，反反复复，再把泥焖上一两天，取出以手往外挤，仍然达不到机械的充分效果。认识到这一点后，吸收人家机械厂的经验，上了搅拌设备，以机器脱坯，再结合传统土法，不惜人力，池子澄、箩筛过，终于达到了理想的效果，除了传统的 30、40 砖，景老砖窑厂拓展到 50、60、70 甚至 80 砖，真可谓艺高人胆大。一时间，景老的砖在市场上供不应求，客户甚至先全部打给钱，慢慢等货。

“去窑里看看”，景老引我们去一孔正在烧制的砖窑去看。

我们沿着一个长长的倾斜向下的过道走向砖窑的底部，在这里负责的是一位有些木讷的老师傅。靠近火炉的近处，放着一张小桌，桌上有暖水瓶和大号水杯，旁边立着铁锨和一些劈柴，另一侧砖码的墙上齐着人高放着一个收音机，里面高音播放的竟然是国外的类似摇滚的音乐，我把整个过程的录音听了好几遍，才想明白了老师傅只是要个声响，在那连续十几天看窑的白天和黑夜里。

炉窑的结构其实并不复杂，火门，炉墙，关键的关键在于码砖、排砖，一大窑砖要全部烧透、烧熟，还要色泽均匀，但不能烧糊、烧坏。景老又举了做饭的例子讲道理——就像家里做饭锅沿上贴锅饼，火候的精熟直接决定饼子的成色和口感。我请教景老烧火的讲究，老景真有自己长期总结的一套真经——“一慢二看三瞪眼，四五六七不等闲，八九不离十，满香扑鼻迎客来。”

头两天要慢，点着火就可以了，主要是为了检视炉窑是否漏气，再如何修补，安全很重要，护住火很重要。第三天，该瞪起眼来了，就是说像上战场一样需要卖力气了。接下来几天一会儿也不等闲，填炉柴，观火势，不分昼夜，吃饭、睡觉，对不起，让路。八九不离十，是时间上的概念，但真正有经验的只要在下风口一站，这些时日，不息的炉火混合了硬木、矿物燃料，又氤氲了砖坯的灵性，那种复合的味道景老用了“满香扑鼻，如酒的喷香”这个词，我暂时体会不到，只能心向往之想象着那种舒服劲儿。

离开温暖的炉窑，我们经过存放的木柴堆，景老特意介绍用材的讲究，最好以榆树、槐树、柏木、松树等有硬度的且不含铁杂质的树种，忌讳柳木、椿树、泡桐等。景老还向我们讲述了一个他早年的神秘发现。记得头一年烧窑，当然很是紧张，丝毫不敢放松，日夜看护。等快要烧好时，最后一道工序是洇窑，水压火，冒出升腾的蒸汽，只见烧煤窑漏出气如笼黄色，悬空当挂，凝结不散，在黑夜里手电光束中，透如琥珀，色似金，状透亮成丝……景老说一直想不透这是什么，正像我一直没能体会到老手艺人闻香炉窑砖一样。

一种复杂的手艺充满了玄妙，当我们习惯以经验这种感性的方式解释它的时候，在关键环节总有一种说不清道不明的扑朔迷离，同时，它也是一种激励的正向力量，引导着我们充满信心地前行探索。

告别离去的路上，我一直被景老赋予这个行业的神秘力量左右着情绪，但我忽然忆起一个与景老相关的桥段。几年前，中央电视台拍摄运河美食栏目《行走的餐桌》，第二季中的第二集是临清专题，在景老的窑厂采访后，当地文化名宿和美食组老饕们竟然没去临清的大饭店去吃什香面，行走的餐桌就放在景老的院子里，景老亲自动手料理的什香面。我猜，是不是因为景老和泥好因而和面好，所以才花落他家的？

（寻访：2017 年 11 月 25 日；终稿：2018 年 1 月 17 日）

斗虎屯北夏村手工挂面

有朋友告诉我，斗虎屯好物产不仅有千层豆腐和绿豆粉皮，纯手工挂面也很不错。于是，大寒二候里一个冷冽的日子，我们吆喝着出聊城往西北而去。

聊城西北一带我很是陌生，所以，我的探访兴致很高。隔了漳卫河接壤河北的冠县、临清诸区从地缘上更多的是燕赵晋卫文化，齐鲁只是擦边。这次的寻访地斗虎屯镇居东昌府区的西北，地接临清、冠县。远溯历史，还可以发现它曾属地清河国，今斗虎屯镇驻地西 4 公里处的堠堌冢即是证物。“堠堌冢乃东汉清河王刘庆之墓，即孝德皇陵”，这是聊城市文物专家陈昆麟先生经过 20 多年文献史料研究和现场的调查论证并经台北大学张蓬洲教授复证的结论，这也是聊城境内历史上最早的皇陵，但今天这个占地 10780 平方米的皇陵只是留下一个被多次盗挖的土堆和经不住推敲的传说。当我们车过斗虎屯镇的时候，发现广告牌上今人连“堠堌”两个字怎么写都分不清了，当真世事苍狗。

整个聊城的辖区里有古运河、黄河、黄河古道、徒骇河、马颊河等，属于典型的黄河冲积平原，地处华北平原板块的南部北纬 37 度左右的聊城沃野，也是中国粮蔬瓜果的重要产区。斗虎屯辖区地好水好，主要发展第一产业。我们去了北夏村，据说村上有三家恪守传统做手工挂面的。当我们从村头拐入胡同的时候，其中的两家掌柜夏金钟和夏新山已经在夏金钟家大门口等候我们了。

挂面在我们当地很常见，几乎每个乡镇的集市上都可以看到买卖。但真正的手工挂面很少了，并且用面也良莠不齐，口感差别很大。好物，在这个快速而逐利的年代尤为珍贵。

由饼及面而挂面的历史

在古时，谷物、面粉制成的食品通称为饼。西汉扬雄《方言》对“饼”字有三种释义：“饼，谓之饦，或谓之餦、馄。”“饦”即指馎饦，也就是面片；“餦”即指餦餭，乃米糕；“馄”即指馄饨。可见，到西汉时，“饼”仍是面片、馄饨等面食的通称。汉代时已经发展出专职的“汤官”掌饼饵之类事务，《汉书·百官志上》颜师古注：“太官主膳食，汤官主饼饵。”东汉末刘熙《释名·释饮食》中，不仅提到了胡饼、蒸饼、汤饼、蝎饼、髓饼、金饼、索饼等多种面食，还解释了饼名的由来：“皆随形而名之也。”并记录了饼食的制作方法：“饼，并也，溲面使合并也。”刘熙所载的饼之原料和制作与今天已没有两样，而且，除了蒸饼、汤饼、索饼等分别为馒头、面片、面条的古称外，真正意义上的饼食已有胡饼、蝎饼、髓饼、金饼等四种，而且往往是“随形而名之”。

从汉代饼食的丰富多样和分门别类，可以看出汉代生产技术的发展以及经济的繁荣，胡饼还是中外文化交流（张骞出西域，胡饼来华夏）的结果。汉代饼食文化奠定了中国面食制作的基础，确立了面案在烹饪中二分天下的格局，并最终孕育了南米北面的分野。

最初，中国所有的面食统称为“饼”。其中在汤中煮熟的叫“汤饼”，汤饼实际上就是一种面片汤，将和好的面团托在手里撕成面片下锅煮（类似于今天的搓面或揪片），东汉末刘熙《释名·释饮食》中就有汤饼的记载。如果汤饼的面团“撕”改成“刀削”，不就成了山西的刀削面了吗。

后来，汤饼发展到“索饼”，索饼即“水引饼”。北魏贾思勰《齐民要术》中记有“水引饼”的做法：“细绢筛面，以成调肉臛汁，待冷溲之。水引，挼如箸大，一尺一断，盘中盛水浸。宜以手临铛上，挼令薄如韭叶，逐沸煮。”水引法是把面搓成筷子粗细，一尺一截，盘中盛水浸，用手把面条在锅边上搓得薄如韭菜叶，用开水煮。这种面片像极了陕西的宽面条（裤带面）了。晋代时，面条变成细条状，西晋的思想家陕西人傅玄在《七谟》中写道：“乃有三牲之和羹，蕤宾之时面。忽游水而长引，进飞羽之薄衍，细如蜀茧之绪，靡如鲁缟之线。”这可以说是很精细的挂面了。唐时，面条仍沿晋名“不托”，但品种多了“冷淘”（一种过水凉面）。到宋代时终于实至名归，汤饼改称“面条”，且品种繁多。南宋孟元老《东京梦华录》、吴自牧《梦粱录》和周密《武林旧事》等资料中记载的品种就多达三四十种。

面条的形意乍一开始就带足了礼俗文化意义,比如因势赋形,“长瘦”的面条谐音“长寿”,吃面与生日、寿诞关联起来了,也就有了“长寿面”。

元代出现了可以长期保存的“挂面”。明代出现了技艺高超的“抻面”。清代出现了“五香面”和“八珍面”,且在乾隆年间又出现了方便面的前身——耐保存的油炸的“伊府面”。

中华面食文化历史悠久,源远流长。无论是在宫廷、市肆,不论自食还是飨客,吃面都是中国人的至爱。并且,勤劳智慧的中国人民在不同的地域环境下创制出令人眼花缭乱的名谓形意迥异的面和面文化,对世界其他地方影响巨大。

有意思的是,当意大利人和阿拉伯人宣称面条是自己发明的时候,中国科学院地质与地球物理研究所的科学家在青海发现了一碗4000年前的实物面条,简直是赤裸裸的打脸。

手工挂面

挂面是面条发展成熟后出现的。原来学术界一直认为成书于元天历三年(1330)的《饮膳正要》里记载的“挂面”是中国有关挂面的最早记载:“挂面,补中益气。羊肉一脚子,挂面六斤。蘑菇半斤,鸡子五个煎作饼,糟姜一两,瓜荠一两。右件用清汁中下胡椒、盐、醋调和。”这是一种以羊肉、蘑菇、鸡蛋烹制挂面的方法,同时也说明了挂面在忽思慧之前应该已有之。

今人考证宋代《玉峰志》卷下《土产·食物》中记载的“药棋面”就是最早的挂面,但是,有学者检阅敦煌文献发现,唐代时就已经出现了挂面,只不过称为“须面”,并被装入礼盒送人,并记当时敦煌的一户人家将“须面”用作了婚俗中的聘礼。其实,“须面”这个称谓很形象,今天,很多地方仍然把挂面称作“龙须面”。清朝大臣谢墉在《食味杂咏》中记:“北地麦面既佳,而挂面之入贡者更精善,乃有翻嫌其太细者。”这种太细的入贡挂面即所谓的“上用银丝挂面”,今天,扬州、盐城一带亦称“银丝挂面”,其制作方法是将和好的湿面团搓成小手指一般粗的面条,盘挂于木头架子上,下坠一个较短的圆形木棒，粗面条在木头的压力下逐渐被拉细拉长，经自然风干，就成为挂面。这种做法已经非常接近我们今天在北夏村感受的纯手工挂面的工艺制作过程。

北夏村的空心手工挂面

据50多岁的夏新山回忆，北夏村做手工挂面的传统已经好多辈了，他小的时候就看爷爷做挂面。时过境迁，现在村子里只剩下三家还在坚持做，很多人早就放下了这个营生，年轻人更是向往着大城市，出外打工去了。这不，时值村里换届选举，村里老妇儿童留守，选民都不好凑了。夏金钟领我们去西屋看已经放入炕箱的桄面，天太冷，饧面不理想，得知我们来看，又特意在炕箱底加了开水升温，我听到他嘟囔了两次的一句话，“早上起得有些晚，该早起一会儿就好了”，后来说正常点儿应该三点起来盘面绕面……难怪这种起早贪黑、受苦受累、利润微薄的生计没人干了。

今天时值四九天，天贼冷，阳光也弱，这样的天气不易饧发也不好晾晒，其实做面很勉强，这也确实考验做面师傅的功力。我们被让到堂屋里喝茶，慢慢等着它满血复活地醒来。

在农村，屋里屋外基本是一个温度。夏金钟的夫人性格豪爽，为我们沏了茶，退出去继续忙活去了，他们五六岁的儿子兴奋地追着我们，高兴得不知所以。我们终于坐在沙发上，手里捧着一杯热茶，酝酿着情绪和话题。

夏新山很健谈，兼之年龄也大，主动地为我们介绍手工挂面的工艺及本地的传统。老夏说手工挂面可谓是北夏村的文化遗产，这一带基本都是明洪武年间从山西那边迁过来的，也把山西做面的传统带到山东来了。再说，我们此地的气候、温度和湿度很适合小麦种植成长及挂面的制作。发轫于唐、盛于明清的挂面在我们当地借了京杭大运河，经临清大码头，北走京津，南下苏杭，所以，距离临清不远的斗虎屯地应该是个挂面产业加工中心。同时，在黄河的中上游地区发现，挂面因其方便和营养，先是走进戍边将士和旅人等特殊人群中，后逐渐深入老百姓的生活中。甘肃酒泉地区有首民歌《走娘家》，其中就唱到“一篮子鸡蛋两把挂面”，在闺女那里，挂面高配为看娘亲的礼品。而在我们的居家生活中，挂面也是老人寿宴、妇女过月子和喂养婴孩的佳馔。因为人工挂面复杂的技术工艺，不是家家都能做，所以，在稍嫌不足的年代，算是稀少好物。

“做面最关键的工序是桄条和饧面。”

夏新山说这也是最难把控和掌握的环节，手工挂面这一行当学徒难当，没有三年两年的时间学不会，一句话，归根结底为面性复杂。

面有性，如人

做手工挂面对面粉要求颇高，若再追溯原料就到了小麦，哪里的小麦最好？也许这个问题没有答案。一方水土养一方人，所以，我觉得本地出产适合我们生活的就是最好。我们所在的聊城地处北纬 37 度左右华北平原板块的南部，系黄河冲积平原，最宜粮蔬。我们当地的小麦秋种夏收，生长期长，还过冬，是难得的好麦。好麦磨出的自然是好面粉，所以，我倒是觉得不必迷信什么中国最好河套雪花粉，只是在研磨保护和去麸比例方面掌握好就是了。而且，当年的新麦不能着急，须让它静静地入囤慢慢地靠时间二次成熟。

当面粉来到手工挂面的现场，它是有备而来。和面以凉水，加盐以富筋度，够了，不再需要什么东西了。有经验的老师傅往院子里一站，就知道今天的面兑多少水加多少盐，因为一年四季的温度、湿度和风力都不同，所以，盐、水的量是变化的，这是很玄妙的艺术。就此而论，空心手工挂面是典型的节气面，是随节气而变化的。

无论是一缸好面或是一盆好面，面、水、盐的“死规模”（音，意思是今天和面的量已定死，面、水皆固定的前提）艺术组合体现在经过揉搋后的面块上就是均匀、光洁、富弹力，至于“三光”（面光、盆光、手光）只是一个熟能生巧的基本功而已。师傅在盆或缸上覆以布被，面块开始了另一个秘境的生命孕育。这也是第一次饧面，当然也是发酵过程，需要的时间长短又和物候温度有关。

经过一段时间，饧好的面更柔软，更光滑，手感更好，气泡也次第深入面的肌理，是时候请它出山了。面案就是个大舞台，一大块面先是擀压成长方形的面饼，后以瓷盘轧条，瓷盘连续转动压成大条，再用力搓圆了，转着圈盘龙似的把面码在盆里，再覆布被，第二次饧面。从大面块到面大条，其实是分面的过程，但结构巨变，面性又一个大转折。

轧条过程中，我们当地的师傅喜欢以瓷盘轧而不是以刀割，夏新山说老辈子就这么用，我觉得深有道理，因为瓷盘的圆边分面更温柔，也便于下一步的搓圆条，不像刀那么突兀地闯入，惊吓或伤害了面的性灵。

一段时间后，更柔软的大条被次第扯出续到面案上，迅速地搓成小条，搓好的小条再环绕盘卧入盆，覆布被，再饧发，这是第三次发酵的过程了。

小条更细了，所以，这次的饧发用时更短，长长的小条就像是小龙，再出发就是要去栊条了。简易的拐子、平行的两根木签是小龙和挂面师傅的舞台，俗话说上签子，就是把小条往签子上有规律地绕，也谓绕面。这时，师傅的精力特别集中，眼神专注，手动如飞，因为，揭开布被的小条在来回挥舞中水分也快速蒸发，这个环节的好坏不仅影响成面的质量，也关损耗。所以，这个地方新手最难为。

龙须面的称谓相当于一个新品类，名称很好，大条小条的盘条似龙盘卧，最后抻拉成纤细如丝的挂面又似龙须，很形象。

上签后的面条经过初步抻拉迅速上炕（形似我们当地的脱胚炕，也俗称"炉子"，外地有言"箱子"），上覆被单和塑料布，面条在发酵的路上继续前行，对了，这是第四次饧发了。隔段时间从炕炉取出再抻拉，长度几近炕的高度，回回神儿，就上室外的晾架上去了。高高的晾架（两三米）为彻底饧发的挂面提供了足够的空间，师傅急匆匆地爬梯挂面，打下手的则一边拿开签撑面，一边下放坠子，所以，挂面或坠面（今高唐清平称坠面）的名字由来都在这道最后的工序里了。

此时，立在晾架旁，看着银丝满院，闻着空气中弥漫的面香，应该是做面师傅最幸福的时刻。阳光倾泻，如果仔细看，你能看到挂面的快速变化，色泽轮变，湿气脱发。夏新山则说是大自然中太阳抽走了面中的空气，形成气泡，所以，才成就空心挂面的品类。这个自然中空是机制挂面和手工挂面的重大区别，无论是视觉上的色泽还是味觉上的口感，都相差很大。其中道理从科学的角度说就是多次发酵而有微孔，名曰"茎直中通"；最中国的附会该是说空心挂面源自"七窍玲珑心"的比干（商朝"亘古忠臣"），合情不合理，但确实很中国。

日食两碗空心面，胜过皇家宫廷宴（摄影：王宇辉）

挂面晾晒干，双把大刀切去挂面头，以纸包裹，成束装箱，就可以去闯荡江湖了。成品的空心手工挂面白如银、细如丝，条条空心，煮熟不断，下锅不混，盛碗内不见汤，入口柔软滑腻，易消化，是老弱妇幼的至爱。

其实，切下的挂面头因其足韧力聚也耐煮，筋道很足，很好吃。夏新山称呼“龙头凤尾”，因为形象，多半留着自己吃，物品天成，自有分说，我觉得这是对手艺传承的师傅以及跟着吃苦受累的家人奉献美好的犒赏。

面洁白如雪，容不得半点污垢，此谓天生爱干净。所以，你去看那些挂面师傅的家里，普通的道具、简陋的作坊到生活的环境，处处干净整洁，他们的动作和语言里，高效和生动的形象是整个调性，也无不闪现着生活的智慧。面是有灵性的，湿度温度天气的秒变都会影响其气质。面是认真的，配伍的盐、水必须秒到毫端。面是娇贵的，挂面在修炼的过程中遇炉烟则断，就此，我很难理解空心手工挂面非遗申请中“环评”的要求。空心挂面全程手工，做法固守传统，要求苛刻，付出的是心力，熬煎的是岁月，哪来的环境污染？真是笑话。

日过晌午，终于可以挂面了，我们涌入院子里的阳光里。夏金钟夫妇和夏新山麻利地忙碌着，看到今天的挂面成色确实不好(断的较多)，金钟口气里散发着歉意，似乎还对今早的晚起耿耿于怀。

面快要挂完的时候，从富庶的东乡嫁入西乡的金钟夫人在作坊里开灶坐锅，准备煮面了，五个笨鸡蛋早早地洗净了一边放着，等水开的档里，她切了葱碎，和了香油和盐，香菜另备。不一会儿，我们吃饭的桌上摆放了五碗荷包鸡蛋挂面，浇上葱花卤和香菜，于是，我们的全部精力就放在这碗面上了。等第一碗吃光，金钟去给我盛第二碗的时候，我才注意到金钟夫人和孩子没来吃，再就是新山和金钟的碗里都没有鸡蛋，我们很是尴尬，而金钟却说媳妇和孩子哪能上桌。我更不安了，第二碗面味同嚼蜡。金钟的妇人端着锅出去，又走进来，说再尝尝湿面，我趁机致歉并感谢。

在大聊，空心手工挂面几乎在每一个县都有生产，且蔚然传统。当地流传一句话“日食两碗空心面，胜过皇家宫廷宴”，今天，我前所未有地一顿吃下满满三碗，站起身来告别离去的时候，幸福在胃腔里仅有的一点儿空隙里雀跃，让我格外充实、踏实。

也许，这种充实和踏实也是夏新山和夏金钟他们这些挂面匠人恪遵传统专心做好每一根面时的感受吧！

(初稿于2018年1月25日)

景阳冈上那碗酒

景阳冈很有名，我想说的是“武松打虎”很有名，这完全得益于那两部古典文学名著《水浒传》和《金瓶梅》。此两书因历代教材巨无霸媒体的传播和大众强烈的好奇心驱动（因《金瓶梅》很久列为禁书）在中国家喻户晓，也使得“景阳冈”和“武松打虎”的故事在中国人的认知里牢牢根植，连同醉倒武松的酒也成了故事里的名角儿。

武松喝的什么酒？《水浒传》第二十三回中有交代——

> 武松道：“怎地唤做三碗不过冈？”
>
> 酒家道：“俺家的酒虽是村酒，却比老酒的滋味……我这酒叫做‘透瓶香’……出入口时，醇浓好吃……”

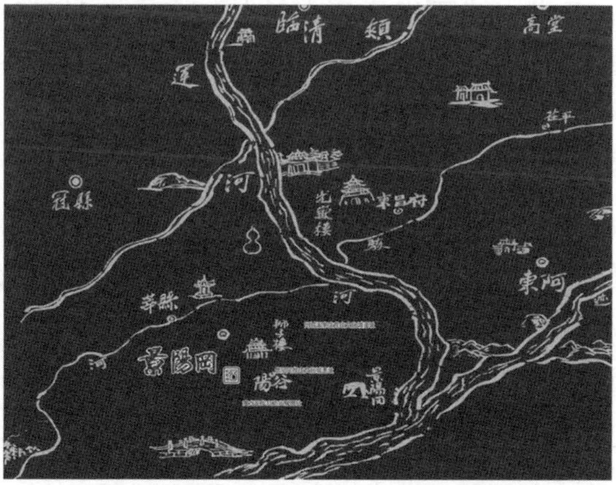

一个英雄，两部名著，景阳冈酒，礼遇英雄（绘图：王宁）

透瓶香、三碗不过冈？店家的自豪就像我们今天拱手自谦的半斤八两，是常人常态标准酒量格式。而武松却喝了十八碗，这里信息有两个：一是说那个年代的酒不是今天所谓的高度酒或低度酒，二是暗处交代武松不是常人，虽然他见老虎扑过来立即吓出了一身冷汗，打虎也拼了老命。

景阳冈下，古城悠远；透瓶香醇，英雄堪赞

传说故事不足以凭，但历史考古发现，景阳冈地下确有一座38万平米的龙山文化城址，城内有专供祭祀的台基和完整的卧牛骨架，这种设计格局与《尚书·舜典》里所记以全牛进行祭祀活动高度吻合。并且，景阳冈附近多处遗址也出土了大量的陶器、青铜和石器，杯、壶、尊、觚、爵等酒器足以证明这里酿酒的历史已有6000多年。

1973年，中国社会科学院考古研究所吴汝祚发现了景阳冈遗址；1977年12月，该遗址被山东省人民政府列为省级重点文物保护单位；1979年，聊城地区文物工作者进行选点试掘，在遗址北清理出龙山文化灰坑1个、春秋墓1座；1994年，在遗址西修建公园时发现龙山文化时期城址；1994年底至1996年冬，山东省文物考古研究所与聊城地区文物管理委员会联合进行钻探、试掘，发掘面积为1200平方米，出土了大量龙山文化中晚期的遗物，陶、铜、骨器等1770余件；2001年6月被国务院批准为全国重点文物保护单位。

最终资料显示，景阳冈龙山文化遗址是迄今为止黄河流域发现最大的一座龙山文化时期的古城址，规模大、规格高在国内亦属罕见。甚至有考古专家推断，此处很有可能是舜的都城。历史学家范文澜先生考证，伏羲族是东夷民族，活动的中心就在山东和豫东一带。彼时的泰山和沂蒙尚在海里，山东多是水乡，鲁西南一带才是东夷腹地，阳谷位在其中。古代先贤以其智慧在与大自然的博弈中找到了生存之需，衣食丰裕后发现了酒。传说是夏禹的祭司仪狄发明了酒（东汉许慎言“古者仪狄作酒醪，禹尝之而美，遂疏仪狄”），说舜都这里是酒文化的发祥地也不为过。

喝酒和酒酿在中国人的生活中从来都是盛事。禹帝冷落仪狄那是变相承认酒的美好，至于亡国了、乱性了、生事了、酒驾了……不能完全怪罪于酒。粮食有了剩余，秋冬有了农闲，酒酿在中国人这里不仅有口惠之实，而且还充满了创造的乐趣和探索的魅力。“水村山郭酒旗风”，“好酒不怕巷子深”，宫廷深府，山野村院，自上而下，自下而上，各有各的玩法，各有各的乐

子。有孔子“沽酒不喝”才有的“家酿”，也有“只要有酒灌，三天不吃饭”的不讲究；有五粮液大品牌千亿大市场，也不妨碍村井市镇小酒坊家家片片……

仪狄和杜康开创的酿酒大业被后人迅速地发扬光大，酿酒的技艺也被广为流传，历经岁月和智慧的砥砺不断向善。至唐时，景阳冈周边村镇上出现了数家酿酒作坊；到了宋，已然发展到70余家。岁时祭庆，竞酿较技，“透瓶香”酒技压群雄，全镇流香。相传宋神宗品尝后御赐“贵人佳酒”金匾，并征调入京为“贡酒”。宋赵佶年间，景阳冈这里的酿酒被形象地称誉为“透瓶香”“三碗不过冈”和“出门倒”，而这个时期恰恰是书记武松打虎的年代和《金瓶梅》词话的开篇之时，借了《水浒传》和《金瓶梅》，景阳冈美酒远播中外。

元明清时大运河的开通是历史赐予（山东）聊城这块古老土地的绝好时机。所谓会通河就是指山东段儿运河。谁都能看出来以“会通”命名河流的妙好，至于地名也“会通”就说不清楚是谁先谁后谁学谁了。1934年版的《临清县志》里记，清末会通镇是临清45个镇之一，但在元代，会通镇属于堂邑县。元代散曲家张养浩任堂邑知县时曾写过《堂邑县警宵楼记》，文中有分说。原来的会通河仅是临清到东平（须城）的小小一段儿，后扩大为临清会通镇以南到徐州茶城（或夏镇）以北，河道上接济州河，下通卫河，以“开魏博之渠，通江淮之运，古所未有，诏赐名会通河”。1291年，元世祖忽必烈听从水利专家郭守敬的建议，动用大量人力开凿了大都到通州的通惠河，至1292年，大都到杭州的京杭大运河全线贯通，彻底打通了海河、黄河、淮河、长江和钱塘江五大水系，这样，皇宫与最富庶的江南终于有了便捷的直接通道。

中国的版图上，这样一条让历代执政者经年累月不遗人力物力打造的黄金航道自然聚集了全国最好的资源和市场机会，对沿途地方或城市真是千载难逢的机遇，所以，聊城因漕运兴盛，经济繁荣文化昌盛达400年之久也就不足为奇了。

会通河的开通，张秋镇的地理优势立刻凸显出来了。周边聊城的寿张、东阿、阳谷三县鼎峙，沿河南北近计居济宁、临清两都会之中，远计则居南北两都之中，南北孔道，水路要津，轮蹄纷沓，“五方商贾辐辏，物阜繁齿”，得享“南北转运锁钥”之誉。张秋虽镇，非郡、非府，但城有九门九关厢、七十二条街、八十二胡同，江南与山西、陕西及山东各地的特产多于此转运，是京杭运河上的五大商埠之一，比起一般的县城甚至比泰安府城还要大，自然当得起鲁西商业中心，过去誉赞“南有苏杭，北有临张（现临清市和阳谷县张秋镇）”及后来称“山东三镇”也就好理解了。

商贾云集，经济繁荣，更加促进了景阳冈周围酿酒业的发展。相传1706年，康熙帝南巡过阳谷，当地知县苏明杰进献透瓶香酒，康熙饮罢连声称赞，以绫扇赐馈。有一份乾隆年间山东巡抚喀尔吉善呈上的奏折，从中可以看出当时景阳冈张秋镇一带是山东重要的酒酿地之一（“察知私踩私烧聚集之所如阿城、张秋、鲁桥、景芝镇、周村……向多商贾在于高房遂室采曲烧锅、贩运渔利……禁而不绝”）。

咸丰五年，即1855年，和老虎一样是“铜头铁尾豆腐腰”的黄河在河南兰考铜瓦厢大决口改道，将山东境内的运河腰斩为南北两段，再也无法保持全线畅通，运河的运输能力大大削弱。光绪二十七年（1901），清政府下令废止漕运，河运自此淤废，景阳冈附近的酿酒业也因此衰落。

元明清三代，中国的政治中心北移，加之京杭大运河的开通，给了聊城特殊的发展机遇，在那个交通不便、信息不畅的年代，那是多大的机遇？我们可以从《金瓶梅》中的食饮窥斑见豹，领略下当年的繁盛和殷实。

书中第二十回记西门庆纳妾李瓶儿后，丫头送来早餐：

> 四小碟甜酱瓜茄，细巧菜蔬，一瓯顿烂鸽子雏儿，一瓯黄韭乳饼，并醋烧白菜，一碟火熏肉，一碟火红糟鲥鱼，两银厢瓯儿白生生软稻粳米饭儿，两双牙箸。

第四十五回西门庆陪应伯爵吃早餐：

> 四碟小菜儿，都是里外花靠，小碟儿精致——一碟美甘甘十香瓜茄，一碟甜孜孜五方豆豉，一碟香喷喷的橘酱，一碟红馥馥的糟笋；四大碗下饭：一碗大燎羊头，一碗卤炖的炙鸭，一碗黄芽菜并圳的馄饨鸡蛋汤，一碗山药脍的红肉圆子。上下安放了两双金箸牙儿。伯爵面前是一盏上新白米饭儿，西门庆面前是一瓯儿香喷喷软稻粳米粥儿。

吃个早餐就这等阵势，不单是一个讲究了得。且不说食材兼顾了南北，还有“才出水就死，最易败馁”的贡品鲥鱼，在西门庆的餐桌和礼单上，这个“夏初时(才)有”的鲥鱼经常出现。这不，黄四家为讨好西门庆送了四盒子礼物中也有这个(第五十二回)：

平安儿掇进来与西门庆瞧，一盒鲜乌菱，一盒鲜荸荠，四尾冰湃的大鲥鱼，一盒枇杷果。

有精致食馔，更有甘露美酒。有人统计过《金瓶梅》书中描写的饮酒场面达247次，远远大于性事的描写(105次)，所以，更准确地说《金瓶梅》是一部写吃吃喝喝的书。在《金瓶梅》中，西门庆喝过的酒多达20多个品种，计有黄酒(南酒)、果酒、白酒和配制药酒几大类。

白酒指的是烧酒，是以蒸馏之法制成的、透明无色、酒精含量较高、引火能燃烧的酒，因其透明无色故称白酒。关于“烧酒”的说法纷杂，有说起源于唐朝，理由是唐文献中已出现烧酒、蒸酒之名(如李肇《国史补》中有“酒则有剑南之烧春”，在唐代普遍称酒为春)；有说元时由印度传入，但都论据不足。李时珍《本草纲目》中记：“烧酒非古法也，自元时始创，其法用浓酒和糟入甑，蒸令气上，用器承取滴露，凡酸坏之酒皆可蒸烧。近时惟以糯米或粳米或黍或秫或大麦蒸熟，和曲酿瓮中十日，以甑蒸取，其清如水，味极浓烈，盖酒露也。”这段说法比较专业可信，也符合中国民间把蒸酒称为“烧锅”的传统认知，在老百姓那里，烧锅生产的酒就是烧酒。但是，1975年12月，在河北省东北部秦皇岛市的青龙县发掘出一件800年前的青铜烧酒锅，专家学者考证为金代的蒸馏造酒器皿，这标志着“以糜酿酒”在金时正式步入白酒时代。可以推测，武松打虎的年代景阳冈周边酒坊酿造的还不是这种烧酒。

至民国初，阳谷县境内尚有白酒作坊50余家，以高粱、黄米、小米为主料，泥池发酵，甑锅蒸馏。抗日战争、解放战争时期，时局动荡，粮食短缺，酿酒业再度凋敝，酒坊仅存数家。

紫石街上，景阳酒香；做人透明，好酒透瓶

新中国成立后的1950年，阳谷县委县政府责成县工业局汇集景阳冈一

带的酿酒技师和工人在县城紫石街组建阳谷县酒厂，沿用传统工艺酿制景阳冈酒，原料不足时以茅根、麦秸代之。到1970年时，县酒厂已形成年产瓜干白酒300吨的生产能力。1979年，在发掘本地传统白酒酿制工艺的基础上，试制成功高档白酒"景阳冈陈酿"，品质一类，广受赞誉，从那时起，景阳冈酒开始走出山东，销往京津粤地区，获得国家级媒体的热情报道。

从一个地方走向一个全国更大的平台，自然要历练更多的不确定和想不到。

1986年，我走出县城去省城读书的那一年，贵州茅台三大家（赖、华、王）的赖士伦来到阳谷，其实，他是听闻坊间流传"南茅北虎"的说法来滋事的。阳谷县政府和酒厂热情地接待了他并虚心向他请教，最终，酒厂赢来了与他的紧密合作。关于此事始末，我曾专门请教过时任车间技术员的孙瑞忠副总，他动容回忆，当时赖士伦开出一百万天价的采购单，其中大量的是中草药，厂里人都惊呆了，惊叹于从未听说过的数额和从未见过的配比。但后来，依从他的意见，终于凑足了钱购买了他指定的原料。他闭户独门配比，酿造了景阳冈酒业的第一批酱香型白酒。这批被誉称"山东茅台"的酒有多好？"赖茅"酒拿到北京国家有关部门化验，结果很多指标总体超越"飞天茅台"。赞誉纷至沓来，也跟来了官司。现在大家看到的茅台的"赖茅"和景阳冈的"赖茆"即那时的种因。这批酒命运多舛，也见证了景阳冈酒业企业的波澜起伏，最后幸存下来的老酒成为今天"赖茆1986"系列酱香酒的自信源泉。1986年底，我带着学校的介绍信去了紫石街17号，采访陈保全厂长企业的经营管理之道，但我并没有和赖士伦相遇。

第二年，我有一次回省城学校，书包里带了两瓶没盒子的瓷瓶"景阳冈陈酿"，下车时一个不小心，一瓶酒窜出书包，在马路上跌了个粉碎。车站马路边的现场，最先是我的尴尬，而后是路人的围观和扩散的酒香，效果也堪比当年茅台在世界博览会上的一摔，聚拢来，久久后散开，一地赞叹。剩下的另一瓶我藏在宿舍撂杂物的壁橱的最里边，严严地关着橱门。几天后的一个深夜，隔壁海阳籍的"酒仙"树海兄敏锐探测到并不懈地寻找，哥几个就着方便面很快就干掉了，参与作案的他们对这瓶酒评价很高，我记得那是兼香型陈酿，当时市场上也就七八块钱的样子，放到现在，3000元一瓶。

景阳冈酒的第二场官司，我初次知晓是在“经济法”的课堂上听到。很多年以后，在北京进修的课堂上教授还在讲。这次是山东省内两兄弟（景阳冈与景阳春）企业为使用刘继卣“武松打虎图”而争讼，京都拉锯三年，彼此耗时耗力，最后被山东省政府和稀泥了之，当然，兄弟俩也因此扬名。

我不善饮酒，但与景阳冈酒有缘。

在我大学求学和工作的30多年里，数度与景阳冈酒或浅或深的交集，同时，也是专业的原因，我很多次走进狮子楼东南方向的厂区里，或研讨，或咨询，也走马市场，指点巷战。尤其是近几年，外来品牌如过江之鲫，集涌聊城市场，大品牌、假大品牌竟然占据了聊城市场的大块份额，也加剧了聊城的畸形消费。本地地方品牌勉力维持，步履艰难，唯有景阳冈酒在一线战场上全力抗争，拼力捍卫地方酒的薄面尊严。

景阳冈酒何以独撑一面？唯文化、品牌耳！

其实，中国任何一地的白酒向来不缺乏文化，因为，中国白酒从一诞生就与农耕文明和人们的生产生活方式息息相关，相互融借而彼此又一脉因承，所以，都有文化的积淀和承继。但是，把文化资源融合为品牌禀赋、把资源优势转化为市场竞争资源是一个颇具挑战的课题。景阳冈酒在文化品牌的打造上立于两个坐标，一是黄河与运河的文化顶层观照；一是品牌与产业的运营支撑。张秋、阳谷、聊城在中国的版图上，是黄河5000年的农业文明和运河近500年的商业文明交汇处，勤劳、善良、朴实的品质与开放、包容、创新的精神兼收并蓄，博约而多取，厚积而薄发，是景阳冈酒文化的重要渊薮。同时，黄河下游二十四节气策源地和大运河两个世界级非物质文化遗产也为景阳冈酒文化品牌塑造提供了丰足的题材支撑。产品、品牌的做强做大和农业种植（高粱、玉米等）、工业生产、旅游观光体验、IP开发的全生态、全产业链的打通进而良性循环，是景阳冈酒业企业壮大发展和支援地方经济建设的重要保障。

白酒，源于粮食富余，人们不厌其烦，耗其时费其力蒸酿加工，过程处处彰显着应时、取宜、守则、和谐之美；因循天时而作，生产有据，生活守节，本身又蕴足了礼俗，可以说，它几乎涵盖了中国社会的生产方式、人伦关系、生活习俗、伦理道德、政治制度、军事法律、哲学宗教等各个方面的意义和符号。

“景阳冈酒”品牌的文化宝藏中还有两部古典名著以及提携的打虎英雄，因此，景阳冈酒“礼遇英雄”的定位法乎自然而取之有理。“人淳酒纯”的企业精神投射到经营管理的层面就是“先做人，后酿酒；做好人，酿好酒”，落实在产品层面，理念就是“做人透明，好酒透瓶”，于是，“透瓶酒”带着使命和情怀而来，注定是大品类、大未来。

一粒粟，春播，夏长，秋成，冬藏，在二十四节气的时光里慢慢氤氲。

一滴酒，立秋应卯，秋分甑酒，冬储雪凝，大寒登场，心存敬畏，眼阔天地，自觉奋励，心有理想。

一粒粟，一滴酒，礼敬天地，赞美人生。

（初稿于 2018 年 12 月 4 日）

闲语

临清有四碗面，说是四碗面，其实是三碗面，捶鸡面不是面，是菜，由是更证实临清食饮之恢宏博大。一碗面，一个菜，达历史，观人文，临清地方的富庶、临清人的傲娇和临清市井百态全在碗里了，要不说“治大国若烹小鲜”呢？

鲁西宴席

宴席是主人对客人的最高礼遇，又是主客两地物质与礼俗文化的一场大博弈。

清平大宴海二八

聊城侧踞鲁西，地域不算大，经济不够发达，虽是山东板块，但大齐鲁的优势和政策好处基本边缘化，从人文根脉看，倒是和毗邻的冀、豫辖地风习相近。

5000年农业文明的黄河和近500年商业文明的运河交汇在中国的版图上，这是我始终自视聊城很高的底气，如斯坐标文明的滥觞，似乎唯有长江和运河的际会才堪与之比。

黄河东西横贯冲刷了中国的九个省域，历史上中下游无数次的改道和决堤，处于下游河岸的聊城自是饱罹黄泛。当然，换个角度，也正是黄河的泛滥和淤积才成就了今天的聊城（土壤、农业、人文等）。京杭大运河南北纵穿中国，集聚了全国的政治、经济、人文资源，是中国政治资源集中、经济富庶、文化昌明、物质贸易往来繁盛的玉带，汤汤往往，遗落下一串名埠古城（镇），如阳谷的运河三镇（张秋、阿城、七级）、东昌府和临清市……然而，仅看到河岸上的城市未免狭隘了些，小觑了运河及其沿岸商埠的影响。从大运河河道稍稍向两边荡开，在东昌府和临清之间，就可轻易发现被忽略掉的清平，一个历史上设县长达865年的古城。

清平县

今天的清平是高唐县西南部的一个乡镇，西与临清的金郝庄、康庄、魏湾邻，南接茌平的菜屯，在南北方向上，离博平、肖庄、贾寨不远。

历史上的清平前汉时就置县，隋朝大业间（605～617）废，唐武德四年（621）又置，后唐改县为镇，宋初又改镇为县，宋元丰年间（1078～1085）黄河决口，清平县城由水城屯迁明灵寨，民国二十九年（1940）迁康庄，原址改建旧城区，1956年清平县撤销，旧城区规划高唐县，1984年改建为旧城镇，后又改称清平镇。县镇的更迭在中国的历史上从来不是什么稀罕事，1956 年和清平一块儿降县为镇的城在聊城就有博平、堂邑、朝城、观城、寿张，共 6 个。

清平设县，时辖今属茌平县的菜屯镇、洪官屯乡、肖庄乡、杨官屯乡、贾寨乡，今属高唐县的赵寨子镇、清平镇和今属临清市的魏湾镇、康庄镇、老赵庄镇、松林镇、尚店乡、戴湾乡、金郝庄乡、刘垓子镇，绝对是个大县。

咕咕荻

若从地名学看这一带的清平、博平、茌平三个县，“平”的共性特征突出，地势平坦，沃野百里。茌平因“茌山之平陆”得名，博平因境地广阔且平而得名，清平系黄河冲积扇而成，虽多是沙窝地，地势倒也平坦，昔日黄河故道沙丘连绵，今朝林木茂盛成山东最大的平原公园。生活于斯的老百姓因地制宜，大块儿的粮棉，小块儿的瓜果，沟堑的林木，即使荒着的地方，大地也不忘馈赠勤劳的人们，春风吹过，河岸青青，咕咕荻正是时候。

这里的坊间有句流行的农谚，叫“博平枣，茌平梨，比不上清平县的咕咕荻”。博平的枣是圆铃大枣，在茌平西部的生态乡镇如博平、肖庄等都有大面积种植，个大皮薄肉厚，形似圆铃，营养丰富，被誉称“天然维生素丸”。茌平梨是闻名全国的莱阳梨的始祖，好吃那是自然。为何如此著名曾为皇家贡品的树果还抵不过散落沟沿草丛的咕咕荻？话说还得归因于农业社会。咕咕荻是茅草孕苞待绽的嫩穗，在过去春荒粮食不给的年代，这东西能救人命，所以地位高。记得小时候田坎上放羊，我们总是争到羊前头，伏在地上，小心翼翼地拔薅这嫩嫩的精灵，放在嘴里嚼时一股清甜上了心头，也稍稍安抚叽噜的胃肠，走时还不忘放在衣兜里些，带给家里的弟弟妹妹……

要不说“食色，性也”，吃不饱的年代里，精气神全在吃上；饱暖足时，精气神又在寻吃、寻更好的吃上。对海二八的挂念和寻访意义在于后者，这是我们一行所有人的共识。

海二八

关于海二八，我早在公众号文章《聊城的吃》(一)中就提到了这种广泛流传于茌平地面的高规格宴席，但一直没能亲近亲见亲吃，甚至三年前游历茌平的时候有两次生生地错过了，一直引为大憾事。今春东阿范兄的一则微信，令我陈酿已久的吃绪被彻底的撩挑起来，遂呼朋引伴，浩浩荡荡，出城直奔贾寨杀去。

之前，我关于海二八的认知始终停留在二手资料的水准，一直以为海二八就是藏匿在贾寨乡及其周边的红白宴席间，我也仔细品读过几乎所有关于茌平贾寨海二八的报道，在郑天华先生写的文章《乡间海二八》里，我甚至恍若就坐在胡同里或院子里的宴席上，坐稳了凳子，扯紧了衣服，瞪圆了眼睛，争先恐后，奋箸探碗……说海二八绕不过郑天华，他写的《乡间海二八》很真实很亲切。我与郑天华先生有两面之缘，他送我的三本书还立在书架上。郑老为人忠厚朴实，平时话很少，但涉及茌平的民俗和民间文化话题，他声若洪钟，又滔滔不绝。郑老语言简洁诙谐，逻辑严谨，每每出口即引来阵阵喝彩。看郑老的文章，字里行间也不乏幽默和狡黠，有点和他敦实醇厚的外表不符。归根结底，是几十年实实在在的基层生活的打磨和凝练才使得他智慧鲜活、语言犀利，"茌平赵树理"当之无愧。

我们此行的目标是海二八，寻访的人是贾立峰，海二八技艺传承人。这个线索是通过茌平县政府、茌平文化局转了好几道弯儿得来的，临行前又得我山经同门天银师兄导引，天银兄老家系茌平贾寨，海二八传承人贾立峰是其本家，自是轻车熟路，省了我们不少的问探麻烦。

贾姓是国姓，百家姓排名第45位，贾姓在贾寨也是旺族。今人考证，《金瓶梅》的作者兰陵笑笑生是贾三近，贾三近祖籍就在此地（博平、临清一带）。天银兄是贾氏家谱修撰的组织者，他一边开车一边为我介绍海二八传承及当地的风土人情，车过洪官屯成无己故里不久，到了贾寨乡政府驻地，贾立峰在他的贾府大酒店前等候我们，海二八宴席却在另外一个距离东邢水库（南水北调茌平县大型水库）不远的静谧的院落。

院里有塘，除了瓦房，就是田园肥地。时值春暖花开，杏花蕊新，招来蜂蝶穿梭。阳光和煦，时日尚早，我们立在阳光里、果树旁，或聊、或寻草问花，那边厨房里的师傅们则忙碌着。

贾立峰是贾寨乡后寨子村人，中青年纪，身材魁梧。他妻子是临清运河古镇魏湾人，岳父家善烹饪，家道中兴，在当地颇有名气，但烹饪技艺传男不传女，幸而小两口都很用心，也聪明，耳濡目染学个七七八八，贾立峰又拜访了肖庄、博平、魏湾、梁水镇一带村镇的乡宴大厨，最终整出个海二八的标准版。

跑堂招呼，厨房大戏即将上演，掌勺老师傅即将开灶。我们一干人拥入厨房外间，止步观看，厨房里的位置留给摄影师木恪·微殳和@慢牵牛。

先是“四甜”开路，琉璃苹果、琉璃梨、琉璃山楂、琉璃姜。以果蔬为体，熬兑糖汁外挂，冷却后通体如琥珀透亮，这道工序在当地称为琉璃、溜溜或拔丝。挂琉璃可是四甜的重彩和高潮，老师傅神情专注，眼手并用，根本无念其他，难怪我搭话他没理我。琉璃菜要求每个环节妙到毫端，错过了秒秒最佳时机意相都差，关键时刻哪有工夫扯闲篇？我并不气馁，为了这张嘴，忍一忍值。琉璃苹果、琉璃梨都是外酥内甜，开篇垫个底正好。琉璃山楂外甜内酸，琉璃姜外甜内辣，充实复开胃，唤醒了整个饕餮系统。

后边的一道道蒸一道道氽，肉菜素菜滚滚流水来……

四荤是心、肝、舌、耳，都是下酒硬菜。心肝舌耳是下水（下货），西方人丢掉不食，但在善烹饪的中国人这里却发展为美食，下酒最相宜。

四素有爆炒豆芽、娃娃菜、芹菜和卷心菜，都是时令菜蔬，但并非一成不变。

海二八的“海二”是蒸鸡和蒸肉。这是大件儿，以海碗盛得挂尖儿方显其大，也尽显主人的场面和阔绰。上桌时四个跟班（四个小碗儿）众星拱月，和人生一样。小碗也不同，每一次的两碗必是一甜一咸一荤一素，处处透着讲究，营养搭配均衡合理。

“二八”是两个八碗，八碗下酒菜和八碗下饭菜。

下酒菜四甜四咸，荤素各半。甜做溜溜或拔丝，是席面上的主角儿，暖暖的，煞是好看，甜甜的，提食欲，吃了，也殷实。咸做绿叶，甘陪衬，丰富配色，调和味道，不着急，就着酒，下着感情，箸来筷往，菜越来越少，话越说越亲。主宾说，天色不早，酒色正好，吃饭吧！当这个意思被反复提起三次或是借用东阿的风俗副主宾对主宾说了三遍“天不孬”，海二八隆重的“下饭菜八”该登场了。

下了笼屉的蒸碗浇汤汁儿是抚慰老饕的下饭菜，也是海二八宴席的高潮（摄影：王宇辉）

碗是蒸碗，计有八个，蒸鸡、蒸鱼、蒸排骨、蒸肉丸子、蒸焖子、蒸金针、蒸藕合、蒸豆腐卷。主料一般先过油处理，后上笼屉蒸。蒸碗好，两次“兑汤”很关键，入味调味，上桌前扣碗，有诀窍，有道理。从制作的秘境探析，小小蒸碗既有前置的基础调味，又有断后的增香提味，中间也不少复合调味。从烹技上看是一炸一蒸，但炸前要腌充分，有的需要挂糊，这些上阵前的准备如人点穴封脉，裹里肉质得到保护，更完整，更细嫩，也更糯糜适口。看高高的笼屉，接合缝隙处被严严实实地裹上笼布，灶下的柴火烧得通红……小时候每见此情景就想起孙悟空在八卦炉里炼啊炼啊，及成年了，对于笼屉蒸的联想则挪移到热气腾腾雾气蒙蒙的大澡堂子了，泡上个把小时，反复揉搓，变出来一个白嫩嫩粉嘟嘟里外透爽的新鲜。海二八里的蒸碗经历了热油、烈火的淬炼，一路桑拿美容最后还原，或耐制的肉料，或易加工的素物，都有了险恶江湖的丰富历练，面孔里写着尘埃落定，目光里尽是经历的从容，尝一口，越品越有味，那叫耐人回味。下饭菜口实而惠，“有菜有汤，能吃能喝，热热乎乎”（郑天华的描述），目的就是让你吃得舒坦熨帖，刚才喝酒那轮虚头巴脑的话撑起的空儿这轮彻底夯实了，起身走路不发漂，夜里睡觉不做梦。

海二八食礼

海二八菜上齐，贾立峰给菜重新排队。只见偌大的圆桌台面上，大小、冷热、黄绿间隔错落有致，丰富、丰满、营养搭配均衡，加上冷碟儿的点心和前菜，共计34道菜。所以，海二八是大宴席，是高档宴席，只有为老人庆高寿、落帖（订婚）、结婚、会亲家等非常重要的场合才会用。当然，在乡间，无论红白，一场海二八宴，那是全村人的盛事，仪式感胜过吃喝。

也在运河沿岸的阳谷县有一场民间盛宴叫三搓席，与海二八极为相似。

看名字，三搓席更凸显食序食礼，而海二八则更重内容，角度不同，但食文化却呈现得淋漓尽致。我想，无论阳谷的三搓席，还是清平的海二八，都像极了《金瓶梅》中西门庆宴客的程式，该有渊源吧？客至，搓桌，奉茶，茶点（点心酿饼类）伺候；茶歇，搓桌，另置下酒菜（冷碟儿热炒），当然，那个时候下酒还有唱的曲儿；酒歇，搓桌，吃饭，上吃饭菜（大件挂铃铛）。每次搓桌必有节目，如新女婿上门，三搓席是进酒的筵，三搓桌是斗酒的席，三搓席（桌）是两个家族及其代表的两个村落的风俗文化博弈，是两家人智勇的较量，马虎不得，输不起。鸿门宴？当然不是。

细察，三搓席（桌）中的大件上桌后，大焗掌（主厨）过来问安，相当于现在网购成功给个好评，贵客（新女婿）要提前准备“开刀礼”红包，主宾皆大欢喜。所以，厨师不仅要下得厨房，还要上得厅堂，给客人讲解，与嘉宾互动。客人的红包我觉得不仅是个体的修养、对习俗的尊重，还体现了一个行业对另外一个行业的敬畏，对行业生态的积极维护。海二八宴席前一天，主家要先请主厨师傅上门，备下好酒，弄几个好菜，名义上是商量列菜单、采购、总预算等事宜，实为高看的礼数。“夫礼之初始诸饮食”，甚是，饮食处处有礼节。再往极致里说，套改一句话，宴席有风险，入席需谨慎。

品过海二八，再看了贾寨乡政府支持贾立峰拍摄的海二八申请非物质文化遗产的片子，我顿生一念，原来，海二八不能仅仅属于贾寨，也不能仅仅属于魏湾、肖庄、博平，海二八应该是清平的大宴。黄河冲积扇上的千年古县，得运河几百年的商业文明的滋养，东西交流，南北融汇，始成清平食礼，才有海二八。

清平大宴海二八寻访同游者谭庆禄先生、范玮先生、张立勇先生、志强兄、天银兄、木恪·微殳、@慢牵牛，一行八人，丙申春月记。

（寻访于2016年3月28日）

站在黄河的金堤上，被寿张撩到（下）

时光倏忽，晨曦易夕，渐近孔子的“知天命”。既有大把饥饿的岁月可忆，也尝食过不少的宴席，只是觥筹交错，并箸成欢，多了浮华，少了细察，宴席本身的诸多重点倒是忽略了。

一旦静至极处，辨析入其中，每每就会惊出一身冷汗。比如赴宴会，严格来讲，备好一桌饭和去吃一桌饭不是一个意思。主人耗精费神准备的那叫“筵席”，客人秉柬持礼赴约的是“宴席”，不唯先后有别，其中物象、意义也是大不相同。

遵古制，筵席之“筵”是铺在下面的大垫子，“席”是加诸其上的小垫子，东汉末年的经学大师郑玄注解：“铺陈曰筵，藉之曰席。”“铺筵席，陈尊俎”，倒酒，上菜，就开始吃喝了。当然，上菜有秩序，吃喝有讲究。但“筵席”更多指向物象陈设，主人尽遣地主之谊，所以，“一天不安生”（俗语有“要想一天不安生——请客”）紧张而充实；而“宴席”则于“筵席”之上多了礼数，符号指向和社会意义丰足，“宴”为媒，重在“会”，君不见，自古及今，中国历史上的重大事情几乎都是在饭桌上谈成或弄崩，故“宴席”之“宴会”至关重要，轻则娱众嘻乐好心情，重则贬罚杀身诛九族，丝毫轻慢不得。

当然，天下没有不散的筵席，聚散两依依，要珍惜，也莫道前路无知己。

从古到今，筵席之设由家入肆，虽然换了道场，意义并没改变。随着今人出行工具的发达，人们活动的半径越来越大，见识的地方特色宴席也越来越多，大凡地域之移，都有其代表性的宴饮和物产，也正是这些别处寻不得访不见的风物才最让人挂心、最撩人。

我本阳谷人，阳谷是千年古县，每逢有外地朋友去阳谷，问我推荐什么宴席（菜），我常常支吾无解。若说小吃我能说出一长串儿，至于代表菜和宴席，也许有人会说，“水浒宴”“金瓶梅宴”呀！“水浒宴”我没吃过，“金瓶梅宴”早在十几年前倒是见识过，“金瓶梅宴”融合地域食材与《金瓶梅》人物故事，自是用了心。但我总觉得这两场极尽铺陈能事、名取两部名著的“宴席”里固了套路、拘了形式……还是阳谷蒸碗来得磊落、光棍。当然，你可以说，蒸碗是民间老百姓的，宴席是给有头脸的富人的，我承认，我是布衣。

柳暗花明，前几日的一场宴饮约会让我心里笃定，有了推荐。

原本，它是寿张的老菜，是寿张的宴席。

当日食单

炝炒苦瓜、自制肉冻拌菠菜、黄焖鸡

滑炒里脊丝、滑熘肉片、煸煎丸子、香酥炸鹅脖

木须肉、爆炒腰花、四喜丸子、糖醋鲤鱼

清炖羊肉、糟鱼(黄河小川条)

运河蒸碗：蒸排骨(蒸鸡)、蒸鱼、蒸红烧肉、蒸肚

羊肉合手包、猪肉切馅儿大包、三辛拌手(蒜头、洋葱切瓣、葱白大段)

糊葱花嫩脂豆腐蛋花汤

黄焖鸡

在黄河下游、鲁菜重地泉城济南，餐饮名店有“聚丰德”“燕喜堂”“汇泉楼”，很多人对“吉玲园”没印象。但老饕记得，吉玲园于1927年创建，到1937年，鼎盛十年，以一道“百草黄焖鸡”红透老城。今天，也是在黄河边上的老县城寿张，它的菜系中也是这道传统老菜“黄焖鸡”让我们这帮都不年轻的食客忆追从前，嗟叹不已。至于“黄焖鸡米饭”已然发展为一个独立的餐饮品类风生水起，火遍大江南北，那也是“黄焖鸡”的底气在那里了。

这场约会前，电话联系振民兄时他说给我的那句话是“一天不安生”的最好注解——来的前一天提前告知我，我好做准备——我脑海中闪过原来在家中请客时一整天弄得手忙脚乱的场景，至理名言啊，“要想一天不安生，请客”。

一场不平凡的宴席从这道传统老菜开始。果然，遵旧制烹制的“黄焖鸡”让同行的谭老一下子找到了三四十年前的感觉。谭老系清平人，治学严谨，于吃，也是极其挑剔的，他的评价与我等心有戚戚。据主家（李）振民兄介绍，本地公鸡要先备好了，大清早宰杀，洗净，剁块，腌制，挂糊，过油炸，然后，码碗，调配料，上笼屉蒸至酥烂。光是后期就得一上午，没有足够的时间涵养不可能成就穿越时空的美味佳肴。李家长兄补充说，看似不经意的程序，其实每个环节的火候都很重要，单是挂糊就极具艺术，多则脱落，少则不周。吃食烹制，从科学的角度施以量化是可行的，但中国厨房里的艺术家们一般不这么弄，他们频频使用的关键词是诸如“少许”“差不多”“正好”，这种含糊的表达靠的是手、眼的犀利，心的用尽，反复地练习，不断地领悟，最后，炼成一种叫作“经验”的硬本领，比科学鬼魅多了。

我曾经去过很多的厨房，从普通家庭到市肆酒店。家庭主妇的全身投入使我笃信那句不知从哪里看来的话——不要打扰在厨房里炒菜的女性，她就像是在分娩一样地专注和神圣。后厨炒菜传菜的大厨小生的果断洒利与他们闲下来在前厅和服务员咬耳朵甚至倚在外墙上抽烟的那个懒散的小伙子判若云泥……我突然意识到，我根本就不应该贸然闯入他们的领地，即使老板领着也不行，更不能在那里拍照、不礼貌地问话，那是他们庄严的地盘儿，那是他们全神贯注的秀场！

自制肉冻凉拌菠菜

宴席展开是在阳谷城北一个很宽敞的房间里，外边寒冷欲雪，屋内温暖如春。主宾寒暄落座，最先上的一道凉菜是肉冻拌菠菜。肉冻是振民兄自己家耐心熬制的，晶莹剔透的切成长段儿，与焯过的菠菜梗段儿、油炸过的带内皮的花生米及少量焯过的黑木耳纠缠在一起，堆砌成山，饱蘸了调料汁儿，几乎每个细小的截面都泛着调汁儿油亮汪汪。筷子夹起，颤巍巍，入口来，爽弹劲滑。这盘菜没有什么珍奇食材，但最可贵的是符合孔子的“不时不食”圭臬，在大棚盛行药物狂施弄得黑白颠倒的年代，应时的坚守是需要勇气和底气的。在我们品尝头一轮上菜的时候，阳谷碎雨飘落，而北边的聊城已是飞雪漫天，肉冻是自然的不用怀疑，露天地里的菠菜还在成长，花生米是秋天下来新剥了“麻屋子”才下油锅炸好冷却正弹牙……应时之材，复合调了味道，趟开了口腔，激活了味蕾，下酒，刚刚好。当然，颜值也爆表，红、绿、黑、白混搭，好色，就好色。

白肉丝和红肉片

切肉成纤弱细丝或大硕肉片是基于用途的差异，红白的色呈则是与辅材的配搭原则使然，当然，最终都是为了味蕾的欢娱。想当年穷困时代，很少吃炒菜，即使有炒菜也舍不得多放油（棉油、豆油基本滴量，香油则发明了“飞”，意思是刚刚倒出一滴就飞快地收手捂上盖子，更有老饕飞快地伸出舌头将留在瓶口的一丁点儿残留纳入舌尖，不管多少有无，这个动作就能带来一股幸福感，这是鄙视我在厨房里习惯性动作的妻所不能理解的），如果炒菜里有肉，哪怕少许，菜味也立马上了层次，在菜里找肉吃那绝对是兼具智慧和艺术的事情。一方面要兼顾礼仪和同桌人的感受，在自己就近的一边里迅速地找到并抢先夹起送到口里；另一方面要充分利用别人的开挖翻找，打个时间差儿，这需要眼好、手准，果断出手，行动麻利嘎嘣脆儿。唉，穷极催生的智慧啊，也是物乏竞争的生存哲学。

回来，桌上同时上了两道菜，滑炒里脊丝和滑熘肉片。乍一看，一是江南的婉约派，一是北方的豪放派，我习惯称之为“白肉丝”和“红肉片”。振民兄一直纠正我的说法，他的道理源自他们在市场上得来的真实反馈，说白肉丝消费者极易理解成肥肉切成的细丝。我倒是不这样认为，我觉得“白肉丝”和“红肉片”更形象，更符合命名的规律和消费者的市场认知，虽然鲁菜名馔中就叫作“滑炒里脊丝”，虽然振民兄他们的忌讳和忧虑也不是没有道理。当然，吃客如果更“骚”一点儿，由此联想到“白玫瑰”“红玫瑰”也无不可。

白肉丝，哦，就是滑炒里脊丝，以水滑猪肉里脊肉丝为主体，约来南国的冬笋，切成长细丝，焯了；东北黑木耳，焯了，切两刀成条；少量芹菜段儿，也焯了；蛋黄制成鸡蛋帘子混搭。热火快炒，高汤慢煨，白、青、黄、黑，整个一清新靓丽的南派风格，一扫鲁菜“黑乎乎”的刻板印象。我一直纳闷，为何在“油乎乎、咸齁齁”的重口味鲁菜中杀出这么一匹小清新的大“黑马”？当然，也见过做成鲁菜风格的红肉丝(以本色肉丝、红洋葱丝、芹菜段儿等炒成收汁儿菜)。翻查资料得知,这道滑炒里脊丝竟是鲁菜的代表之一。从根上说,鲁菜以清香、脆嫩、味厚著称,尤精于制汤,汤清浊分明,也堪称一绝,滑炒里脊丝以色泽乳白、口味咸鲜、肉嫩多汁成为经典,可以说从根本上承继了鲁菜精髓,而又因食材的包容涵养了大气,拉伸了传统鲁菜的高度。振民兄告诉我做好这道菜不容易,肉丝的处理相当烦琐精细,白肉丝首先要把本色的红肉丝变化,攥水、上浆、油滑,每个环节都要小心复小心,高汤是最后的把守,它是所有漂浮的美丽的底色,因之、倚之方现其高、其妙。有心的师傅不会浪费食材,鸡蛋帘子用的是蛋黄,蛋清去了哪里?当客官品尝亮晶晶的肉丝时发现无比的软嫩,那是蛋清和淀粉的功劳了。

红肉片,就是滑熘肉片,与滑炒里脊丝一样,重点在于上浆和滑炒。

上浆又叫勾芡,滑炒的这两道菜勾芡尤为费工夫,也需格外的小心。滑溜肉片主料当然是肉,里脊或上好的精肉。肉块要剔筋去膜,清水反复漂洗,顶刀切片,放入较大的盛器,入酱油、料酒、精盐等调味料,蛋液、湿淀粉等以成芡汁儿,以手托转一个方向反复揉拌,循环往复,反反复复,至均匀。注意,手托转要轻拿轻放,肉片的生命在人的心手传递中唤醒、张开,渗透到肌理,饱蘸了料汁儿,丰足了味道,吃浆上劲,待命。我忽然想起十几年前看到过的一个词——“搓腌”,这勾芡的过程本身也是一个腌制过程,师傅手心并用,使肉片抱芡的过程成为愉悦的艺术。肉片挂浆液过厚或过薄都会严重影响成品的质量,过厚,则滑油时易粘连,色相不佳、口感也不好;过薄,则滑油时易脱水,肉质柴老,口感更糟。所以,度的把握很微妙。度就是正好就好,但这个“正好”则要求心手都在,反复练习领悟,经年累月方达。

这道菜,前戏要求耐住性子,大大的工夫,细细的心情,不厌其烦,做足了充分的准备,但真正上了灶,开了火儿,烈火烹油之际,高潮迭起其实也只是分分钟的事。最终,当泛着晶亮的肉片簇拥着堆落汤盘,以香菜、蒜末、芹菜细梗再提了香,汤汁儿厚重浓郁,脸上泛着红润,才是最美。传菜的先生很懂,没有半句二话,从厨房快步上餐桌儿,也不敢啰嗦儿,紧分碗儿,你也别犹豫,说话暂停,以小勺儿舀满肉片和汤汁儿,整个送下,细体会,咸鲜口味,软嫩质感,是了。

煸煎丸子和香酥炸鹅脖

丸子一般都是圆的，因为圆(圆满)很符合中国的传统文化认知，无论在家庭还是酒肆的餐桌上，一道丸子寓意团团圆圆、和和美美，但扁的丸子并不多见。在这份寿张的食单中，煸煎丸子是作为绝对的主力梯队出现的。在阳谷和聊城，我还曾吃过另一个版本的煸煎丸子，查阅资料，发现还有一个直隶府的扁形的煎丸子版本，叫南煎丸子。

煸煎丸子很形象，意思是煎制过程中把圆圆的丸子压扁、煸煎，故名煸煎丸子。至于为什么这么做，有两种说法。一是循外地说法，南煎丸子是直隶官府菜，袁世凯任直隶总督时宴席上为避“袁”讳而有意扁做，取名为“南煎丸子”。二是我们当地的说法，相传三国时，进曹营一言不发的徐庶在接待曹操时以煸煎的丸子喻示自己不屈的气节和志向不改的坚定信心。

煸煎丸子共有三种做法：荤做、素做、清真做。

荤做系以猪肉为主要原料，碎丁和以鸡蛋液、湿淀粉、调味品等打搅成馅儿，油锅慢慢煎，两面翻，至金红。重置锅油，葱姜爆香，佐料勾芡，微火烹，大火收(汁儿)，淋香油出锅，里中的鲜嫩与外层的酥脆相得益彰。这种做法没有汤汁儿，算是鲁菜。还可以利用煸煎的肉丸子，烩了应季的白菜，醋烹、中微火慢炖，最后以蒜末提香，我在阳谷见识的版本就是这个，下饭极妙。

素食的南煎丸子是北上，融入了北京的风味菜系，以生面筋剁成碎末为主体，加藕泥等配料制成丸子，煎黄，加过油的山药块，上笼屉蒸，后勾芡。说是一道素菜，油煎、油炸、油炒、挂辅料糊、勾淀粉芡、上大火蒸，最后还要淋上香油，眼花缭乱，不厌其烦，想想都好吃。

清真的南煎丸子主料选取牛里脊肉，辅以鲜香菇、甘薯、虾米、玉兰片。牛脊肉脱膜剔筋，剁茸；香菇洗净，水发切丁；红薯去皮，碎丁；虾米等和调味料成茸泥。

炒锅油温控四成，挤丸子，入锅煎，镟锅，大翻锅，底面黄，再翻锅，入油焖过或蒸熟后的香菇虾米，汁水收，再翻锅，煸煎，成。烹制过程犹风驰电掣，说时迟，那时快，但三次大翻锅是关键，省不得，马虎不得，所以，才好吃。

鹅脖之名属形意类，有素的鹅脖和肉的鹅脖两种。一种炸货，因形似鹅的脖子，老百姓索性就叫炸鹅脖，“曲项向天歌”的鹅之脖。无论荤素，炸鹅脖都是外酥里嫩，那种香弄得让人一下子就想起过年。

素鹅脖用菜讲究，精选应季时蔬，做出来感觉像春卷，卷什么？这其中颇费心思。一个菜，不厌其烦，那么，内容一定得配称到位，要不然就枉费了功夫和心机。首先，从色泽搭配要讲究。绿色的韭菜、白色的芽菜（绿豆芽开水焯过）、黄色的胡萝卜丝、黑色的木耳碎、炸过的豆制品甚至虾仁也可入，几样混搭五颜六色，赏心悦目。其次，从营养组合上也尽可能地合乎科学。外边以豆腐皮裹或以飞薄的鸡蛋饼（鸡蛋帘子）卷起来，或蒸，或过油炸，沥出，切鹅脖段儿，成。极好吃，此处无肉胜有肉。

肉的炸鹅脖是类似过年时的炸面丸子或是裹面裹多了的炸藕合，中间是馅料儿。传统做法是以猪肉养馅儿，肥瘦二八或三七由人。馅儿出咸香，外皮出油炸香。从结构上看，一种香被另外一种香牢牢封住，经过油温的升腾，里面的更急欲出来。所以，炸鹅脖上得桌来，别急于一口吞下，先咬开半边，让烫人的热气先出来，或放在嘴边吹吹，但也不要让那咸鲜的肉馅儿香气冷却了、跑了，把握好时机，吞满口，慢慢咀嚼，听牙齿碾轧酥响，你想到了什么？十几下后，咸鲜香和油香争先恐后冲向口腔，速度分出来了，咸鲜香绝尘而去，最后留下慢吞吞的油香。

我觉得，煸煎丸子和香酥炸鹅脖这两个可荤可素的菜品在振民兄的寿张宴席中至为关键，广袤的黄河下游平原以农业为主的地域，没有特别珍奇的食材，地里种庄稼，栏里养牲畜，打的豆子（花生、棉籽）磨成油，好面、好油、荤素馅儿的组合无休无止地折腾，极致处，就是下最大的功夫把这些物料用尽用到恰到好处。以自己的劳作，大地回报给作者，是敬，是礼，是天、地、人、物的相谐相生。

木须肉、爆炒腰花、糖醋鲤鱼和四喜丸子

木须肉原名木樨肉，木樨一是指桂花，二是指打碎的蛋花（因形色似桂花而得名），是汉族传统名菜，属鲁菜之孔府菜，时空转换，讹传为木须肉或苜蓿肉。正宗的孔府菜木须肉除了猪肉和鸡蛋主料，黑木耳和玉兰片（笋

片)必须有,但随着鲁菜入京,北京一带缺乏竹笋,玉兰片渐为黄花菜、黄瓜片取代。木须肉的这几种原料相互借用彼此生辉,味道深受百姓喜爱,加上无甚稀缺食材,价格惠民,所以,广泛普及于小巷里弄酒肆,至于微观上局部的改动诸如土豆丝的加入则更显亲民本色,也无妨。木须肉的一路走来验证了一个再简单不过的道理,人民,只有人民才会有广大的市场。

爆炒腰花是正宗鲁菜,这个菜考量厨师的刀工、火候的把握以及对原料的判断。这道菜的原料猪腰子本味腥臊,因此,对之处理和配菜的要求很高。中国烹饪的至高境界讲究"使之味出,使之味入",腥臊祛,美味入,还不能失其本。所以,爆炒腰花搭配荸荠、青红椒、木耳、笋片、大葱、大蒜等辅料及调味料,眨眼工夫出盘,就着热乎劲儿,就着本味吃下。古代先贤早就说过,同脏相补,同脏相医,男人记得多吃点儿,比什么"某某宝"强多了。当然,女人也可以吃,尤其是孕妇。

鲤鱼在中国文化中以祥瑞喻,以鱼水合欢祈福婚姻美满,以鲤鱼跃龙门喻望子成龙,以鱼缸利市生意大吉,以鱼器物,言连年有余,吉庆有余,娃娃抱鱼,富贵有余。上餐桌,"岂食其鱼,必河之鲤"(《诗经·陈风·衡门》),早在3000多年前黄河鲤鱼的地位就很高了。在山西、河南、山东,黄河鲤鱼得天独厚,糖醋鲤鱼自然天成。以糖醋料调和味道,计有"糖醋熘鱼""鲤鱼焙面""糖醋鲤鱼"等做法,前两者在河南开封、郑州颇为主流,而"糖醋鲤鱼"则很山东,山东黄河沿岸各地均有做。糖醋鲤鱼之鱼固然不错,但它主要以形意胜,造型、意义甚至视觉俱上佳,尤其是在宴席上更是缺不了它。形整即为大件,宴席扛鼎自是无可替代,只是吃的时候颇费周折,闲暇宴请可请服务员以刀叉分伺。有时候我望着傲立在餐桌上的这条金龙,我不由得想到原来穷人家的宴席上的居中霸位的那个肉方,整个一大块儿,放在桌上正中央,客人举箸夹时,主陪忙伸出筷子假意帮忙,其实是摁住,再者,根本没烹熟,就是让你看看而已,不是让人吃的,留到最后,别人家来看,这家有肉,说宴席不错。我的意思是中国人的餐桌上不要因为面子奢靡浪费,糖醋鲤鱼的形意越是丰富,我越是担心。

四喜丸子是大四喜,喜庆连连,福气盈门,丸子滚蛋的寓意早被它的名、形、意正能量销蚀得干干净净。因之,它也是喜宴上的常客,并且还是主角儿。但更多的宴席上，由于工业化和算计的驱动，冰冷坚硬的拙劣大丸子早就让我畏避如虎。看到今天的四喜丸子，我初始有些迟疑，振民兄吩咐随这道菜上了一个舀勺，李家兄长给谭老、刘教授分份儿的时候，我看到舀勺如切豆腐的刀，当是丸子很软，转到我这边的时候，那边已经发出“好吃”的赞声，我连捞几小勺，确实不一般。更妙的是，在丸子的软烂中喜逢硬脆，满口温柔乡里的这一停顿带来的这一驻留，让美好更美好，那是荸荠的功劳了。荸荠可是好东西，含磷量是根茎类蔬菜中最高的，对人体生长发育和维持生理功能颇多益处，对牙齿骨骼的发育也大好，还能促体内糖、脂肪、蛋白质三大物质的代谢，调节酸碱平衡，荸荠含粗蛋白、淀粉，能促进大肠蠕动，荸荠内含的粗脂肪有滑肠通便作用，好处多了去了。

糟鱼和清炖羊肉

糟鱼，以黄河小川条儿，秘制调味料，传统做法，糟成。上得桌来，发现是凉的，这也是传统食法。鱼肉嫩腻，入口即化，鱼有骨刺，但可食，味道独特，带有浓重的地域特点。

清炖羊肉，取黄河大堤上放养的小山羊，以山药、少量胡萝卜块清炖，汤菜，滋体养人。先喝汤，清理道场，再来块羊肉，肉质细嫩而紧实，那是小山羊在起伏的金堤上跳跃奔跑所致了。我忽然想起重庆及友人的总结，当地的女人长期上山下溪劳作，形体锻炼得凹凸有致，绝不同于乏味的平原地带的女人。哦，跑题了。

运河蒸碗

蒸碗需要大书特书，因为关于阳谷的饮食，人们对此认知资源最集中、最有市场价值的就是阳谷蒸碗了，这有点儿像冠县的酥肉、沙镇的呱嗒。君不见，即使阳谷外临近的县市也是满大街的阳谷蒸碗；君不闻，外地人去阳谷，或农村或城里，无论红事白事，大家最牵挂的就是要么丰盛要么简朴的宴席上有没有蒸碗。

蒸碗是阳谷宴席的主角儿，蒸碗是阳谷食的高潮。

蒸就是以蒸气加热的方式使调好味的原料成熟或酥烂入味。蒸的菜保持了菜肴的原形、原汁、原味，在很大程度上也保存了菜的各种营养素。蒸的菜口味鲜香，嫩烂清爽，形美色真，原汁损失少，又不混味、形散。在中国厨房里的那帮艺术家看来，似乎什么食材都能蒸，本儿上说是“无菜不蒸”，真功夫说“营养还是蒸的好”。

鱼、肉、蛋类经常被拿来做蒸的菜，蔬菜类的藕、茄子、南瓜、苦瓜、土豆等也适合来蒸。这其中火候的把握要看原料的老嫩和烹调的要求。质嫩如鱼、蔬菜类，以旺火沸水，速蒸；质地粗老如香酥鸭、粉蒸肉等，宜用旺火沸水，长时间蒸；鲜嫩原料如蛋类等，应中火小火，慢慢蒸。至于粉蒸、扣蒸、包蒸、清蒸、酿蒸、造型蒸等则是蒸的花样年华，方式不同，无论如何蒸，七字要诀记心中，火大、水多、时间短。

阳谷寿张的运河蒸碗既有运河文化外来融合的影响，近500年南北东西的融汇而创新；也有黄河文化的内在滋润，5000年历史传承固守传统的敦厚而不阿。今日听振民兄盘点，入蒸馔计有蒸鸡、蒸鱼、蒸排骨、蒸酥肉、蒸红烧肉、蒸藕合、蒸红烧丸子、蒸肚和蒸大肠。

这次的宴席上，且不说蒸红烧肉令我等老饕们喜出望外了，只说清蒸肚片，我是人生第一次吃到。在中国人眼里，肚和大肠都是很珍贵的食材，做工颇费，又因其本味厚重，很难处理。曾见过对大肠和肚处理得淋漓尽致近乎扒皮抽筋的那种，固然“干净”了，本味也没了，这其实违背了中国餐饮的原则“使之味出，使之味入”。有味的借以调味料和烹饪方式把它引出来，无味的借助繁杂的烹饪方式和食材把味送进去，后者更难，所以卖得也贵。闲话少说，且看那锃亮的小黑碗中点缀着正绿色香菜叶的肚片，清蒸，没有浊汤的遮掩，碗底是被蒸出来的肌理中油，泛着光，肉色，不，原色的肚片慵懒得如美人出浴，毛孔张开透出平日里藏着掖着的不肯示人的瑰丽。我想，当年李白见了杨贵妃出浴，一句“云想衣裳花想容，春风拂槛露华浓”传世，假若今天谪仙人在场，该当如何形容这令我想到贵妃的肚片？品一品吧，清冽纯正、本味郁厚(呵呵，没忘本)，与牙的接触，不诳不柴，韧、烂刚刚好，你可以想象出来原料处理的烦冗，从生到熟的整个过程及艺术家们的招式，细腻而生动，周到而精妙，恰到好处，恰到好吃。

桌上陈列美味佳肴，杯中流动“八两”好酒，一轮一轮的高潮迭起后，谭老向着东家催饭了，趁着这个间隙，我与木恪君随振民兄溜到厨房，开了眼界，我知道我错了，不该贸然去打扰艺术家们创作。但近距离看了滑炒里脊和“白肉丝”的现场，也看到了吃饭的饭的真材实料。

吃的是猪肉切馅儿大包和羊肉合手包，喝的是糊葱花嫩脂豆腐蛋花汤。

从小生活在农村，过的是穷苦日子。每每有人赴红白的宴席，赤面微醺归来者遇到熟人一定有这样的切口：“吃的什么席啊？喝的什么酒啊？吃的什么饭？”

三个问题，直达本质，中国人的里子、面子全在其中。我们小孩子很少有吃席的机会，偶尔轮到自家院里、村里的主场，我记得一众顽童被管事的放进去吃了一回“下山虎”，至今不理解为何取这个名，饥饿的如下山猛虎来找吃的？其实就是剩席，直言说，别人吃剩下的！那个年代，这机会也不是轻易寻得，甚至可以说在记忆中它是一年或几年都不得遇的美味。

切馅儿猪肉大包和羊肉合手包是寿张宴席上主家对客人“吃饱”的诚意表达，硬货押后，代表圆满（摄影：王宇辉）

冒着热气、盛放在浅竹篮的两种包子上席来，还配着一盘就着下包子的三辛（整头大蒜、葱白段儿、洋葱瓣儿）。大包子是猪肉五花肉切丁，先炒过；大葱切段儿，与肉丁边长五两，国庄（驰名阳谷的粉条专业村）粉条斩段儿，稍长，复合调料腌了；面粉是自家收来小麦磨的面。合手羊肉包是羊肉和粉条的。振民兄给我说了一句话令我印象深刻也深以为然，“我从来不吃外边的包子”。这句话令我想起早年父亲对我说过的一句话，原来伙房里的焗掌快到月末就包包子，起初我不理解，父亲解释说，包子利润大，原来弃之不用的下脚料都能包容混入其中，难怪能把亏账找平。

糊葱花嫩脂豆腐蛋花汤是最后的惊喜。嫩脂豆腐轻取轻放，大大的功夫切了细丁，打蛋成茸，洒液成花，勾芡有度，汤要做到不稀不稠，所以，厨房里的艺术家首先要心里淡定，碗里插筷子都不倒那是穷怕了，碗里都能照见人儿那是穷极了，度是稀稠刚刚好。打量这碗汤，浓度刚好托住白嫩如玉的豆腐丁，间或香菜叶，如翡翠，如水晶，入口，不诳嘴不糊嘴，很熨帖，糊葱花漂浮其上，很醒目，大葱的焦香淡淡，浓抹淡妆恰到好处。赞！

揭开谜底：宴席是寿张的宴席，李家兄弟把技艺带到阳谷城，落户阳谷，去年成为山东省旅游定点推荐的地方餐饮，大众街、黄山路交叉口的运河菜馆是也。

（初稿于 2016 年 12 月 25 日）

刘焗掌的一桌老味儿

每每有外地朋友来，很犯难的事就是接待。看什么？吃什么？走的时候带点什么？后来考虑这不是个小事儿，该有市长考虑这个问题，不是吗？关乎城市文化符号和物质符号，当然是城市形象范畴的大事儿，更是旅游业的重中之重。

在聊城，看，我会推荐去光岳楼、山陕会馆、中国运河博物馆、海源阁，东昌湖边也可走走；至于走时带点什么？我不敢肯定。东阿阿胶？送不起了！铁公鸡？干黑咸硬需要斟酌。吃也犯难，早餐倒是好说，但午晚总得摆一桌儿像样的宴席撑撑面子吧？聊城菜？何谓聊城菜？

压不住内心狂躁的大小酒肆千篇一律的食材、半瓶醋的烹技、不检点的卫生质量体系和劣质的服务还能做出什么像样的菜品菜系？实在不敢恭维。所以，关于吃，似乎不唯我，人人犯愁。

两年前，因为一道大肠菜，我认识了同乡兆佟兄，一个热情爽朗、保养极其到位的中年人，他拥有运营不错的服装事业，但喜弄吃事。几年前，申请注册了商标刘焗掌，焗掌在吾乡就是烹饪的大总管、主厨。觥筹交错、推杯换盏了一些时日，渐渐了解了刘焗掌的思想和烹食其中的道理，我对于上述问题中的吃开始有了底气。

今年初春，该是惊蛰的节气里，一场蓄谋已久的宴席在闹市中一个老院子里一栋老式的两层小楼里徐展开来。

一壶吴裕泰的茉莉花茶开启味蕾久远的回忆。客坐定，上四果碟儿，稻香村的点心其实是就茶来的，暖场。四凉菜登场，标志着酒宴的真正开始。那天，宴席当值的酒是景阳冈的老陈酿，30 年前的瓷瓶旧貌，刘继卣版的武松打虎图，发黄的酒液浓香四溢，一上来就撩拨得场中老手不能自已。

当然，凉拌水晶藕、凉拌菠菜粉条儿、凉拌猪耳儿和酱驴肉的四凉组合也要科学、营养、色彩、荤素的多向搭配。

老味儿是妈妈味儿，是暖心味儿(摄影：王宇辉)

凉拌水晶藕历来是中国人宴席上的开路先锋，极受欢迎，且，在这个季节，很合宜。刘焗掌对于食材向来严苛，比如藕，他要亲自去集市上挑选，并且只选连节藕的顶端的小节，说是藕的这个部位最脆。大大的醋汁儿和“真香油”调了葱姜，藕的脆甜、醋的酸甜，清脆的回响和活泼的味道激活了神经、挑拨了味蕾，一时间，众饕食指大动。对了，刘焗掌的“真香油”是与香油坊斗智斗勇得来的，值得一提。挑好一批国产芝麻，在油坊候着，磨好的这一锅香油麻汁儿统统收了。所以，香味不冲，但味氛持久。

凉拌菠菜粉条儿也很时宜。历冬的菠菜蓄足了营养和甜分；粉条是阳谷国庄的，名气大着呢！菠菜焯了，粉条烫了，以芥末重口调了，宴席上每每惊呼声起，那是久违的通爽。菠菜生发，春天尤好。不当季的时候以水煮花生米替补，也是酒宴普适的必不可少。

凉拌猪耳儿关键在猪耳上，或酱或卤，精心切片段儿。为了保证口感和吃得放心，刘焗掌一般自己煮制下货。

酱驴肉是刘焗掌一年前的尝试，它代替了多见且良莠不齐的酱牛肉。因为驴肉的不饱和脂肪酸含量，尤其是生物价值特高的亚油酸、亚麻酸的含量都远远高于猪肉、牛肉，口感好、营养也高，且在我们当地有良好的消费认知。刘焗掌以他独有的酱肉技，经中药料组合秘制，成品酱驴肉密实、耐嚼、口感殷实、香味醇厚。

两荤两素的凉菜四碟儿是标准的下酒菜，不过，喝酒之前，刘焗掌还有一个温暖的节目，就是在四凉菜之前或同时要上一道烩茄盒儿，功用相当于开胃粥，喝酒前给胃里放个护垫儿。冒着热气飘着香气的一大盆儿烩茄盒儿，稠稠的，醋香老远即闻，大口下去一碗儿，接着能走一两白酒。这碗儿烩茄盒儿可不简单，茄子精选，不能太嫩，所以，我推断生长期短的长茄子并不合适，那就是本地土生的圆茄子了。茄块儿挂了糊，过了油，晾透了；油烹锅，蒜香提味儿，醋香增味儿，不是一个熨帖能形容。每次上桌，我看众老饕都不说话，风卷残云，争先恐后，都想再弄个第二碗儿。

主陪带酒了，六个，顺。

热炒次第来，家常菜，更见精神。韭菜炒鸡蛋、粉皮炒肉丝、醋熘土豆丝、回锅肉炒青椒，两荤两素的四热炒。副主陪带酒了，酒至半酣。我不胜酒力，每问酒道中大咖立江兄，半酣是多少？

这个时候，刘焗掌那道炖大肠该上来了，服务员报菜名话音未落，刘焗掌本人也进门了，爽朗的声音中气十足，“尝尝这道大肠，香而不腻，烂而且韧”。这道炖大肠真可谓刘焗掌的成名菜、代表作，目前不仅在店里做，还成品输出，在外也成为拳头产品。通过介绍，我们了解到这道菜的准备时间很长，功课做得也很细。刘焗掌自幼成长的家庭中，父母善烹，耳濡目染，又受村上红白事焗掌的影响，所以格外喜欢烹饪，因了这份喜欢，所以不惜体力、不惧脏累，每个细节都不轻易放过，且亲力亲为。比如这道肠子，生品挑选，金锣肉食一尺长的大肠头，里外清洗净了，油脂处理妥了，秘制料包烹煮，大大的性儿，慢慢的火儿，经九九八十一难，才有它的惊鸿现。

这道菜在聊城老饕界堪称传奇，但一直没有合适的名字。去年的立秋，刘焗掌照例做了立秋面，呼朋引伴。适逢我南国弟子寄来粉蒸肉的料袋，拿给刘焗掌，就着鲜荷，做了荷叶粉蒸肉。当晚，谭老赋诗《立秋晚宴三首》，其中《荷叶粉蒸肉》篇中有词“撩客肠”，于是，刘焗掌有了第二个“撩”菜。

荷叶粉蒸肉

谭庆禄

凭谁肥腻溢清香，一片青莲撩客肠。
米出新秋云影白，叶存炎夏月痕苍。
舒眉酒尽难辞醉，病骨春回未是狂。
完璧端因调鼎手，妆成大雅共君尝。

第一个是我给他命名的“撩老汉”，撩老汉是白菜炖肉片的汤菜。食材虽然普通，但制作过程和味道确是非凡。“肉是黑猪肉，腹肋五花，只一块，多贵都要。切片，一寸厚，长条片，料腌制，腌足上笼屉蒸，再过油，过油炸也叫酥(煎炸之间)，酥好的肉片出锅，净锅再下油，烹三末(葱、姜、蒜)，爆香爆香爆香，再醋烹，极香时下料，入水，焖，火候到，起锅，再沥醋提香。”老刘介绍起来满满的自信。这道菜最大的特点就是它的醋香，一般的醋出不来这个境界，只有接近4.0的酿造醋才能当此大任。

清炖羊肉是白汤，在这一桌老味儿菜中殊为难得。羊是本地小山羊，委托家人在老家找放养户买来，自己宰杀，洗净，选好部位，清水慢火炖。纯粹的过程就会有纯粹的效果，富营养的汤里和纯正的肉里闪耀的是淳朴的人性和令人怀恋的岁月。

瓦块鱼是传统菜，每每见于红白村宴。在过去，瓦块鱼是很撑面子的大菜了。穷苦的日子，鱼是很少吃的，如我们这般年纪，很多人不擅食鱼，究是怕刺，其实是吃得少。即使有，也不外乎是鲤鱼、鲫鱼类的河鱼，且不会是很新鲜的，如何把不易得却很普通的鱼做出很解馋、很提神、很场面的大菜颇费脑筋，幸而，中国人民素来勤劳智慧，瓦块鱼出场了。去鳞，斩段儿，挂生粉过油炸，晾好；烈火烹油煨汤炖，火候足时蒜香提味。这道菜如果不是鱼刺，汤碗会被嘬出口子的。

四凉四热四大件，计有12个菜了，酒事礼敬渐至高潮。

借东阿风俗，三声“天不孬”，副宾向主宾，主宾向主陪，吃饭吧！

下饭的菜是四蒸碗。作为撑面子的宴席，蒸肉、蒸鸡是必须的，或者以蒸鱼换蒸肉，这是套路，常规的；而蒸白菜卷儿和蒸面糊相比较而言，则可以拍案叫绝了。

蒸白菜卷儿，是以焯了的白菜叶卷肉馅儿，系好了，上笼屉大火蒸，菜味氤氲肉香，入口即化。出锅上桌，下饭跟酒两相宜，满口怡含，唇齿生香。

蒸面糊很多人不晓得，年轻人更不晓得，吾乡称为呼“面辣子”。以葱花重盐入面糊，搅打均匀，对了，别忘了放辣椒，要不咋叫面辣子呢！大锅水蒸，上桌当菜。这本是穷迫的年代没有炒菜吃时的无奈之举，但在那个温饱未逮的年代却是美味，胜珍馐，留下的记忆刻骨铭心。所以，这个年纪再见，都快要感动得哭了。

四蒸碗之后，是一道甜口的红枣银耳莲子羹，小清新荡开重口味，微醺红靥下道不完的酒敬由头正如友情，又似藕，断丝连，拉拉扯扯，不烦。

最后的圆满酒干，正饭终于登场。刘焗掌曾答应我弄出二十四碗节气面，面是自家地里种的麦子，托兄弟磨了，不去麸，原味道，新鲜手擀，配以时令菜蔬和适时节的肉糜卤子，味中和醇厚，面香不掩，津津然想着下回。当然，带汤的扁食也是手作，尤其素馅，再次拍案叫绝。

还忘了最后四小碟儿，咸菜，也讲究。腌小黄瓜、腌玉根五香（芥菜丝）、腌韭花、腌香椿芽，咸，自然，咸菜嘛；香，奇特，其实是刘焗掌的功夫，尤其是那道不起眼的玉根五香，就是腌芥菜丝儿。寻常的食材但经历秘制的肉料汤底反复打磨，自是不同凡响，难怪有老饕酒酣耳热悄悄东去了后厨，顺手牵羊，吃了，还拿着，是真亲戚。

电视台采访老刘，老刘一点儿都不怯，对镜侃侃——

承家传，素研食道，计心不计费；守传统，循老理儿，求真味。真味儿就是老味儿，老味儿就是妈妈菜的味儿！

是了，半生的喜好和笃守，早已涤尽内心的狂躁，以承传的生命本真去弄一桌老味儿，知己红颜，往来无白丁，尽是食中人。没有阅历的人生，不懂得老味儿，你别来。

（初稿于2017年3月23日）

临清经堂席

去过临清几次，但从未过多逗留；写过临清托板豆腐，自觉神韵不逮。有一次在“聊城的吃”中提到蒸碗并上了图片，遭到我的一个临清籍学生的深度鄙视，令我巨汗！从那时起，我就想什么时候深入了解一下以饮食著称的临清，当然，动机的生成不唯因遭学生的白眼，临清也是聊城地区饮食的高地，瞻高自是情理之中；当然，更是因狠狠地记得我第三次去临清在街头寻吃走进一家写着焖饼招牌的店，店主老太在黑乎乎的灶旁转身打量我们时那种居高临下的神情和轻慢复不屑外加施舍的语词“哦，聊城来的，等着，尝尝我的焖饼”——她那个眼神，我一辈子也忘不掉。

从历史上看，明清漕运兴时临清确实比聊城（东昌府）繁盛，这有点儿像杭州之于上海，因为历史上的那点儿都气（南宋）铺底滋长出的自豪感让杭州很是傲娇，这是临清、临清人的底气吗？我时刻准备一探究竟。

机会降临在伊斯兰教的先知穆罕默德的纪念日，清真寺里要做礼圣纪，讲经、受教、吃经堂席，说席上吃的就是著名的九大碗。临清朋友于圣纪前两日的深夜告知，我听到的重点是“经堂席（九大碗）”，我颇欣慰这些年来久经饭场练就的这种听信辨音抓吃重点的能力（此处老脸该是一红。当然，这也是一个自诩吃货的基本敏感）。做八大碗或九大碗，回民最是正宗，而清真寺里的经堂席又是正宗里的经典。于是，我欣然应下，一边耐心等待，一边给妻和约事的朋友冠冕堂皇地解释说去参加一个活动或出差两天……而另一边，临清朋友则早早地去了清真寺，找管事的大香拢（我猜是这样写）马老师和阿訇为我背书，并散了500元的“乜贴”，于是，才有了我在讲经现场不合宜的出现和阿訇的热情关照。

26日的圣纪自早上7点半开始，我本说是26日早上赶过去，25日的下午我忽然心血来潮，做出一个决定，自己先去，是迫不及待了吗？

下午 5 点出发，在院门口等车时正好遇到开车的聊城朋友，我拒绝了他要送我去临清的好意，又像十几年前独自闯京沪时一样，带着行囊和淡淡的莫名愁绪独自启程。久违的汽车站，坐上 15 元的快客，因为很晚了，汽车上总共没有几个人。我一人坐到倒数第三排，最后一排是一位在青岛打工回家的临清女孩，因为她放皮箱我帮忙的缘故，她不排斥和我这个陌生人说话，我试探着问她临清的名吃，她告诉我去某某路，那里有烤面筋和烤鸟蛋，我怕她说出来最好吃的是火烧夹小五子，找个理由往前挪了一排。

一个多小时到了临清汽车站，天完全黑透，一个小县城的夜晚，一个陌生人的到访，我有点夜黑风高的意淫，无视兜售乘车宾馆服务的掮客，扯紧衣服隐入夜色中，脚下竟然有些矫健，呵呵。我怕朋友请饭，没联系他们。打车去临清宾馆(临清市招待所)，出租车师傅是本地人，一边抱怨着路况一边狠狠地抽烟，我向窗外凑着，呼吸着很凉的空气，努力地和他攀谈，在五元钱的车程里，这位师傅从市政建设一直到三轮车管理、公共秩序、政府的不作为和规划的滞后，一路抱怨加评点，有点絮叨，还好，倒是没有那个炒焖饼老太的傲慢。

到站，意料之中的老式庭院、漫不经心的前台服务员和老式的房间设施，很干净谈不上，中规中矩，安全就好。身体原因，我放弃了去街上寻吃，去了零点餐厅，老式桌椅，紫红色绒布铺面，有死气沉沉的蚊子飞行。值班经理首先介绍什香面，这是山东旅游“三个一百”品牌中的名吃(到山东一百种不得不吃的美食)，忽然我想起临清人的典故，最怕客人说随便来碗面吧，后来听临清的民俗专家刘英顺老师介绍，配面要有四样热炒，还有凉菜、卤汁及调味料，在其他地方简单至极的一碗面，在这里却是巨麻烦的吃食，我一个人也不便于那么奢华排场，略过。那吃啥？眼前蓦然闪现那个老太太的眼神，好，来个小份肉丝焖饼，惊喜的还有小米粥。

回到房间，想想还是得告知朋友，明早还要让他们带着去清真寺呢！在一番亲切而诚挚的埋怨之后，朋友开车来接我去喝茶。朋友的朋友代理的野境黑茶是产地安溪的品牌，大树野生，醇厚得紧。茶很对我的路子，茶店老板赵女士和经理刘女士极是热情好客，镇店之宝茯砖居中，一轮一轮的茶汤冲涤了胃肠里的油腻和难消化的饼食，临近午夜离去时竟是肚腹轻轻，温热升腾，有点饿了。在朋友送我回宾馆的路上，我说了一句令我此行很是后悔懊恼的话。朋友说要不要来点宵夜，我一本正经地立即说不要，很晚了回去就睡了，朋友接着又说，要是饿的话这个时候那家热羊肚可能还没打烊……我真想掌掴自己一个大嘴巴！

子夜时分，微临清的郑君来访，一个对临清因热爱而又恨其不争的媒体人，我与他在微信上认识，但我们秉茶夜谈的更多的是线下的媒介运行。凌晨2点，他告辞离去，外边，似有风雨作声。

早7点，朋友来接我去清真寺，他很有心，说时间有点儿早，可以去吃个糖盖儿垫垫。几年前我吃过徐家的糖盖儿和甜沫，印象很深。朋友知我嗜甜，带我去了更好的寇家，临街门脸楼新式桌椅没有了老味和熟悉亲近的感觉，不锈钢的大桶里盛满甜沫，不锈钢的盆叠罗桌案，装在新式暖瓶里的豆浆立在地上，炸至焦酥的糖盖儿很油……我吃了两个糖盖儿喝了半碗豆浆，动用了全部没剩下多少的数学知识算计着为九大碗该留多少空儿。

今年临清城区的伊斯兰圣纪轮到黑庄村的清真寺置办，黑庄在城郊。我们驱车前往，临近了，只好弃车徒步，中间急匆匆穿过一个早市菜市，淳朴的菜农和鲜亮的白菜、萝卜、南瓜等我们无暇以顾，最后进到一座不大的清真寺，院子里满是忙碌的人群，地上很干净，迎接我们的朋友的发小说讲经已经开始了，我想看看仪式，就随着指引往东屋里走，主事的阿訇带领穆斯林唱诵阵阵，与他们对面的则是一排排男男女女的信徒。地面铺着竹席，竹席之上是一条条的毯子，穆斯林都是脱了鞋跪在毯子上，手抚膝部，听经默思。大家头着一顶白帽，衣服几乎是黑色，这是穆斯林的视觉标配，我没有帽子，还穿着休闲西装，又不懂仪礼，我想找个角落，就像是上学迟到的学生或是开会晚来的人一样，结果，这些好位置上都有人了，诵经的阿訇倒是没注意到我的囧态，关注我的是那些精力不是很集中的人，就像上课听讲。我还看见有个妇女掏出手机拍照，估计我会成为他们的笑资。我有点像披着羊皮的狼，哦，不，这个比喻其实真不太恰当。跪了才一会儿，就开始撑不住了，太不舒服了，来回悄变姿势，因为不能坐下或站起来，怎么倒腾都不舒服，我甚至有点儿后悔进来了。后来手脚麻木，于是，以手前支地，如叩头，忽然想到宗教道场这种设置的妙处，就是让你在诵经声声营造的单纯的状态下忍受着身体的痛苦,引导着精神和感悟升华。我强忍着这种平时根本没尝试过的姿势带来的苦痛,听着声调各异的诵经,恍若穿越回小学的晨读中,我一个一个地望过去,发现有的也哈欠,有的也借转书页遣散无聊,这还是最前面领读的,后边的情况可能更严重。终于,阿訇出声叫停,让底下的穆斯林背经,就像老师点名学生背课文一样,先是男性阵营,后是女性方阵,一套仪式后终于允许出屋听讲。我几乎起不来了,还是旁边的一位老者拉了我一把。

理念的落地必须有仪式的载体,行为规范合理科学固化,还有视觉、听觉的营造和统一识别,一如商业上的规律。我想起来 CIS 课程中最经典的诠释案例首推宗教是有道理的,管理学家也公认世界上寿命最长的组织是宗教组织,如佛教 2500 多年,基督教 2000 多年,伊斯兰教 1400 多年……教义崇高,行为规范,视觉统一,注重传承,是其生生不息之秘,商业管理者最该认真领悟和学习。

受过了这个"罪",坐在板凳上听请来的阿訇讲穆罕默德的生平简历、功绩品德以及在传教中所受的种种磨难和许多智勇善辩、智勇善战的历史后,终于,终于,终于可以开席了。

一次性白色台布覆盖方桌,长条凳四围,八个人一席,每个人面前只有一双一次性方便竹筷。先发了馒头,次第上碗,白色盛器里是精心炮制的牛羊肉美食,很实用。这令我想起在《舌尖上的中国》里见识的广东村宴,但这里因为场地所限,就在清真寺内院子里和有限的几个房间里摆设,所以场面上没有广东的那么惊艳,但也是极其热闹。活动虽在黑庄村,但大家来自很多地方,相互打着招呼,彼此问候着健康,无疑,这是一个盛大的节日。我不禁想起农村里的红白事,即使庄严肃穆之白事,也是村民的一次集会和狂欢,不过分,就是狂欢。鲁迅先生曾写过"亲戚或余悲,他人亦已歌,死去何所道,托体同山阿",诚如斯,想起亲历的几次白事,子女亲朋尚沉浸在悲痛当中,很多人就在旁边谈笑风生了……其实,很多村人参与到其中帮忙,最后都是以一场久隔时日的丰盛宴席结束的。

经堂席,本是穆斯林去清真寺礼拜真主后办的一种宴席,以宴请家人亲戚和朋友来分享举意。举意可以是一个愿望、一个祝福、一个想法,有了举意就是在心中立下了礼拜真主的意向和心愿，它是一切善功的基础。伊斯兰的教义体现在他们举办的所有活动细节中，即使吃饭。我还曾分享过回民给予的油香，这次更是分享了九大碗的美食，还有黑庄阿訇及外寺请来的阿訇的教诲和知识的普及，幸莫大焉。

经堂席多以肉食为主，各地做法迥异。原来条件不好时汤菜都入席充数，条件好了以后都是硬货。九大碗以牛羊肉为主，碗碗不离肉，菜式也并不固定，但九大碗以炖、煮、炸、烩、烧、蒸等多种方式烹饪，技法全面，碗菜口感丰富，味醇汤清。

伊斯兰教众心中藏着坚定的信仰，有着笃定的处世标准和行为规范，自觉以圣主的教诲言行去约束自己，影响他人，扬善惩恶，共赴美好，一如这经堂席九大碗（摄影：赵老汉）

伊斯兰的经堂席所用原料、购置到烹制，都是教众穆斯林的义务捐赠、捐工。我注意到黑庄村委办公室外边张贴着一张公告，是这次圣纪上乜贴牛羊鸡及上乜贴羊鸡价礼的名单，从 30 元到一头牛随心不等，还有一张清真寺房屋修缮的用度明细……这次圣纪共设 200 桌，每桌九大碗和馒头若干，院子小，只能一桌一桌上，这场宴席估计从 9 点多钟要持续到中午了，每桌的吃饭速度都很快，不好意思让站在后边的人一直等下去。

饭桌上也是礼仪十足，这有别于汉民的红白事宴席。上得菜来，要礼让老人先吃，我看到有的穆斯林还反掌向天空，口中念念有词，意思是接圣主的恩赐，要感谢。其实，这些食物来自天地间大自然的馈赠，我们消费一定要有敬畏之心、感恩之礼，传统的宴席上还有这种精神存在，但现在世风日下，多少年的宝贵传统正在消失殆尽。

院子角落里有两口巨大的地锅，有一口半敞开的是已经炖煮好的海带，以微火保着温，据说已经是经过一夜的慢炖，绵羊尾的厚脂慢慢被清淡的海带吸饱，香气氤氲透够，说入口即化丝毫不为过，特别适合来礼拜的老人，这也是八大碗（红事）变身九大碗（白事）增加的那个一，为鬼神添加一道下水菜或海带菜。而另外林立的炉灶则是笼屉高耸，热气蒸腾，那是一碗一碗的蒸菜，烧肉酸香口，肥烂不腻；巧阁以白汤佐辅，香嫩爽口；松花羊肉肉味醇厚、汤里鲜香；里脊红亮香滑，经过笼屉大火蒸，软硬有度；杂拌也以清汤煨，清香溢远；炖肉则汤厚肉醇；清氽丸子汤清滑嫩，劲道十足；脱骨的黄焖鸡也是在大锅里慢慢煨熟，色泽黄亮，肉烂清香。

一顿好饭紧随讲经、听经其后，先抑后扬，颇有奖励意味。

来往自愿，也贴随心，一大帮心中藏着坚定的信仰，有着笃定的处世标准和行为规范。

自觉以圣主的教诲言行去约束自己、影响他人，扬善惩恶，共赴美好。

我愿意相信我看到和亲历的这些，我愿意传播我感受到的和心中希冀的大同。

（初稿于 2016 年 11 月 27 日）

闲语

笼屉中有着中国人关于好吃的所有期望，既有口腹之实味蕾之乐，又有礼俗文化寄寓，心心念，念念想。

人物和家族

邓禹南阳来，仗策归光武。孔明卧隆中，不即事先主。
英雄各有见，何必问出处。孙曹与更始，未可同日语。
向非昭烈贤，三顾犹未许。君子当识时，守身如处女。

——（明）杨基《感怀》

二百年老屋里的老木匠

多霾的冬日难得晴阳，心里一边想着要站在阳光里才不辜负这不易的好天儿，一边在“我们”群里@慢牵牛，约定午饭后去老城里拜访前几日他说起的老屋里的老木匠。木恪·微殳接着弱弱地来了一句：“需要司机和摄像吗？”呵呵，正有此意。群小动静大，北京的老李马上递话：“你们这是密谋啥？”我诱他，“一个老人住在一栋200多年的老屋里，没有手机，专注做传统木工活儿”，有造访的价值吗？

自大学毕业分配来聊，我一直在这个小城生活了近30年，但聊城的街巷府第还是不很熟悉，好多地方从未去过，即使就在身边。今天，天气给力，阵容齐整，心下畅快，对老城老人的寻访颇有拉开序幕的仪式感。

东关桥

下午1时许，我早到了一会儿，先是站在高高的东关桥上，南北地望了半天。深幽的护城河水泛着太阳光令我想起“波光粼粼”这个词。风吹过来，还是有些凉，河边休闲地上有几个孩子在苦练篮球过人技术，刚吃了午饭，孩子们精力充沛。聊城四中的牌子在西北方可见，远处有高高的塔吊矗立在晴空，特别醒目。俯瞰东关街，这个点儿人流稀拉，阳光下的老人昏昏欲睡，小摊儿小贩儿也是最无聊的时候。

米市街

走下来，拐过早已不在的驴市口，我小心地走在米市街上，弯曲的石头小巷已不复往日的车水马龙，街道坑坑洼洼很难走。我经过县豫剧团（夏天国家卫生城市迎检时白灰粉刷过的胡同墙上依稀可见“豫剧团”的字样）旧址，从敞开的大门往里看，还见正房是一排二层楼，前出檐走廊，屋子一间一间地排过去。今天天好，二楼栏杆上晾满了各色被子，我恍若听到六七十年前的角儿三三两两在铺满阳光的走廊里吊着嗓子，旁边坐着的师傅、围观的师弟师妹和嗑着瓜子的闲人……站在米市街的中段，面向南，阳光照在被岁月打磨得镜光镜光的石头路上，晃得有点儿眼花缭乱，但很舒服。

礼拜寺街

折回过东关街北行，是临河的大礼拜寺街，东边还有一条街叫小礼拜寺街，穿过去可遇见宋代的铁塔。一会儿的工夫我就走完了这条街，因为拆迁得差不多了。除了还有点儿模样的清真寺，这条街上稍微知名些的算是李士保的扒鸡、刘六香油坊（原驴市口香油坊），桥头的窦家羊肉摊儿虽然出的是流动车，也算是老摊儿。我站在桥南用手机远远地拍了一张照片，白色墙上红色的断章标语“贵在坚持”和背后李士保及窦家的两个招牌倒也相映成趣。

老屋和老人

慢牵牛和木恪·微殳也到了，我们寻访的老人就住在米市街北首。坐西朝东，起脊青瓦建筑，三进院落，现在已经看不到完整的结构了，岁月只保留下中间一段儿。所以，我们从米市街走进去的时候感觉像是穿过一个小胡同，最后才来到老人的家。老屋青瓦盖顶，中有正门，旁有侧门通后面，屋墙很厚，砖木混结构，但有些墙体经过长年累月的风雨侵袭已经毁坏，墙体中的暗柱也裸露在外。后来老人介绍，整个建筑的木料都是沙木、南松等南方木材，老屋是老人的祖上从山西商人手里买下的，当时的东昌府（聊城）依稀繁盛。宅子是四进院落，前面是店面，老人说是杂货铺，卖纸张、花椒、茴香之类，向后是穿堂，从门面一眼就能望到最后一排房子，最后一排房子就在护城河沿上，北墙外有一棵近百年的老槐树，忠诚地守护着老屋。

平实的生活里涤荡了浮躁的日子，剩下的就是真正的招式，没有任何花架子（摄影：王宇辉）

踏上门前的一块大石板，迈过一道高门槛，一进门，老人（老屋的主人姓于）有些凉、有些糙的双手伸过来，热情招呼“吃饭了吗”，我握住于老汉的手，连忙说明来意并致歉叨扰。老人叫于振山，一看就是忠厚踏实之人，汉族，本地人，说话语速不是很快，也算健谈。老伴儿叫宋春芳，济南人，从小生活在大明湖畔，性格爽朗，当年作为知青来了聊城就没再走。忆起济南说起大明湖热情不减，话题不断，我一边点着头儿，一边在脑海里翻篇，从燕子山求学（我在那里读书）穿越到大明湖畔的夏雨荷……

我们就站在外间说话，地方局促，也没有那么多的板凳。外间原来该是正房的客厅部分，进深不大，南北倒是宽敞。于老告诉我们正位这里放置八仙桌，两边分列圈椅，后边正中起一个像是牌坊的结构，两边有抱柱，还在屋内，我们正纳闷这种结构，老人解释说这是“隔子”，中间垂下帘子，过去家里男人会客，女人过来打招呼是隔着帘子说话的，女性不许抛头露面，规矩大着呢，哪如现代自由，穿裙子光脚丫子……隔子还是原来的古建筑，很扎实，老人家在这个空间做饭、会客，南北的墙上倚满了待加工的木板原料，桌子、板凳、木料、锅灶、碗碟儿……混放其间，墙壁也黑乎乎的。宋春芳老人在旁边补充说，政府已经通知街道规划，我们随时可走，东西归置好了，现在是与老屋多相处一天是一天。

越过隔子，里进，后边的空间被分为两部分，一是于老的木工作坊，再就是后边临河的是老人家的卧室。我们在于老的木工作坊就势站着聊天，南边从木窗子里筛进来几道阳光，与窗子墙边的煤球炉子上水壶里冒出的白色蒸汽相遇，和老屋、老人一起诠释着生活的真实，就像回放一部黑白的老片儿……

新华园听戏

我有意插入关于吃的话题，果然，老人被撩拨起来了，滔滔不绝。

于老忆起少时跟父亲去城里新华园听戏，晚上 11 点多回来，在路边吃盘焖饼或是一笼烧卖。我觉得他描述的是城里人的生活，即使拿到现在，晚上去听戏，回来饿了这样宵夜，怎么说也堪比北京王府井那些阿哥和格格们的生活。我在农村长大，实在想象不出来当时的焖饼和烧卖得有多好吃。我相信他说的不假，吴云涛老先生辑武水醉丐《逛东昌》中就有关于东昌名吃的记载“……开汤丸子热厚饼，八批馃子酥又香。甜沫米粉糯米粥，炸糕麻花麦芽糖。豆包烧卖酥油饼，羊肉火烧牛肉汤……”于老生活的米市街处于礼拜寺和小礼拜寺回民居住地，所以，烧卖和焖饼肯定正宗。

新华园历史长达 600 多年，是聊城古城的标志性文脉地。从明代太仆寺卿许东望旧居（许家大院）到清朝康熙年间“书业德”书坊（书业德系山西灵石县郭姓所建，是聊城众书庄中规模最大、全国也著名的书庄，山西太原、祁县、介休、平遥及山东济南等地设有十多个分号和代销处，印书品种多样，种类多达千余种），从赣江会馆（清代聊城八大会馆之一）到农工银行（聊城近现代民族工商业的先驱商振声 1923 年创办，立于其经营的万聚德银号、公立钱局、生产纺织品的东临道工厂、电灯公司、森林木场、东临道兵工厂等实业，是聊城第一家现代化新型金融机构，1927 年在奉系军阀的欺诈下倒闭），从韩复榘公办官营的“裕鲁”当铺分铺（1937 年土匪齐子修窜犯聊城当铺遭洗劫倒闭）到国民党县党部（1935 年取消）再到振东书局（始于 1915 年，股份制书店，专营上海商务印书馆出版的图书，以教科书、工具书为主，供应聊城、堂邑、冠县、馆陶等鲁西十余县的中小学，兼营石印、文具、照相、镶牙、名药等业务，1938 年 11 月聊城沦陷前撤出)，一直到新中国成立后建设为规模宏大的“新华舞台”，1967 年再翻盖为“新华剧院”(1966 年邢台地震部分毁坏)，舞台上从评书到京剧、河北梆子戏到革命样板戏……新华园渗透政治、经济、社会、文化等领域，在聊城人民的生活中可谓举足轻重。

马阿訇及“跃进饼”

“羊肉就能做 200 多道菜，光是灶间的炒瓢就 20 多个，铜的，锃明瓦亮。生熟分离、肉素分离、不同类别分离……该生时生，该熟时熟，火候掌握得恰到好处，只凭感觉……”

于老回忆的这个烹饪大咖人称马阿訇，莘县人，是他工作的汽车配件厂里的名厨，曾经获得(山东)省里厨师大赛第二名的至高荣誉，奖状是由白如冰(陕西人，1963～1967 年任山东省省长)亲自颁发的，于老亲见过奖状和照片。于老曾经跟着马阿訇学做菜，在灶间大开眼界，也渐渐领悟烹饪之道。于老性格温和，为人实诚，好客，所以，家里很容易招朋友。老伴儿抢着话头儿，“厂里八个行管几乎每星期都来家里吃饭，想吃么就做么”，于老的菜好，老伴儿的面案好，所以，工友们很有口福。“那时候东西也便宜，职工(估计是小礼拜寺街口、工会那里)那里的羊杂割六毛钱一斤，花两三块钱弄一大盆，拍几根黄瓜一拌就成。环城湖里鱼很多，也没人管，我自己做的网捕鱼很管用，再炖个鱼就齐了……”这又是典型的城里人的生活，好一个“想吃么就能做么”，在那个没有那么多诱惑的年代，有这样的口福，有工做，有工资，有戏听，夫复何求?!

但回忆里也有苦日子。于老跟随父亲从山西回来的时候，正是生活最艰难的岁月，中国正经历“大跃进”，举国上下“人有多大胆，地有多大产”“三年超英，五年赶美”“一天等于二十年，跑步进入共产主义”，所有人不分阶层，不管是地主、富农还是贫下中农，财产统统收缴国有，统一调配，农村大生产，生产队挣工分，全国大炼钢铁，集体吃饭……土地贫瘠，靠天吃饭，产量低下，限量供应，加之战事，内忧外患，生活艰难……

于老说的“跃进饼”老伴儿并不知晓，“红萝卜咸菜、棒子芯粉碎了、槐连豆(也是粮食)，再掺上少量粉碎的地瓜干儿做成月饼状的饼，凭票买，一个票买两个，吃块饼子，喝口水就算……那个时候有榆皮粉面就算好的了，主要是地瓜面……”

我知道，那个时期饿死了很多人，也有很多人又沿着先辈闯关东的线路去关外求生存。直到60年代中期状况改善，城里人(非农业户口)有吃的了，但都是凭票供应，粮票、布票、肉票、糖票、油票等。

“原来土地贫瘠，产量低，亩产200多斤，没有农药、化肥，但东西好吃。现在产量高了，东西富裕了，反而不好吃了，人心毁了。”老人感叹着没话儿了，老伴儿麻利地接过来，“我始终想当个老师，结果很多次都没能如愿，我想我能教好孩子，让他们要爱国，做人要正直，男孩子要保家卫国，做官的要正义爱民……”言下之意，也颇有些无奈，与于老的尾音合并到一处，竟然归于静寂。

我们五人就这样站在稍显局促的空间里拉着跨越几十年的闲话，最后，以略显尴尬收场。我索性发狠儿，转向宋老：“从济南来聊城，经历了这么多苦难，住在这老屋，后悔不?”老人倒是没有片刻犹豫，“不后悔”。借着柔和的光线，在宋春芳老人的脸上我看到了她对生活的宽容和对未来满心的憧憬，这是重点，平实的生活里涤荡了浮躁的日子，剩下的就是真正的招式，没有任何花架子。

“中午吃的干饭(蒸米饭)，炒了个山芹，以肉丝、鲜粉皮、少量豆芽一块儿炒(类似炒合菜)，又脆又好烂，起锅时滴点儿香油。”于老以吃圆题倒是颇合我意，“肉很少吃了，炝个姜拌藕，炒个老虎鸡子，酱爆鸡子……”我的目光落在于老已经完成的一件即将交付的案桌上，实木的材料一等一，全部卯榫，没有钉子，没有修饰，平实而坦荡，嘿，这不正是他们的生活吗?

(初稿于2015年12月19日)

刻刀走经纬

东昌年画社徐秀贞社长很久以前就答应要带我去访东昌府木版年画的刻版老艺人，只是时不凑巧，一直未遂。前几日，天津大学冯骥才先生的博士生来调查东昌府木版年画传承人的生态，我紧迫感陡生，约上徐社长，在没有打通电话的第二天，匆匆出城，下冠县。

关于东昌府木版年画我并不陌生，学院相熟的同事张宪昌教授为之辛勤奔走30年，收集整理东昌府古版年画，把非物质文化遗产学推进到山东省文化厅重点学科，木版年画功不可没，我近水楼台，多次受教于张老。与东昌府年画社的徐秀贞社长平素多来往，耳濡目染，也受教良多。几年前也曾专门寻访过梁水镇大赵村印制年画的荣维臣老人和东阿迟庄的年画生态……所以，于我，聊城硕果仅存的两个刻版老艺人的名字早就耳熟，有一次，还与来学院开课的陈庆生老人在我们的教学楼失之交臂……

冠县定远寨乡后杏园，陈庆生的家

三月，阳春，温煦。

出城，向西，过东昌府区道口铺（办事处）、堂邑镇、马颊河桥，进入冠县地，第一个乡就是定远寨，陈庆生老人的家就在定远寨乡的后杏园。

进村，拐胡同，一家很普通的农家院子就是陈庆生的家。但陈老不在家，说是去打麻将了，手机也落在家里，难怪联系不上。

陈庆生老伴儿正在往炕洞里递柴火，说是和了面还不见发，加把火催催。

炕倚墙的两边立面贴着挂历画纸，站在进里屋的门口，我看到了贴纸上的海尔 logo 和一个颇大的“强”字。

她小陈庆生2岁，今年78，家是北邻黄寨子村。虽絮叨着头有些晕，但还是推起自行车出门准备去找老伴儿回来。但在我们说话的空儿，麻利的徐社长已经从前院找到陈庆生的二儿子并通知陈老了。院子里，我们发现了老两口晒制的干豆角和萝卜干，同时也感受着右面大儿子家和前院小儿子家生产卡子(保持器)的机器轰鸣带来的震动。

我到前院见了陈庆生的二儿子，简陋的车间里有两个人照看黑乎乎的机器，西院他哥哥的院子里则堆满了待包装或已经包装好的保持器。这个产业在我们当地早已蔚然成势，地位在全国也是举足轻重，周边很多的村里都有这样的小厂房，小规模工业化生产销售带来的收获最终还是比种地强，当然，也比年画刻版的效益来得更快。

下午的阳光完全罩住了坐在堂屋门口的陈庆生老伴儿，我们有站有坐就这样拉着家常，提起陈庆生年轻时外出学艺、他的大家庭和他们小家庭的情况，阳光下老太太的表情很真切，自豪、知足的底子上绽开的笑容里，我猜，陈老刻版现在该有不错的收入了。

蓦然，一辆电瓶车直接骑到院子里来，在堂屋口停下，“80后”陈庆生进家了，我急忙出去打招呼并自我介绍，老人戴着帽子，手挺凉，进得门来，在正对门口的工作台后边的椅子上坐定，我们有一搭无一搭地开聊。

刻字的学徒和刻章的熟手

陈家是从山西洪洞县老鸹窝迁来的大姓，有一支落户马颊河这一带，到陈庆生这辈儿，弟兄四人。我问这个地方为什么叫“后杏园”(前面的村子叫“前杏园”)，陈老说听老人讲这个地方杏树多，多到什么程度，从村子去北面三官庙上学，是一直沿着树根走过去的，老师问，杏黄了没有？答曰不知道，其实是读书入迷没注意看。再到后来，杏林、杏树也不见了……在那个缺吃少穿的年代，人活下来就是优胜劣汰的结果。当然，对于长辈来说，安排好生计是生活的智慧。

陈庆生7岁的1943年，适逢鲁西北大旱，地里无收成，父亲带孩子去河南逃荒要饭，无奈哪里都不好过。回转，陈父决定让孩子去学手艺。先是陈庆生的大哥去临清姨兄弟家学刻字，两年多的时间里没学出来。后来，陈庆生高小毕业后，也去学。当时的条件异常清苦，住的屋子在冬天少门漏窗，人睡在光板儿上，与其说是学徒，不如说是勤杂工更贴切。在掌柜家挑水、做饭、刷锅、看孩子，什么活儿都得干。掌柜的也不会立马就手把手地教你，学技术需要有心，磨刀、刻字、修活儿，学徒要瞪大眼睛来看，用心日久，才能慢慢摸着门道儿。行里有句老话，“跟着亲人是学不出来的”，反复琢磨，真是这个理儿，大哥最终没有学成，反而是陈庆生三年学徒满，又去济南磨砺一年，“三年满，四年圆”，20 岁的陈庆生刻字出师。

三年学徒期满说起来眨眼的事儿，其实每天的日子很难熬。陈庆生上过初中，算有文化，在掌柜家还要以毛笔记账，记账、刻字都是出手的活儿，冬天不暖，那时留下的冻疮至今有痕。所以，中间也有耐不住打退堂鼓的经历，长辈也不呵斥，不想学了就下地干活吧。跟着爷爷去河道地里锄草，夏天炎火的日头儿真毒，中午不到肚子早咕噜了，爷爷，回家吧。爷爷却说，这个时候日头毒，草锄掉就能死了，再干一会儿。直到下午 3 点下晌，回家时已经走不动了，还是回去，继续当学徒吧！

刻字累极，困。掌柜的让以龙井茶水洗脸，还不顶事儿，有一次严重到去看医生，医生为陈庆生开的药方是——困病。吃了药，就困，不知睡了多长时间，被子掉在地上也没冻醒。

在那个高级社年代，刻字的活儿很多，生产队刻椭圆章，印刷厂里刻带图版的章，都是繁体字，三年里吃足了苦，几乎是黑天白夜里干，眼都快熬瞎了。但也正是在这种高强度下，陈庆生练出了过硬的刻字功夫，什么字体都刻过，什么字体都能刻好。后来，陈庆生艺成闯荡济南历城，再后来，回老家，赶上生产队统一行动，挖河啦、搞运动啦，去赶集刻章需要向队里交九毛钱，算是买工分。再到后来，手章时代告一段落，电脑刻字登台，营生就断了。

“文革”前，陈庆生曾把手艺传给三弟，他也曾放手，后又重新拾起的，断断续续。陈庆生的刻版技术一度还用到纱布厂的胶辊子上。

由于陈庆生手艺精，刻的字不变形，所以，远近都来找他刻。后来，纱布厂也垮了。日子一如往昔的灰暗难熬，陈庆生还干过刷标语的活儿，我提起这个话题的时候，朴实的老人脸上闪过一丝狡黠，很得意地说，强大饲料找来，因为只有我能干，我拿了他们一把，大黑体，60 元一米一个字。

苦逼难熬、青黄不接的日子直到1998年，才出现转机。

关于陈庆生，还有一个颇富戏剧性的桥段。19岁那年，陈庆生考上了国家第一批海军军官学校，但有句俗话这样说，“好人不当兵，好铁不打钉”，所以，爹娘死活儿不让去，一个漫天飘飞大雪的日子把他弄回家去，身为团员的陈庆生因此还受了处分，公安局在他的档案里写了家庭地址，于是，陈庆生的非农业户口成了农业户口。国家少了一个月工资领几千块的普通干部，但在农村，多了一个擅刻版、刻好版的国家级非遗传承人。

刻刀走经纬

给他命运带来转机的就是眼前这位从工商局退休了也不肯消停享清福的徐社长。

“当年我和张宪昌老师一块儿来找你，你忘了？”

“这怎么能忘得了！”陈庆生老人一脸的诚挚，“是你们让我重新又拾起了刻刀。”

有丰富刻字经验的陈庆生转到刻画版上简直太简单了，所以，陈老的刀在硬梨木的版上肆意经纬，等印在纸上，人物形态时而粗犷简洁，时而细腻饱满，刀痕无划，然如劲风掠过，又掩不住的神韵跃然。

2011年11月，张宪昌教授和徐社长去天津参加了中国木版年画国际论坛，中国16家木版年画属地联合签署《“中国木版年画”申报“世界非物质文化遗产”宣言》，全面启动“中国木版年画”申报“世界非物质文化遗产”的工作，随后，冯骥才主导出版了大卷本的木版年画集，东昌府和青岛平度合为一卷，主编是山东工艺美院的赵翼。有一天，张宪昌教授经过我的办公室，特意给我说起天津之行，谈起年画卷本，那次天津宣言几乎集聚了中国木版年画的各路精英、专家，徐社长和张教授带去会场展示但并没有收录于卷本中的珍品把会场给镇了。

让各路大神掉眼镜的年画就是东昌府的“门神”和“童子提篮”精品，从艺术特色上就是东昌府木版年画的刀刻功夫，再直白一点就是陈老的刀工。

“先学磨刀，磨刀有技巧”，陈老站起身打开台灯，为我们做演示。老人八十高龄，手一点儿不抖，拿捏得很稳、很准，“磨后不磨尖……刀尖似出似不出”,“磨好的刀只能自己用,不允许别人动(我的刀),这是规矩,要守!”正反擦拭、台灯光下细细打量,满意后回到工作台就座,开始在梨木板上走刀。

陈庆生先生在刻版(摄影:王宁)

“刻字先要懂字体,这种老年画上的字体不对,难干活儿……”

只见老人在说话的当儿,在木板上字的四周划上框,等于布上了局。

“刻字讲究挑刀、发刀。由远及近,先发刀后挑刀;刻版要看木头板的成色,木板发黑色不好,像这种近乎木本色的浅色最好”,陈老反正地给我们看版,“刻了要修,并且要修两遍才行”,“工具形形色色,要领是握刀直刻,要挺住手脖子……”

东昌府的木版年画制作完全遵古法手作,工艺讲究,画、刻、印、裱四个环节中,刻版关涉艺术审美和刀功最多,是至为关键的一环。东昌府古版年画之所以成就高卓,主要在于刻板好,刻板背后的刀功好,也就是专家公认的“刀味很浓”。这个拥有近三百年历史的民间艺术在过去地位颇高,“江南桃花坞,直隶杨柳青,东潍西聊在山东”,“聊”就是指的东昌府年画。“年画来路不用问,北到东昌府,南到朱仙镇”,这种约定俗成的江湖地位其实是社会的真正认可。东昌府年画尤其是一对“秦琼、敬德”门神画被誉称“天下第一门神”。

明清时的运河商贸繁盛,全国客商云集沿线商埠,年画生意也十分红火。当年的东昌府东关清孝街堪比今天的北京琉璃厂,画店栉比,买卖兴隆。东昌府木版年画以其造型生动栩然传神、刀工精巧而声名远播,山东、山西、陕西、河北、河南、东北三省,分销代理同在,市场旺季时年画作坊里的伙计们几乎 24 小时干活儿,但随着清末漕运停、文革“破四旧”,东昌木版年画也就凋敝、中断了，甚至很难看到人们再贴门神和童子提篮了。

是年画成为国家级非物质文化遗产和民俗学者的热情让陈庆生感觉责无旁贷，自比年迈老黄忠，提刀上阵，今年80岁了，每天还刻版十几个小时，时间不等人啊。

几年前，陈庆生接受采访时说过这样一段话："我今年76了，我孩子问我还能刻多久？我说能刻到80，那就是说还能刻四年，四年以后呢？谁还会刻？到那时候，这手艺、这年画是不是就真的消失了？"

时间的紧迫和责任的驱使让陈老彻底改变了以往的生活，每天除了刻板，开始收徒传艺、接受社会邀请为年画广而告之……

2011年11月，陈庆生欣然走进聊城大学美术学院讲堂，为艺术设计系188名学生讲授"东昌府木版年画"木版雕刻技艺，聊城大学也被确立为东昌府木版年画保护与传承基地，把年画刻版、印刷等工艺的操作纳入专业教学课程。2015年，年届八旬的陈庆生走进《中国脸孔》直播间，"传播年画文化、传统文化，我义不容辞"。

马颊河一河之隔，河东是东昌府区地界，东昌府堂邑镇的许堤口有另一位刻版老人栾喜奎，他小陈庆生2岁，几乎同样的时代和经历，也几乎同一个时间"陡刀立线"，开版艺术经纬，技法一样的鬼斧神工。回来的路上，我们经过栾喜奎的家，会刻版的儿子在弄年画事儿，老人在屋前的院子里侍弄菜地，围起来的院落很大，鸡鸭鹅与牛羊狗相安无事，栾老在里面远呼近呵，身体好极了。这两位仅存的东昌府木版年画的刻版老艺人真是聊城之福，冯骥才曾题写"先人神韵后世当存，留住古画自是功臣"，着实道出了实情。

行文笃情，真诚祝福两位老人。

（初稿于2016年3月25日）

补记

2017年农历的七月十五日，陈庆生老人驾鹤西去。事后整理遗物时，发现一块老人临终前还在刻的一块版，题为"春露秋霜"，这也是徐社长向陈老下的最后一张订单。徐社长取了回来，我在她的年画社见到了这块未竟大作。那天，院子里很安静，下午的阳光打到东屋来，硬质的棠梨木板上，陡刀犁庭，经纬线条勾勒出一座几进的大庭院，木版两边竖着一副字联："祖德宗功流芳远，子孝孙贤世泽长。"细察笔画朴拙原始，俨然传家之规矩，恪守，不改变。凝视久了，仿若陈庆生老人就坐在画版上的堂屋里，刻刀走经纬。

太极手，豆芽梦

——访东昌府区贾庄村村支书陈玉忠

第一次见陈玉忠是在朋友的会所里。只见他着装随性，举止谨礼。动起来脚步很轻，节奏很美，肢体灵动宽裕。面部光洁弹韧，一头浓密黑发。论起年龄，他竟然还大我 3 岁，是 50 多岁的人了，初感觉就是 30 多岁的样子。彻底了解后才有些释然，是了，陈先生是陈式太极拳高手，且修习书法，每天练功习字，作息极其规律，不像我们这等夜猫子，干耗精气神，倦怠透身心。

陈先生很健谈，从少时习武、舍掉生意推广太极拳，到经营村庄、发展豆芽产业，再到探索村体经济、文化模式的崇文尚武，一个村支书想完成这么多的大事，我不禁暗赞且有些担心起来。

分别后，我在网上查阅了关于东昌府区贾庄村及陈玉忠先生的媒体报道，对于他的经历、事业和为人处世有了一个基本的了解。

太极手

我所谓的"太极手"想表达的不是字面表层的意指，我想是综合了两次与陈玉忠先生交谈的印象所向。太极拳也称"太极手"，无论竞技的实战，还是欢娱的养身，其哲学意味颇具中国精髓。我生性懒动，但太极拳是我心生亲近的极少的项目，可能和太极拳具有的这种内蕴有关吧。陈先生曾生动地描述绿豆的前期挑选处理过程，其中一个细节是以双手调动了全身，在大簸箩里回环翻搓。我由是想到了"太极手"这个词。太极，虚实开合，意胜于力。太极手，一种大境界。

陈玉忠喜欢太极拳是在20世纪80年代的中后期。1986年，缘随著名武术大师李恩久先生习陈式太极拳，在全国、省级武术太极拳、剑、推手锦标赛中获得过很多层次颇高的荣誉。1998年，在聊城创建了太极拳研究学会并开始收徒，但收徒授课从未向学生收一分钱的学费，反而是搭饭搭钱搭工夫，直到把原来做建筑生意的所得全部搭进去，但他心中笃定一个目标不放弃不放松，那就是传承推广太极拳，弘扬中国传统武术。

几番折腾，钱没了，但发现了好徒弟。师徒一起练拳、品茗、聊天，日子自是幸福滋润得很。

“我们村在修家谱时发现，历史上，这里几乎家家尚武。这是一个非常好的基础。现在，村子里每天早晨在广场上有几十个孩子风雨无阻地打太极拳，这在全国也不多见。”陈玉忠说起来全村尚武，眼里掩不住精芒，颇是自豪。由于贾庄是城郊村，在村里租住着很多安徽籍的外地人，现在他们基本也融入贾庄村人的生活，崇文尚武，修文习武。

“南有陈家沟，北有贾庄村，喝喝贾庄水，都会踢踢腿”，当陈玉忠熟练至极地脱口这句顺口溜时，我心中纳闷，这句话流传了多少年了？明时置贾庄村，当是从那时起就有了习武的传统。其中还有一个信息，贾庄的水好。陈玉忠介绍说村民户户打井，深浅不一，但总能找到好水层，这也是豆芽梦的坚实基础。2016年8月10日，立秋后第三天，我们一行来到贾庄，在陈玉忠和其他两位村委带领下，我们参观了村里那口该是与村史等长的甜水井，以及用现代机器技术和传统方法发豆芽的王金铎家的库房和王德发的手工作坊。

豆芽梦

与陈玉忠接触的这两次，他详细地介绍贾庄村发豆芽的历史和豆芽产业以及他想象中的豆芽博物馆。我们一行在酷热中迂回村巷穿梭于做豆芽的人家，还去了村外不远的河堤，高温的太阳底下，听他兴致勃勃地讲他对宏观形势的研判、产业发展的规划。

贾庄村地处聊城城西，东临京九铁路，西依南水北调重点渠，渠西岸还有土地，村子就夹在中间。如果没有铁路横亘，也许村早已被开发了，当然，渠也是一种保护。这两道天然屏障使得古老的贾庄在当下城市扩张拆除的洪流中安然无恙,也算是一种幸运了。

站在村子里,向东望,不远就是巍峨的光岳楼。放在过去,贾庄就是古城西门外临近的一个村庄,自然,这种城郊村就是为城里服务的产业人力集聚之地,当然,另一面叫近水楼台先得月。文献记载,西门护城河外有一口水井,上好,当时城里府吏富绅吃水都是由劳工每天四五点早早地出城运来,那口井当与贾庄村井甜水一脉。

贾庄村井过去不仅供全村人用,就是发豆芽大量用水也从未干涸过。有这么好的井水,又这么近距离城里消费市场,豆芽的产生该是比这口井也晚不了多少。贾庄做豆芽成了传统,于是,不知从什么时候起,就有了这样的歌谣——“贾庄的豆芽,许窑的葱,张油坊的泥瓦工;金豆芽、银豆芽,不如贾家庄的黄豆芽、绿豆芽。”

一般而言,中国人的传统上,豆芽是上不了席的,但你若掌握好了火候,无论醋烹,还是辣炒,豆芽是宴席上最早光盘的菜品了。

第一次见陈玉忠,在朋友的会所,陈玉忠坚持去灶间亲自炒豆芽。我很感兴趣,便跟了过去。醋馏豆芽的火候极是讲究,以什么基础调味,炒翻技巧若何,以什么提香,他醋烹一个绿豆芽竟然也暗合我先前多次提到过的煮肉的“金字塔调味法”。及上桌,一人抄一大筷子,瞬时盘子光光。黄豆芽不放肉,素净清丽,锅底待油热,放八角,至锅油生烟,放豆芽,充分翻炒,加水焖炖,待熟,无肉之肉味现,风味独特得很。

王金铎的发豆芽库房是暗房,近乎冷库,机器大大延伸了手工,一天下来,能做豆芽 4000 斤。我们就着手机的屏光小心地走进去,虽然到处是湿的,但地面和机器盛器等都很干净,空中也没有任何异味。王金铎和妻子都在家里忙活着,金铎五官端正,面相诚恳,其妻体态丰盈,天庭饱满,轮廓分明,由于长期劳作,健硕但匀称,两个人都是友好的面孔上绽放着发自内心的笑,体贴地忙前忙后,及至我们告辞,立定大门口,目送着我们走得老远。

王德发的东厢房是整个发豆芽的作坊,走进去我立马感觉到很熟悉,门口是自做的煤炉灶,接了烟筒,地面整洁,错落的砖台上一个一个土烧的大瓦缸,大多数蒙着棉盖,半开缸盖漏出的是快发好或已发好的豆芽,鲜亮鲜亮的透着喜气，拈一根，入口轻嚼，脆甜清香，本味，很遥远的本味。一进来我就有莫名的熟悉和亲近。哦，我想起来了，这里像极我先前参观过的老朱的翻缸醋车间，周围没有任何掺假的成分，全是朴实的风物，自然让人心生踏实，感觉舒服。王德发不在家，妻子一人照看着这些纤细白嫩的生灵，我最后都有些负罪感了，我们贸然闯入这么一个宁静恬然的空间，是否打搅了它们的成长？

能否发好豆芽，与发豆芽的人的人品密切相关（摄影：王宁）

出门来，我在路上一直回味陈玉忠说的那句话："能否发好豆芽与发豆芽的人的人品有关。"中午在城西北的一家餐厅里，从王金铎和王德发家带来的豆芽分别被辣炒和醋烹上桌，吃到最后，盘子里竟有剩余，我判断是职业厨师的问题，在那个冰冷金属瓦亮的厨房里，我不知这些弱弱的生灵受了什么样的欺凌和怠慢，盘子上桌的第一眼我直感觉就坏了，枉费了我自带的5.0的醋不说，这些心灵高洁的豆芽误入肮脏的空间任由野蛮人粗暴捶打，倒是我们的过错了。

贾庄村每天的大喇叭里放送的是中华传统经典书目和优雅的琴曲，这是陈玉忠作为村支书的心里的小算盘，崇文尚武塑新风，以传统文化从根上涵化、涤荡、育人。

"我要给做豆芽的家庭挂牌，制定豆芽标准白皮书，建设中国豆芽博物馆，大力推广太极拳，实现传统武术申遗，豆芽做中华地标，让家家户户都来做豆芽，形成产业集群品牌，打造旅游观光，美食养生基地。”

面对这样一个不按常理出牌的人，有使命，有远景，心底坦荡，正大无私，好像，你只剩下束手就擒的份儿。那好，我们祝福他吧！

（初稿于2016年8月14日）

宗族追远长，昌邦睦邻好

——东昌府老柳头村郑氏家族

传统，正在被日新月异的技术给挟裹、撕裂，或重构，或嬗变，或消亡。

比如过年的传统习俗，不记得从何时起，串门团拜被手机短信或微信取代，程式化的信息传输是够快捷，但屏上点一点，不带一点儿温度，有时候你甚至可以发现模版中的称呼都来不及改，呼啸而来，又呼啸而去，人情渐行渐远，模糊复模糊。

但有一次过年，微信上我看到军人出身的小郑发的九连格，老柳头村集体团拜的宏大场面隔着屏让我热血沸腾。先祠堂团拜，后广场礼拜，男女老人盛装坐定一排排圈椅上，中年、青年、小孩儿一队队一排排集体跪拜行礼，红毯延绵，鞭炮齐鸣，真热闹，也规矩。从老家过年回来，我立即致电与小郑同村的泰源祥郑总，向他了解他们村团拜的事情种种，他邀我有时间深入考察一下，还说今年 4 月正好有世界郑氏宗亲总会聊城分会成立和郑氏彩印企业（老柳头商标印刷厂）40 年庆典，我欣喜有货，于是满口答应。一个周日的整个上午，我拜见了泰源祥的郑建祥老总，去了郑氏祠堂，和老柳头商标印刷厂的创始人郑安民、郑松之先生畅谈，也亲见当年彩印厂发展成的十家包装印刷企业，车间幢幢，机器轰鸣，人员忙忙碌碌，每个人的脸上都写着坚定和自信……这些镜头连日来萦绕环放，我自感题材宏大，接连多日竟然下不了笔，惶然不知从何说起。

百度和观郑氏家谱得知，郑姓是一个典型的多民族、多源流姓氏，主要源自姬姓、子姓、姜姓及少数民族改姓等。郑姓在百家姓中位列第七，按人口在中国大陆排第二十一，因郑桓公遗族以国名为姓，与赵、吴、陈、卫、蒋、秦、许、何、魏等姓一样，皆为国姓。

桓公开郑国，司徒施教化

公元前806年，西周第十一代君主周宣王分封其幼弟姬友到都城镐京（西安）附近的咸林（陕西省华县西北一带），国号郑，建立起西周最后一个诸侯国。因郑国是三等诸侯国，国君称伯爵，故姬友又称郑友伯，谥号桓公。公元前781年，周幽王即位，郑友伯加封司徒，掌管全国的土地和户籍。桓公勤政爱民，治下大公。公元前774年，郑桓公掌管教化，以文载道，教行于上，化成于下。始置于唐虞之际的"司徒"这个官谓到了周代时被列为尊贵的六卿之一，掌理邦教，职位相当于宰相，于一个国家十分重要，如舜，就曾为尧时的司徒官。

郑氏二世祖武公临危请命，素服誓师，抗击犬戎，终平定战乱，匡扶周平王。周王朝随之东迁洛阳建都，郑建都于荥阳，东方郑国于是崛起。

三世祖郑庄公克段于鄢，肃清内乱，留下《春秋》名篇。外灭许、败宋，成为当时最强盛的国邦，史家称"郑庄公小霸"。

经过郑氏三公的勤政、勇政、智政，为郑国四百年的基业昌盛奠定了良好的基础。但以后，内乱频生，外强环伺，郑国政权风雨飘摇，立国432年后于公元前375年为韩所灭。

国破，郑氏肇始，分流者众

国破家亡时，山河虽在，无奈"城春草木深"，郑族人开始了离乡背井的颠沛流离。姬姓为本，以国为氏，分四支：

第一支，郑为韩灭后，郑桓公第十五世孙、郑幽公姬已之子姬鲁率郑国部分宗室人员、军队和民众东迁，在陈（河南淮阳）与宋（河南商丘）之间，姬鲁为首，袭"南里君"，以国为姓，以示念祖，开启郑氏时代。

第二支，滞留故里的郑国宗室人员，也多以故国名为姓，他们参与了开凿荥泽（河南郑州）、圃田泽（河南中牟圃田乡）的大渠，产生了著名的水利工程专家郑国。郑国后被派往秦国帮助修渠（引泾水入洛河，成渠125公里，致关中沃野），虽然这始于一个阴谋，但留下来的"郑国渠"贡献卓著，郑国与郑族人也因此名垂青史。

第三支，是在西周亡郑东迁后留在原址（今陕西华县）的郑姓人。戎狄入侵，他们流落今汉中，建立“南郑”，后成为秦国的南郑县，其宗室子孙亦以郑为姓，先秦时散居在四川、陕西各地。秦朝早期，郑族涌现过一个著名的将领郑安平，曾官封武阳君。

第四支，是祊地的“东郑”，在今山东费县城东9公里。那是郑、鲁两国以祊、许互换，为方便郑国国君祭泰山沐浴更衣用的。这是山东早期的郑氏，孔子七十二弟子之郑国（郑邦）就是该支。因祊地在鲁国，故郑氏又称“鲁人”。

以上四支是中原腹地的汉族主流系，由于其他原因，与少数民族的交往而衍生出来的少数民族郑姓情况则复杂得多，血统源流基本不同。如回族中较有影响的郑姓人，是由明朝皇帝朱棣赐姓，亦即明代航海家郑和养子郑赐的后代，从血统上看，这些来自西域的外族人其血管中流淌的血与汉族完全无关，只是因为生活在汉族的大家庭中才被同化，改用了汉族人通常所用的姓氏，姓郑。其他少数民族如土家族、朝鲜族、瑶族、京族、纳西族、白族、哈尼族、裕固族等郑姓情况基本与回族中郑姓情况相同。

郑氏回族在全国各地均有分布，但主要集居在今江苏、云南两省。

在朝鲜族，郑姓与金氏、李氏、崔氏、朴氏并称朝鲜五大姓，池白浩为得姓始祖。宋时大臣郑臣保出使朝鲜，后留居朝鲜半岛的瑞山生息繁衍，形成另一支更加庞大族系的郑氏（为《中国人民解放军军歌》谱曲的郑律成、韩国国务总理郑云、韩国产业资源部部长兼亚洲金融通货研究会会长郑德龟、韩国科技部副部长郑润、韩国海军军令部长郑兢谟、韩国导演郑云宅、韩国首尔大学校长郑云灿等皆出自郑臣保一系）。

白族郑氏，大多是尊奉唐朝派至南诏国的执政官郑回为祖先，主要分布在昆明、宝山、陆良等地，与汉族郑氏同源。

土家族郑氏，来源与其某些氏族称谓在读音与“郑”谐音有关。土家族郑氏族人主要生活在湖南、湖北、四川、贵州四省交界处。目前土家族中的郑氏人口仍保持着大姓之一的位置。

蒙古族、瑶族、京族、纳西族、哈尼族、裕固族、满族的郑姓，均属于汉化改姓为氏。

江南第一家，族训治国家

郑氏家族素以孝义治家闻名。“子孙出仕，有以脏墨闻者，生则削谱除族籍，死则牌位不许入祠堂”，家规严苛，治经南宋至明中叶，15 世同居共食，和睦相处 360 多年，出仕 173 位官吏，无一贪赃枉法，无不勤政廉政，义居名镇朝野，屡受朝廷旌表。洪武十八年(1385)，明太祖朱元璋赐封“江南第一家”，称义门郑氏，故郑氏家族又名“郑义门”。郑家 168 条家规经过明代开国文臣之首、诗文三大家之一的宋濂整理并带至南京，跃升为明代典章制诰的蓝本。一门尚义，九世同居，家规济世，儒风永传。

郑氏族训：子孙出仕，有以脏墨闻者，生则削谱除族籍，死则牌位不许入祠堂(摄影：王宁)

郑族睦邻善，皇帝赞誉高

先是一个郑姓强国屹立东方四百多年，又是历宋元明的郑义门 300 多年，甚至因族规高卓从而升级为国家治理的参考系，其间，巨擘才俊层出不穷，一个家族于世、于人的影响可以无限制的想象。清道光年间，郑氏起涵经常帮助乡亲，道光皇帝亲题“望媲达尊”匾额，特命山东布政使司刘为颁发，这应该是发自内心、很接地气的诚挚之词。

奋砺竞勇为，族旺事业长

中国传统的教化分文化和武化，且融合。文化以虚，武化以实；虚由实生，实仗虚行。以文载道，以武入道；教行于上，化成于下也。

行文至此，我忽然想起日本经营之神松下幸之助(松下电器创始人)说过的一句话：“我到一个企业去，只要一秒钟，我就知道这个企业是否赚钱。”

当年读书不理解这句话，一秒钟能看到什么？不看财务报表，不访谈企业管理者，如何迅速判断企业的盈亏？可能一秒只看到了门卫的一个表情而已。后来思忖反复，感觉极有道理。中国有句古话叫“相由心生”，一个人的外观行为(形与行)是发自内心的，观照其外，得窥其里。龙应台曾说文化是一个人迎面走来，所以，文化、教化是对一个人彻底的由里到外的改造，可以写在脸上，举手投足间表露无遗。当然，这种文化和出身家族、受教学校、所在公司或单位甚至所居城市国家无不关系。这其中，教化传承最基本、最关键的就是家族。

见我所见，从聊城老柳头村办企业40年的发展、从老柳头老幼村民的言谈和精神状态，可以洞见郑氏这个古老的家族的文化传承。

“什么是老柳头精神？用一个词、几个词或一句话概括。”

我最早把这个问题抛给我相熟的建刚郑总，郑总沉吟片刻，“还真不好说”，于是，有了郑总的邀请和我的实地见闻。

大脑千转，我积极地寻找并想迅速抽绎一个概念，但在老柳头泰源祥彩印厂、郑氏祠堂和其他几家包装印刷厂，每见一个重量级的人物，又顿觉萌生的概念不妥……我索性听往事、听故事。

肇始于1976年的老柳头商标印刷厂今年正好创业40年，它经历了中国的计划经济(集体经济)末尾、市场经济初期和中国改革开放的30多年，所以，标本意义很足。最初的老柳头商标印刷厂有点地下商业形态(“资本主义尾巴”)，在创始人之一郑安民先生那里，我看到了最初彩印厂的产品——酒类商标和瓶贴，彩印的标版，省域各地都有，可以想见，当时的业务做得很好。当然，那个时候行业利润也很高，工人村民们很快成了“万元户”。

家族文化是生意经营的原动力，这是在我脑海里凝聚成的概念。

“当初因公占地补偿的几万块钱不敢分了，考虑做啥的时候想起在郑州的族人，在他们的建议下决定搞彩印。眼光向外的信息意识使我们起步就很高，结果上了设备就在聊城及其周边地区形成垄断地位……”

郑安民讲述着往事，也梳理出了当初做事的动机和资源以及影响以后发展的因素，“诚信经营长，这也是郑氏家族所倡导的基本品质”，因此，诚信理念下的质量、信誉变为很自然的事情，所以，生意就长久，客户介绍客户，几十年就这样风雨不惊地走过来了。

诚信为基、重质量、讲信誉、勤奋、节俭、为人处事内敛不张扬，在今天郑氏家族十家企业里到处可见，这不就是老柳头精神吗？

（初稿于2016年4月20日）

老街巷和村落

街巷，在视觉尽头渐渐模糊；
村落，在心里尽处越发清楚。

米市街，一条曾经是米市的街

中国的地名，可以说是最形象、最直指人心易记忆和最便于描绘的，即使错读偏旁或者整个都错了都不误事儿，甚至还能在当地得到认可。所以，绝大多数情况下你只要顾名思义就好了。故此，我很佩服古代的地名命名者，至上简洁朴实的字表下面巧妙融汇了语义学、传播学、心理学、人类文化学、社会学等诸多学科道理，善诠含意，而又巧传真实。

聊城有一座方方正正的古城，城东门外沿护城河南向有一条街叫米市街，顾名思义，这条街曾经是米的交易集市。类似的街在聊城还有菜市街（前后菜市街）、粮食市街、鸡市街、猪市街、驴市口……当然，这种现象不唯聊城独有。

聊城米市街（摄影：王宁）

米市街是聊城拜漕运兴盛成就的粮食集散地，论历史，比粮食市街还要早。粮食市街位于运河以东，越河圈街和后菜市街以南。粮食市街与猪市街、鸡市街成“Y”形连接，交叉路口称“元宝心”。从元宝心到灶王庙，东西向，宽十米、长一百米就是粮食市街的全部了。清代和民国年间，这条百米街上分布着十余家较大的粮行，元宝心的三面也被粮店占据，且一直延伸到鸡市街。俗话说，“家中有粮，心里不慌”，自古就是大道理，在中国人的历史里，粮食一直是战略物资。所以，粮食的贸易供应在一个城市的生活中是非常重要的设计。粮店可替粮农户代卖，收取服务费，也可以买卖自营，赚取利润。粮食市街上还有磨坊加工店。直到新中国成立前，粮食市街仍然延续着粮食的故事，直到60年代彻底消失。

宣统二年《聊城县志》载，米市街粮行、粮栈、粮亭、粮户错落林立，街上人车熙攘，煞是繁华。清至民国初，米市街上开设了“粮业公所”，城关七十二家粮行同仁常集于此聚会议事，这是典型的粮业组织。米市街路东的太汾公所则不同，亦名公所，但是同乡聚，更多的成分是工作之余的情感寄托，生活调性十足，所以，它会馆的性质坐得很实。太汾公所最初为临时客栈，后来逐渐演变为真正的会馆。米市街上的这两大“公所”定位不同却互为倚重，工作与生活并举，很好地维持了米市街的繁盛。但到了民国初，由于军阀和日伪的扰乱摧残，导致经济整体萧条，粮业式微，米市街的盛景也到头了。

太汾公所是外省商人在聊城米市街上建立的第一座会馆，也自此开启了外地商帮在东昌府（聊城）兴建会馆的序幕。据聊城知名学者吴云涛先生的《聊城文史资料》记载，全国各地商帮在东昌府（聊城）建设的会馆很多，规模较大的除了太汾公所，还有七座，它们分别是乾隆八年（1743）由山陕客商兴建的山陕会馆，位于运河西岸、双街南头路东；嘉庆十一年（1806）和道光四年（1824）间陆续建成的苏州会馆，地址在大码头南、双街路北；江西客商于道光前兴建完成的赣江会馆，地址在楼东大街路南；道光前建成的江西会馆，地址在闸口北、运河东岸；浙江客商兴建的武林会馆，位于双街南头路东、山陕会馆南邻；原太平街西端路南老电厂故址处的杭州会馆；绍兴、杭州旅聊商人集资兴建的绍余公所，地处武林会馆南。历史掩卷，风雨飘摇，昔日的八大会馆今天仅余山陕会馆的部分，甚是可惜。

米市街除了业务工作和人际联络层面的“公所”外，位列名胜的还有“海会禅院”“三皇庙”“忠善祠”。海会禅院又称海会寺，是由明代建极殿大学士、吏部尚书朱延禧创建，清降至民国初，粮业公所设于此。米市街上的海会寺早于阳谷县阿城镇（由镇上盐商筹资建于康熙四十八年）运河东岸的海会寺，虽然后者贵为华北五大寺院之一。在全国，名之海会的寺有十几座，肯定是名讳极佳，大有名堂。除了我们明面上想到的“百川汇海”之意，关键是“海会”语词出于佛经《华严经》，僧众到寺院来修行就像百川入大海，归宿和目的都是一样的，故把众僧会聚寺院修行称为海会，于是，海会寺成了高僧云集，虔诚修行的代称了。三皇庙祀天皇地皇人皇，估计很早就有，光绪三十一年(1905)记由陈兆杰重修。忠善祠设于米市街南首，为祭祀爱民如子殉难公职的周养民和舍己为人乐善好施的李应凤而建。这样，精神信仰和民众教化的儒释道也全了，米市街因此既有物质层面的业务(两大公所)繁荣基础，又有精神层面的理念(儒释道传播)支撑，不兴旺才怪呢！

一个序属五九的冬日，我站在这条异常冷清但入选山东省“省级历史文化街区”的旧街入口，准备一探究竟。

米市街的起点是东关大街西尽头的驴市口，现在已经不在了。阳光晴好，南望曲巷，光芒从镜滑的石面上反射过来，晃得有些睁不开眼。右手第一家，门虚掩，是一栋200多年的老屋，做木工活儿的老匠人于振山夫妇就住在这里。

小心地在崎岖的秃石上纵深，街巷少见人影，几百年前的繁华真如旧梦，说起来真的是只能当故事听了。

走不远，128号，右手边是一个院子。旧式砖墙水泥抹的门垛，对开透空铁门敞开着，北边墙垛正面凹处以方正姚体刻砌着单位名称——山东省聊城市豫剧团。这个成立于1952年2月1日的豫剧团比较曲折，最初的班底是寿张县豫剧团，寿张县撤销后改名为阳谷县豫剧团，1970年又改名为聊城县豫剧团……现在可不得了，今天的聊城市豫剧院在国内声誉卓著，剧团和院长章兰拿了很多国家大奖。这个破落的旧址还在，南向的小二层楼也在，二楼低矮的铁栏杆上搭着各色的被褥和衣服，只是再也听不到旦角儿学唱吊嗓儿的“咿咿呀呀”声了。

豫剧团的曲折恰恰折射出新中国自成立以来的世易时移，这样的标本在米市街还有粉末冶金厂、鞋厂、家具厂、二轻供销科等企事业单位。在那个特殊的年代，这个街上的工人、干部以及居民为社会主义建设做出了很大的贡献，后来，又被市场经济和种种的改革闪了腰，甚至涤荡而去。也是那个时代，青年于振山随同父亲从山西探亲归来，投身火热的车间，开始了他的做工生涯。

再往里走，左手边见一胡同，还没仔细看，就被一老一少的说话声音打断，这是我走了半天碰到的第一拨儿人。但听他们的口音显然不对，我向老者打招呼，原来是河南驻马店人，曾在这里修房顶，老板电话又打不通，就坐车来了，见不到老板，老者靠着墙根在阳光里抽烟，面色凝重，小伙子无奈地蹲在另一边看手机……快过年了，讨薪，又一个多么沉重的话题。

一里半地儿，米市街的南头尽处，粉着白色的公厕横亘路当央。公厕估计是夏天国家卫生城市创建迎检的时候临建的，因为很新。我绕到公厕后看，没路了，是河，河面厚厚的冰，沿岸是乱丢的垃圾，其中的一只花猫被惊动，看我一眼，“嗖”的一声不见了。我向旁边租屋的一位老人打听街事，他很不耐烦，只说了一句绝户路，便再也不理我了，我悻悻回转，去找那条被河南人打断的巷子。

米市街路东的小巷有两条，一条是中段偏北的刘家胡同，另外一条就是大名鼎鼎的羊使君街。刘家胡同弯曲东向，呈弧形绕过丁家坑北岸，直去馆驿口街的南部，刚才被河南人说话打断的地方就是刘家胡同入口。而另一条东去的巷子约在米市街的半腰处，虽然鼎鼎有名，也是小街，曲折、狭窄，也冷清，一路走下来，只碰到一个收旧家电的。向前穿越历史 1070 年，时后晋 945 年，羊使君任职博州刺史，黄河决口时舍身投水救民义感上天，后人建了羊子阁于街心，行人从下穿行，日日景仰。现在，220 米长的羊使君街东首连接南北丁家坑的还有一座小桥，也在街心，羊子阁应该就在小桥西几米远。别小看羊使君街短小，里面却不乏大人物。康熙六十年(1721)，街南邓家儿子邓钟岳以“文章平平，字压天下”(康熙语)夺得状元，当然邓状元文章也错不了，只是没有书法的成就高。后人邓寰瀛武道精进，侠义厚德，也是声振寰宇。街北汤秀才，博学施教，书法令人叹绝，据吴云涛先生考证，聊城无出其右。按道理讲，羊使君街是米市街的岔道，算是一支脉，但换从商业和人文看并不是这样。据后人考证，羊使君街居民以泥瓦工匠居多，苦寒清贫；而米市街是典型的商业街，人声喧嚣，钟鸣鼎食。如果再算上羊使君街东接的双街(金太平、银双街、铁打的小东关)，羊使君街好像是被两端的商业给彻底遗忘了，宁静的取舍不经意地成就了邓、汤这种人物，也算是聊城之幸吧！

因运河繁荣的米市街最初的功能定位下业态单一，只是粮食（米）的聚散交易，到了清末民初，街上的买卖才开始多元化，粮市之外，药栈、酱园、布厂、当铺、钱业公所兼有……用今天的话说，就是产业加资本业态并举，对市场、对社会自然影响更大。到了五四运动和抗日战争时期，米市街的商人和居民涌现出一大批名士才俊竞先投身前线，反帝抗日，保家卫国，建立了卓著功勋。他们无论从思想萌芽还是到勇于践行，米市街的人民都无愧于米市街聊城第一街的称号。

网上有份聊城市规划局关于米市街的蓝图——“两湖三区四线七点十八桥”，“两湖”指丁家坑、东昌湖；“三区”即东关商业区、米市街休闲区、精英会所区；“四线”包括米市街、羊使君街、运河街、东关街；“七点”为驴市口迎宾广场、使君广场、馆驿口广场、水口广场、东园会馆广场、竹竿街广场、米市湖景广场；“十八桥”即水系上形态各异的桥……看上去，宏伟蓝图；服从规划，已经有绝大部分居民搬走了，米市街几近空巷。我走走停停的时候，看到很多房前屋后斜伸出来的烟筒，剩下的居民或租户以煤球炉取暖，门窗上钉着塑料布……我恍若穿越回20世纪八九十年代的乡镇。

米市街到底是什么？米市街的相是什么？魂又是什么？

在这物欲横流、浮泛不明所以的时代，这个问题值得我们每个人深思。

（初稿于2016年2月3日）

热气腾腾的育新街

无论是农村还是城里，街巷已然长在我们的生活里。街坊的细语短长，四邻的嘘寒问暖，前街的走卒，后巷的商贩，此乍起、彼又伏的吆喝声……若巧逢节日或邻里红白大小事，大街小巷便挤满了围观的老人、孩子，青壮年则是派上大用场，“借光、借光”声中在人群里穿梭，脸上漾着欢欣的光芒……我们打小起再熟悉不过的就是街巷了。出了家门就是巷，拐过弯儿就上了街，再转弯儿就上了大道。小时候，在巷子里捉迷藏，在大街上玩把戏。长大了，出巷走街上大路去了城，小城大城，又进入了另外的街巷里的驿站。

街，形声，从行从圭。“圭”意思是平地，“行”指四岔路口。“行”与“圭”联合起来表示平地上的四岔路口。汉许慎《说文》解，街，四通道也。所以，看造字结构，本义的“街”就是平地上的四岔路口。中国汉字往往以意境胜，我们仿若看到一幅画儿，二婶儿和三大娘就站在街边的老柳树旁唠着家常……

育新街是我在聊城生活了30多年里最喜欢的一条街，席间每每说起住处，有人说在育新街或周围住，我总是很羡慕地夸人家有眼光。甚至有好几次，我很认真地想过，在育新街或周围买一套小的房子，就为了吃个早餐和没事了去逛逛，至今未能实现这个理想，不过，我一有空闲就往育新街跑。

著名的育新街坐落在东昌路、利民路和柳园路、花园路构成的方块形街区里，几成十字形，内沟通，外连接。也就是说，育新街南北、东西各一条，南北不是直线，稍稍错了一下，南北的育新街繁荣程度不如东西街。

育新街，北接东昌东路，北延是市委西邻的益民胡同南段。胡同里还有几棵孤零零的白杨，寒来暑往，它们还沉浸在对东昌路那些古老法桐的回忆中，一到秋冬，就听到它们的呜咽，那是想念至极的抽泣吗？……路口一家著名的高档礼品店，往西不远就是聊城的商业中心（百货大楼），东边隔着胡同就是市委，这家礼品店生意一度火爆，如今又陷入萧索，可谓与贪贿共进退，也是十年河东十年河西了……

入育新街，南行，右手边有康园肉饼，这是来自莘县的代表，以肉和粉条为主馅，与今天炙手可热的阳谷肉馅相似，满满的馅儿，大大的油，平底鏊煎，调味料量大，属于重口味、过大瘾的那类。莘县的康园肉饼和阳谷的肉馅都是黄河北岸的地缘，风土人情也同脉。这家店也有十多年了吧，主要的师傅有轮换，但味道没有太变，只是，油重、香极，不能常吃，一个月吃上一回倒也惦记着……

育新街是我在聊城生活的三十多年里最喜欢的一条街，那里有彭家呱嗒、赵家烧饼、李氏糊辣汤、三角火烧、鲁西甜沫、康园肉饼、徐家牛肉、打靶场粮油店、博平马蹄烧饼……（摄影：王宇辉）

路西的博平马蹄火烧店小夫妻站在狭小低矮的门堂里空洞地看着过往的行人，门口外边总是堆着一些碎木段或木条，这是很朴素的札幌。小两口为人实在得很，东西没变化，生意不是很好，所以，又添置了烧鸡猪蹄的熟食项目，应该是物美价廉的火烧、豆腐脑儿支撑不了并不便宜的房租和孩子的学费。但这样做，从生意学来说不一定就好。

路东的煎鱼摊儿在聊城国家卫生城市创建迎检后又可以摆在外边了，地上溅落的油渍黑乎乎一层，不用再说是老字号了，使使劲儿，再坚持九十多年不倒你就是百年老店了……

田园小厨也在路西，有一些年头儿了，但生意始终温暾，去吃过几回，没有深刻印象……

同样在路西侧，有个公厕保留下来了。原来卫生没人管，现在好了，很干净。有一次，我在里面邂逅周围写字楼里的人，很出乎意料，这个必须为政府点赞。

继续向前走，路边开始出现菜农和菜贩摊儿，快到育新街的腹地了。

走尽，是丁字路口，路边国家卫生城市创建迎检时架上的千篇一律的店招再也没有了识别功能，亮得晃眼，不看也罢。直接平视热气腾腾的摊儿，原来的底片上硬生生地多出了一道硬邦邦冷冰冰的栅栏，也是巩卫新作，在东西的育新街上霸道地矗着，还刷了绿漆，卖主的吆喝声和热情的笑脸现在首先要逾越这个没感情的家伙。如果从对面看另一面，怎么看那帮坐在马扎上喝胡辣汤吃吊炉烧饼的众生都像是关在笼子里的囚徒，吃顿好饭，上路了。孩子们再也不会淘气作势地闯上车水马龙的主道，父母关心的呵斥声也省了。

这个横贯东西的铁家伙的出现彻底改变了这条街的气质。拐角儿没有看到赵家烧饼，那对年轻的夫妇哪去了，据说路南有门店，我懒得看那排丑陋的店招，他们上小学五年级的儿子字写得有进步了吗？

我这样想着的时候回望了一下路南的三角火烧，没看到司空见惯的长龙，也没看到那个几乎一刻不停地劳作的瘦弱的店主……

路南上了不少新门店，不知能不能活过这个寒冬……

育新街东西两段儿在此分行。西段走过去交叉柳园南路的是著名的女人街，女人街本来叫后许街，因遍布卖衣服尤其是女性衣服的小店而得名，我觉得倒是很形象，形状气质有点像聊大老校区西门的那条小吃街。在这段育新街上值得一说的是路南的民亚餐厅，这几乎是残留在聊城人记忆中的存在，历史很长了。记得有一次，我和一个餐饮老板开车在聊城转了好大一圈，几乎看尽了哪家的生意好还是不好，最后想起的去处就是民亚餐厅。那是我第二次去，第一次去是工资不到200块的时候，感觉就一个，实惠好吃。这次看还是巨大的盘子，堆尖儿的菜，似乎只有记忆中的乡村（青年林一家老店）堪比，这次，我们象征性地吃了一点儿就撤退了，店里人很多，也很热闹，我恍若置身阳谷的谷山饭店。有一次，我问出租车师傅你们一般去什么地方吃饭，那个师傅很果断地说民亚。在我住所的北边，又有一家民亚，不知是不是他们的分店，也不知生意如何。

经过老彭夫妇的烤呱嗒店和著名的三角火烧摊儿，沿路南走，穿过几个菜贩，路东有两家卖牛羊肉和猪肉的，天天货架殷实，生意应该不错。这一段儿路店有些萧条，再往南走，路西有家高唐老豆腐，我在一个错过了饭点的时间在那里吃过，很安静，很干净，豆腐也很地道，并且里面放的是老油(棉油)。

再往前，路西是一个岔口，通向西有一条美食街。美食街也曲折，一段崎岖冷清后拐直才是食肆林立的主街。这条街的黄金时光已经过去了，现在去这条街基本就是冲着吃解记的烧烤，这也是留在聊城人民心中的一个超级存在，尤其是夏天。

育新街拐美食街的岔口处，几年前的一个早上，我在这里买过一双手工布鞋，一个农村的老太太自己亲手做的，穿上很舒服，我记得是15元一双，后来，再也不见那个老太太了……

沿着这条南向的育新街走，很快就融入人声鼎沸的利民路了。

应该说，一般在路的交叉口最为热闹繁荣，育新街也是。在那个错位的十字路口，自然汇集着最多的人流，除了鳞次的店铺，摊贩儿见缝插针，原真的吆喝声和扩音喇叭的回放让我每次经过都很兴奋，感觉特别接地气，当然，也勾起了很多小时候的回忆。哦，是不是真的老了?

其实，育新街的核心业态就是菜市场，位于市区中心，东临山东省堪称最具人气的公园，周围全是生活区，所以，菜市场、小学配套必须有，其调性必然是生活化的、缓慢的，街上早早晚晚的时候都有菜农专门赶来，更是吸引了有闲的老人，所以，拥挤在这条街上的年轻人很少，除了慕名赶来吃早餐的和中午对付一下的上班族。

在三角火烧、吊炉烧饼、胡辣汤、豆腐脑、沙镇呱嗒、小笼包、鸡蛋饼们扎堆儿的路口东行，路北有一所小学，你碰巧从这里经过，如果路不堵，放慢车速或脚步，你一定可以听见朗朗的读书声，会心一笑，想起自己的童年。如果正好赶上了放学，也别着急赶路，从孩子的脸上、呼喊声、打闹中你可以找到自己，所以，耽误一会儿不急，且看看风景，让他们先走，一晌的课后孩子也许早饿了吧。

路北有家粮油店，叫“打靶场”，我每次经过都要看他两眼，我觉得名字很好，一听就有丰富的品牌联想，这家店好像很久了吧，二十几年？差不多。貌似冷清，经营品类也不新潮，老百姓居家吃喝，怎么这么强？有一次我坐出租车，碰巧师傅是育新街土生土长的，聊起来，他告诉我，打靶场粮油店老板才是育新街上的首富。真是看不出，其实是他有很厉害的营销渠道，常年维护，客情固若金汤，生意自然稳妥了。

又到一丁字路口，从丁字的竖望出去，不知老徐家牛肉店里顾客多少了，老徐还是和老顾客像地下党对暗号似的谈起生意——“怎么吃?”接着简洁地传给儿子口令，割哪个部位……

路北的老桃酥店前没有一个人，这是下午4点多，要是上午，桃酥点心们正出炉的时候，这里会排起一溜儿的长队，老太太们打着招呼拉着家常，慢慢地等到了桃酥后话别，生活就在这样的甜美中重复……

终于看到路南的壮馍酥饼店前人头攒动的场面，也闻到了久违的香气和人气……

下午5点，太阳照不到街上了，春寒料峭的季节觉得凉意还是很重，抬头见公园的电子屏闪烁着炫光，路，到头了。

（初稿于2016年3月22日）

大聊的那一座关山石围

石围，是一种特殊的建筑形式，是完全以石头为原料围筑成墙成城以保护围中的人物等财产。乍听石围，令我想起福建的土楼。

东阿县刘集镇前关山村是一个中国北方极普通的靠山的村子，但村的建构迥异于其他地方傍山以居的山村。首先，山被围在村中；其次，村又在石围中。于是，围中围成就了这样一座独特格局的村筑。环绕村子筑有一道厚几米高十几米的石头围墙，自然，墙很厚实，大石块扎垒结构，小石片填缝插入，层层叠叠，错落有序，四个正方位还有大门。这俨然就是古代的城，但老百姓却形象地称“围子”，大门一关，严严实实，围里很安全。穿越悠远历史的老村落饱经岁月冲涤，一如村里打磨得光滑鉴人的石板路，其中，得有多少人的多少事儿、多少故事和传说啊！

我的童年记忆里对大山和江河总是充满了向往，一方面，固然与彼时常听刘兰芳播讲的评书《岳飞传》里岳飞“还我河山”的励志桥段有关；另一方面，也是因为我生长的故乡白茫茫盐碱地不见山不见大川。温饱未逮的时代，我们的活动半径极小，虽然黄河就在县域的临近，但直到去省城上大学时才亲见教科书上的滚滚黄龙。对山的领略是大学一年级的一个小假期第一次爬泰山，当我们一口气登顶，远眺四野，荡胸生云，过去生活经历的种种场景回放，不由得感慨万千，登泰山小天下与我以往经验中的冲上田野高土堆和打麦场的麦秸垛确实不太一样。

很久以来，我一直以为大聊平原无山。但后来，去了东阿，爬了鱼山，近了黄河，站在艾山……发现聊城境内并不缺山。茌平原有茌山(“茌平”因“茌山之平陆”得名)，阳谷俗有“三山不见山”的说法，东阿记载有鱼山、艾山、香山、曲山、关山、位山、凌山、苫山八座山……等走过了这些地方，获悉之余心下并无乍然之喜或失而复得的悦，相反却是愁绪入肠。

近日，又去东阿，访刘集镇的位山、关山和苦山，入巷出院，仰视老树古筑，俯察断砖残垣，聆听长老乡贤，情绪久郁欲诉。

关山的“关”：重重过往的历史与传说

山，多连绵成群；水，则中分各流。关山本来就是泰山的余脉，黄河从中穿过，关山，于是有了与泰山和黄河的特殊关系。

《国语》言“山，土之聚也”，《说文》曰“山，土有石而高”，这是关于山的地理学本义和地貌特征的形象表达。《说文解字》卷九“山部”还有一种解释，谓“山，宣也。宣气，生万物，有石而高。象形。凡山之属皆从山。”意思是说，山，宣畅。使地气宣通，散步各方，产生万物，由（土）石构成而又高峻。地理科学对山的解释是“地壳上升经受河流切割而成”……在大自然中，山和川总关联，这又极易引发我们共有的山川认知——“山不在高，有仙则名，水不在深，有龙则灵”（唐代诗人刘禹锡名句）。然而，农业文明生成并主导的中国社会“靠山吃山，靠水吃水”的认知同样根深蒂固，物象杂陈，思流繁复，席裹着人文，宣泄着历史，发生在我们眼前的现实却又似雾里看花。

“关山就是关爱之山”，带领我们走村参观的前关山村党支部副书记李子敏同志很笃定地说，后来，我发现这句话也是对“关山”名字由来的一种符合百姓愿望认知而又极富人文内涵的阐释。

据当地的老人传说，此地原有两座山，都是泰山余脉。南名“玉皇顶”，北曰“凤凰山”。北山因形似凤凰故名，南山称玉皇顶明昭百姓敬仰泰山之心。凤凰山位居要冲，扼据去南京官道。明朝时凤凰山东山凤头位曾设炮台，唤作铜炮“九节龙”，因阻燕王南下此地整个遭血洗，幸存一户董氏躲进了山腰地窖才避过了大劫，现村里的其他姓氏全系从山西洪洞移民而来。玉皇顶构造分内外两围，内围是模仿泰山顶玉皇庙设置，计有道院、奶奶庙、玉皇庙、寺院、戏台、鼓楼和阎王殿等十几座建筑；外围则是东南西北四个城门连着石头围墙，内外围之间是住户。城围的东北角有一口大水井。动荡的年代里，有水，有存粮，石围不失为一方相对安全的地方。

拨开丛草茂枝，李子敏带我们找到了明显下沉的石围西门。与我同龄的李子敏回忆说小时候他们还曾经钻进去玩儿，这些年因河泥淤堵连续沉降，门不成门了，再没人光顾这里了。关山石围城堡原来的四个大门在岁月之后仅剩北门。我们循着石砌的低矮院墙，拐弯抹角，迂回到北门，远远看见几个老人在城门下纳凉，李子敏说那是约好的乡贤等着和我们交流呢！走近来，先是和老人们打过招呼，然后仔细打量这个不同时期修缮过但现在依然完好的北门，隐约可见动荡岁月里的保护和破坏，我仿佛洞见到当时人们的用心和无奈。从正面看，门梁石匾处书刻“中和”二字，字体圆润饱满，透着中正，据说是清朝同治二年（1863）本村的一孙姓秀才书写。门左侧有石碑，碑刻有大清同治二年的字样。中国历史上，凡盛世修葺，由是推理，关山当是在清同治年间进入鼎盛时期，石围也应该建于那个年代。据老人讲，北门还有一个石碑，其中记载了钟离修梦中奔丧的传说，这通石碑直到20世纪五六十年代仍保存于原地，后被用于后关山村修桥埋于地下。钟离修本是宋代宣和年间莱芜县尉，听闻父亲去世急赶奔丧，途经关山，钟离修因过于悲痛和劳累便在此睡着了，长睡七日，及到家中父丧事已办完，但乡亲们却说大家都是看着钟离修亲自料理了父亲的丧事……故事离奇，但充满了温情与关爱，所以，源远传颂。

老百姓更愿意相信这座关山有灵气。山顶上跌落的耕牛安然无恙，夏天盘踞在北门上方石梁上的大蛇守护着城门，还有走街堪舆人士的风水断言……吊诡中呈现着不得不信的现实，代代沉积的认知信念又左右着人们的行动，生活就这样在喟叹和嘘唏中铺开、延续。

在去关山的路上，我脑海中始终萦绕高中课本上《木兰辞》里的那句“万里赴戎机，关山度若飞”，自然，此行关山非彼叠叠关山。此关山有两个传说为李子敏提及的“关山乃关爱之山”背书。一是与东阿王曹植有关，一是与明朝万历皇帝和他的老师于慎行有关。失意的曹植带随从游玩望关山兴叹（真是千里关山跑死马啊）和年轻的万历帝随于阁老游学仰关山喟赞（壮哉，此关山）其实都不可考，但敬神崇尚的中国主流文化调性下这两种并无实据的说法颇合中国老百姓的认知。今天，村里的老人仍然传说“万历关山”，即使山早已不在了。

农历三月三是中国传统上巳节，传说这天是王母娘娘的生日。三月里第一个巳日，畔浴郊游、袚禊求祥、曲水流觞是传统风俗，不管是达官显贵、文人雅士还是市民百姓，大凡这样的活动，有行为，重仪式，有心念，抱祈想，所以，是教育，是承传。关山三月三有古庙会，集会远近百里客。是日，无论达官富绅还是商贾百姓，善男信女无不云集于斯，围内围外人头攒动，热闹非凡，骑马的、担担的、斗鸡的、斗羊的、玩杂耍的、烧香磕头的，香烟缭绕，余音声远……这是中国人的生活方式，这是老百姓的活法。

在北门，我们矮下身，听村里老人你一言我一语地讲述着关山的历史和传说，言辞顿挫抑扬间，岁月复现，历史轮回，生活的真伪和人性的善恶砥砺斐然……大家的众说纷纭直到86岁的王士杰老人到来才告一段落，因为，他是村里历史文化最具话语权的人。这个个子不高颇为消瘦的老人并没有耄耋之年的羸弱，行动敏捷，思路清晰，复述历史的过往恍若亲见，竟没有一丝的停滞。李子敏善意地逗弄老人，让他细说玉皇顶凤凰山的神位庙宇，老人环视四周，谨慎地选定"中和"北门为背景，立在路当央，清了清嗓子……我们急忙打开相机手机严阵以待，一口气说下来，老人没有丝毫停顿。听老人说完，我方理解李子敏一开始就自豪地说给我听的"泰山有什么关山就有什么"的那句话了。

关山的"山"：空空飘远的灵气和未来的路

关山石围之所以形成这种特殊的筑造景观，盖因其独特的地理位置。九曲十八弯的黄河到了中下游平原地带温驯了许多，再说，高高的悬河也不宜有太多的弯曲和波动，但在东阿刘集镇，黄河却借助山石筑坡的坚固率性地拐了一个直角大弯，这如母亲的臂弯，将前关山村一下揽入怀里。如斯格局，前关山有水环抱，有山依靠，自然是风生水起，再加上陆路位居南北要道（官道），军事战略位置要冲，自然也是兵家必争之地，明初燕王朱棣大军的那场血洗也是因为前关山村的地利之罹。山顶上那门唤作"九节龙"的铜炮一直存放到新中国成立后的"大跃进"时代，最后，化成铜水也消失了。

洪武盛平，人口迁填，恢复生产，繁荣商贸，迎来大运河500年的繁荣。聊城是当时运河繁盛的一线记录者，然而，清末动荡，这里又沦为主战场，伤痕累累，民生多坚。近代历经各种战争和新中国各时期的运动，山顶的庙宇神位倒了，石围毁了，那条盘踞北门的蛇也不见了……物力匮乏资源枯竭之后,“靠山吃山”的认知滑向极端——开山卖石,于是,山也不见了,围也倒了。

“现存下来的房子中,王学俊家的比较典型。”李子敏带我们曲折前行。

“学俊在家吗?”

李子敏推开虚掩着的老榆木院门,高声问询。当李子敏推开院门的当儿,我们细细打量这座院落,堂屋周正,传统三间结构,东屋也是三间长度,不过北端起二层结构,该是阁楼形制。南屋平落,连接了院门。院子里一棵大椿树,整体看起来很舒服,其实暗合风水格局。

老人说,泰山有什么,关山就有什么(摄影:王宇辉)

听到屋子里应了一声,稍停,一个中年人走了出来和我们打招呼。细聊之下发现王学俊也和我同龄,孩子早就搬到县城去住了,只剩下他们两口守着老宅。

我们被引导入东屋,高高的台阶由巨大的石块砌成,房子的基层也是这种大石块起结构,上面砖混和土墙显示了不同时代的修复,也见证了老屋的沧桑。屋顶高高的，檩条机构，苇席覆顶，煞是讲究。对门一张八仙桌，两边圈椅，正面墙上层叠贴着多个版本的年历和奖状，有一张赫然是1984年的年历。历史在这里此第排开，像是一场随时可以放映的电影。

北间的里屋是那个从院子外边就能看到的二层，有木制楼梯旋转而上。学俊家的老宅本来就地处高基，自然，二层的阁楼可以瞭望很远很丰富的景致了。

学俊给我们介绍的同时也间杂着抱怨，说是也像谁谁谁一样计划搬到城里去住，因为村里人走了很多，尤其是年轻人。原来偌大的很是热闹的一个村子里现在剩下的多半都是老年人，没有了生机，这是中国农村的普遍现实和危机，也是改革开放农村的尴尬。虽然村子的基础条件在逐步改善，但城里的变化更大、更快，诱惑更大，机会更多，所以，年轻人打着为了下一代的旗号，都纷纷挤到城里去了。

我们最初的惊喜渐变为离去时的忧虑和无奈。我注意到八仙桌上一盆清水里泡着翠绿娇嫩的马齿苋，这可能是学俊他家中午的下饭菜，只需开水轻焯，捣蒜汁儿香油醋凉拌。在城里极其奢侈的有机菜在这里的胡同和院子里随处可见，但遗憾的是，村里的人并没有觉得出来如此的食贵和幸福。

北门穿行时，尾随的一位老人一直与李子敏纠缠，他说的是修胡同的事儿。他家所在街道正好是老石板路，别的路都修了水泥路，只剩下这条原来通向山顶磨得锃亮的老石板路，李子敏直言相告这条路要保护原生态，可老人就是想不通。最后，李子敏抬出东阿专家刘玉新先生说过的话作证，老人还是不理解。我偷偷看向李子敏的时候，他轻轻地摇头，无奈得紧。难怪说基层干部锻炼人呐，我想起最初在大队部聚集的那些妇女，等着镇里的干部来解决问题。

中国的农民，固然善良、朴实，但因为封闭和文化程度不高，多了短视，少了远瞻，所以，很容易走向另一个极端。开山采石，山没了，凤凰也就没了；石围破了，城没了，老房子被扒掉了，石碾、石臼也被偷走或廉价地卖掉了……村子的记忆不断地被抹涂修改，村民也都说王士杰走了的话就再没有人能说得清前关山村的历史了。

现在，村子里残留下来的石围北城门和沉陷不堪的西城门、几栋清代民居院落和少量的石屋、一条幸存的石巷以及无法考证的传说支撑着前关山村申报非物质文化遗产和山东最美古村落，是好事还是坏事？谁又能说得清楚呢！

（初稿于2018年8月14日）

闲语

晚8点后的育新街，急匆匆的人流散去，老彭轻松状态慢慢烤制的和高峰期的还是有差别，这个时候也可以和他拉拉呱，慢慢等着那个风情万种的呱嗒出炉。

乡愁和记忆

乡愁是回不去的徒叹，记忆是抹不去的印痕，
岁月涤荡，愈加清晰。

我的西湖

有句大道理的话叫“子不嫌母丑，狗不嫌家贫”，故乡于人也是这个道理。平素很少见或听闻那种极其决绝的人，离乡背井，一去再也不返。一般人，故乡内藏于心，萦然于怀，若煲汤，似酒酿，时日越久，越加醇厚、浓烈，滚沸发酵的乡情乡愁是如何也化不开消不掉的，时不时跳出来拨弄你一下，如果家乡再有一个叫“小娟”的姑娘或“大军”的小伙儿，当年你还正好错过了一段轰轰烈烈的情缘，那这份乡惹的愁就更难收拾了。

阳谷西湖是我的故乡，离乡求学工作时日越久，故乡的底片越加清晰，端起来，放不下，挠心痒痒。“小娟”倒是真没有，可总是想家乡，想家乡的人和当年的事。

西湖名字很美，入耳的第一时间极易令人想起杭州的西湖。其实，阳谷西湖不见湖，西倒是对的，那是以阳谷县城为参照物，湖却没有。西湖的实意是西大洼，地势低，水积多，长此，由涝及碱，慢慢成了盐碱滩。有句顺口溜儿形容它很形象：“冬天白茫茫，夏天水汪汪。”盐碱地里不长庄稼，即使种了也是羸弱薄产，高低起伏的白花花的碱地上，红柳丛生，有风尘的野兔在里面出没，故此，也带给我们很多的快乐。儿时记忆里抹下的这道重彩，于现在想很是尴尬、无奈，彼时混沌少年世事懵懂，我们根本不用像大人们那样忧虑家庭的吃喝生计，只是觉得摇晃着严重缺乏营养的身体在红柳丛里追逐野兔或捉迷藏嬉戏殊是难得的欢悦。

“西湖井，鹅鸭坡。盐碱地，老鸹窝……”

这几句歌谣是我今夏从阳谷电缆集团的创始人和领路人李银起先生那里听来的，据他说也是小时候听长辈讲的，至于从什么时候是这样的并形成这样的说法，已无从知道。“西湖井”是说西湖有口老馋井，位置大约在西湖的南端关庄村地头，又说老馋井里冒黑水，庄稼沾了就会死……于是，村里自发地组织起来以石板和磨盘盖上压实，人们谈之色变，避之如虎，走路绕着，当然更要告诫小孩子不要近前，就说老馋井吃人、吃小孩儿……

无独有偶，西湖有老馋井，张秋有老馋坑，该是一个意思。

与西湖井相提并论的“鹅鸭坡”是近邻西湖的大布乡辖地，当地也有类似的歌谣，“鹅鸭坡，盐碱窝，不长庄稼兔子多”，一样的盐碱地，一样的穷地方。

中国农民的智慧从日常称呼一个东西上可见一斑，老馋井、老馋坑竟然以“馋”字弱冠以表其意，形象而传神。“馋”本是形容想得不得、欲罢又不能、心里想极垂涎三尺的状态，从造字(从食，从兔二)看，“馋”字，为了一张嘴，跑断两条腿。井、坑之馋是说井、坑里很容易淹死人，那就是想吃人了。至今还有类似的说法，比如说挖了一个湖，里面需要填几个人才能保佑众生平安。其实这种说法也很契合人之心理，是说给胆小的人和小孩子听的，警告他们没事不要在井台坑边淘气玩耍，不小心可能掉进去，若营救不及时就会酿成人命大祸，这就是井和坑的“馋人”了。

“吃人”只是一说，西湖的贫瘠倒是不假。在父辈人那个年代，远近的村里很多人背井离乡，再往前说，就到了“闯关东”了。黄泛腹地，汛期决堤，一片黄洋，房倒屋塌，十室九空，只好逃荒要饭，饿殍时载道。

我上小学是在一里多地的邻村，读初中到了公社所在地及公社辖下的联中，途中大路小路，勾勒了一个完整的西湖。那个年代，从大结构上看，西湖有两条公路和一条河成主干脉络。齐南324省道从阳谷城入西湖地，穿过西湖镇所在地(孔桥村)，从我家后边经过一直向西，过了金线河就是莘县地界了，这条省道是我们十里八村的人去镇上(那时是公社)甚至阳谷县城的主干大道。

七八岁上小学去邻村走的是土路，田间埂道，来往途经的一个水坑和一口井为我们带来很多的趣事糗事。这条村后的公路是我们小时候看小吉普车和大卡车大开眼界的神奇地方，上这条公路是偶尔跟大人去公社交公粮、卖棉花或去赶集，这都是美差，记忆中好吃的包子、炒花生和向其他小朋友炫耀的奇闻轶事都是拜这条路线所赐，秋冬季节时也曾随着奶奶沿着这条公路搂拾白杨树叶子，用大大的棉花包装满一地排车，高兴地拉回家摊在院子里晒,冬天填到锅底的灶间,可省柴做饭,晚上还能睡热炕头。

从村后上这条公路,骑车东行五六里路,到公社上中学。父亲是学校的校长,我跟在父亲身边开始读文言文的书。在这里,我遇到了讲历史像说评书的梁老师(已故),经常提我们耳朵、对我们呵护备至教代数的王老师,武艺高强的生物老师和有趣的英语老师……他们于我的鼓励是我一个腼腆少年勇往直前的动力。当然,那个时代留给我最深刻的记忆是食堂和食堂里发生的事儿。彼时,我跟着父亲吃职工食堂,时不时改善的生活令我有点儿措手不及,吃了好的有时让我有负罪感,大肉包、肉蟒、炖鸡炖鹅、白饭浇蒜薹炒肉……别说那个年代了,拿到现在也不差啊!我记得有一天食堂的刘师傅做了红烧鹅肉,上文的王老师因为家里孩子多条件差要了馒头和咸菜绕着走了,愤愤然嘟囔着,走时好像看了我一眼。我整餐饭囫囵吞枣,一直如芒刺在背,喷香的炖鹅愣是没吃出美味。下午上课进教室的时候,王老师在教室门口截住了我,伸出手,揪住耳朵往上提,说让我称称你长了几两肉,我不敢说疼,狠命地踮着脚就着劲儿。那个疼足以铭记一生,有一次我竟向父亲嘟囔,以后别让伙房改善伙食了。当我考了第一或第二,王老师也以这种方式夸赞我,但力度轻了不少。

还是这条路,我骑车东行18里去了县城一中读高中,阳谷一中当年还很厉害,考上一中等于一只脚已经跨进了大学。三年苦读,憧憬未来,理想很丰满,现实很残酷,不唯竞争压力巨大,还有极差的食堂伙食。炒菜很少,很贵,也很难买得上,我们常吃的是咸菜。每周回家,母亲总是为我炒熟一罐头瓶芥菜疙瘩的咸菜,浇了很多的香油带到学校里。是豆油先炒了,后放香油,所以,不到周末就没了。高中三年离家在校很是清苦,尤其是我刚刚经过了一个堪称中产消费水准的初中。黑馒头和照人汤的高中令我倍感艰难,不唯伙食,学习压力也大。我亲见一个女同学下午课余倚着树背政治的时候直接倒下了,校医院诊断,贫血、营养不良、睡眠不足。我们高三那年,教室里晚走的和早来教室的都能对上头了……我三年里唯一一次出去吃饭是因为初中好男友英来找我,我们去了著名的长征饭店,坐在油乎乎的条凳上,花一块钱喝了一碗羊肉刀削面。那滋味一辈子都忘不掉,向外和奋斗的原动力也许就在这碗面里了。

依然是这条路，我倒转了方向，西行，出阳谷地界18里，经过朝城继续向前，15里到张寨公社，这是我们家乡人口中典型的“西乡”了。我小心翼翼地在熙攘的大街上穿行，经过那家好味的烧鸡老店，拐进一个大梧桐树的院落，拉上一个女孩——不叫小娟——走进了我的生活，呵呵，这条省道注定了是我生命的主道了。

西湖还有一条公路穿过，那就是县际公路，出阳谷县城西北通往莘县县城的，也与金线河交汇，这两条公路和金线河几乎圈聚了大半个西湖的村庄。

这条公路于我没有故事，也没有小娟，我也极少走过。

金线河是阳谷莘县的界河，河面不宽，大村子的地方有桥互通，因此，西湖和莘县的很多风俗相同，口音也差不多。小时候，胆子大的邻村同学曾下过金线河游泳玩耍，但里面淹死过人，所以，金线河听来骇人，秋冬季节水少的时候很多人去逮鱼、溜冰，只是我很少去，比较陌生。

工作了很多年以后，回过头来，感兴趣地细细打量我小时成长去过的地方和故乡的一草一木，人物事齐齐浮现眼前，于故乡更多了牵挂和思念。有一次，和聊城文物考古学专家陈昆麟先生同席，我向他请教为什么我们西湖没有历史遗迹，陈老说你们这里是典型的黄泛区，有也早埋地下了。西湖镇所在地孔桥有的说是孔子经过的桥，史载不详，我觉得是附会，但孔桥之名至少说明了这里水多，才有桥。孔子也来过阳谷，有文庙作证，所以，倒是有机会来过西湖。那么，西湖唯一的名胜该是月堤了。月堤是村名，又名“鲁堤”，在阳谷城西北15里西湖境内，与城南的鲧(禹父，治水以堵法失败被舜杀，大禹则以疏法成功治水)堤相对，以其在城西北如新月之钩，故名。鲁堤自莘县经阳谷入聊城，为汉成帝时王延世运土塞黄河决口所增筑。堤自然也离水不远，与西湖倒也匹配应景。

有河、有堤、有水，有涝，才有了盐碱地，这是西湖的自然生态。

地薄羸弱，产乏物缺，加之封闭守旧，故西湖是穷连着穷，苦挨着苦，多少年都这样过着。

但总有不安分的二般人是不甘心现状的，动了心思，跑出去看，回来就干，正所谓“穷则变，变则通”。

笔者采访阳谷电缆创始人李银起先生(右)

1976年,一帮不甘于贫穷的有想法的人在西湖良种场里开始尝试"以工养农"的模式搞起了副业,发电、做酒、榨油、磨面、印刷、补胎、缝纫、电气焊、洪炉、木工……行业挨个摸索,直到后来通过线夹发现电缆这个项目,开启了电缆生产的工业模式,很快他们就致富了,阳谷电缆发展起来了,贫穷著称的西湖也富起来了,工业西湖令阳谷美名远扬。

(初稿于2016年10月24日)

初识张秋

张秋，在我初知的那些年一直很遥远，无论实际距离还是在心里，所以，它只是我脑海中阳谷县的一个地名而已。及至年龄渐长，我开始亲近本地文化并走访聊城风物的时候，张秋才渐渐清晰起来，且不时地出现在我的主观或是听来的认知里，等我寻访了两次寿张和一次台前，把自己放在黄河的金堤上，细细打量阳谷地域的历史文化时，张秋，于我于它，皆是迫不及待了。

在我关于阳谷的板块划分里，张秋是"东阳谷"，就是运河上的阳谷，也是富庶的阳谷。运河流经阳谷的张秋、阿城、七级三个乡镇，承古谓称"运河三镇"，这三个镇是整个阳谷县历史文化的重要源地和承载体，自是阳谷的骄傲。

运河镇水兽——铁牛

老家张秋的师姐从秋天就开始热心张罗故乡的寻访事宜，且早早委托了镇政府领导安排好了专业的地接导游。在霾深雾重的冬，一个冷冽的日子出行，揣着这份儿温暖，于我们，也是小确幸了。

聊城去阳谷，走东线，出凤凰工业园，经东昌府于集镇，过阳谷七级和阿城，就看到了景阳冈。刚出聊城不久，曾看到周店的导示，那里有著名的周店闸，元明清时期我们聊城段运河上的船闸枢纽，周店闸是聊城境内运河上至今保存最为完整的船闸。不期然，我们一行路线倒似行船沿运河南下，经周店，过七级、阿城，到张秋，在张秋的所闻、所见、所食皆有大惊喜，特记之。

炸蛤蟆、吊炉烧饼和甜沫的早饭

这次张秋行我们约定去那里吃早饭，因为很早就听说过张秋街上还有老铺炸香油果子。提起香油果子，凡老饕，估计内心肯定有东西被扯动，那是记忆最深处的温暖幸福了，扯了心，就安静不下来。但年轻人不一定知道，有很多人已经认为那就是油条，其实，大大的不然。香油果子迥异于我们身边熟悉的油条和少见的八批儿，虽然从大类上也完全可以把它们笼统归为一族，但倘若从形制和符号意义上说，那就差太大了。

今谓油条，生活中多见，基本推广为标准语了。中国大江南北、中原东西基本一个样，连美国的桑德斯上校（肯德基）快刀改段儿弄出来个短短的东西，也没敢尝试改变这个品类的名称，“开封菜”（KFC）里卖“安心油条”，其实很精明。但凡有一两个心眼的人就能看明白，那根很短很短、却标价6块钱的东西醉翁之意不在酒，它诉求安心，显示的是姿态，佯装很在乎你更懂你，这是生意的真谛。

凡面粉膨发，热油炸制，勤劳的中国人历来擅长，且有无穷的智慧和眼花缭乱的创意，无论是在称谓上还是形制上。稀松平常的日子里拿最平凡不过的东西创生出千姿百态，令程式化的生活有起伏、有意义，是初心，是热爱生活，必须讴歌。中国传统的油炸类食点也是这样，你看，炸薄面团叫“油炸饼”；面团揉扯成长方布袋形灌入蛋液再炸叫“炸荷包”，好多地方形象地称“炸蛤蟆”，那是膨化面团遇热鼓胀起来似青蛙；面团来回扯成很细的丝条下油锅那叫“馓子”；只有宽窄厚薄适中的扯条下油锅的才是油条；而香油果子则是连带双条，如果继续翻倍的改刀，就弄成了八批儿，口感彻底改变。

称谓上的变化其实是各地人文的赋予，也恰是中国地域文化的魅力。天津称“果子”，安徽叫“油果子”，东北称“大果子”，闽南说“油炸鬼”，潮汕叫“油炸果”，还是浙人最聪明，形象地称之为“天罗筋”，就是丝瓜老干去壳后的形状。

关于油条的形状和制作过程，唐代有个叫刘禹锡的诗人曾经这样吟哦：“纤手搓来玉数寻，碧油煎出嫩黄深。夜来春意无轻重，压扁佳人缠臂金。”我们的生活中却最常见那些起早贪黑、佝偻着身子矗立在街头风雨中一口炭火油锅旁的男男女女，刘公子的“纤手”“碧油”得需要多么丰富的想象力啊，中山靖王后哪解百姓苦？

老百姓心里想好，吃个腹饱就满足了。当我们一行在张秋知名企业家汤洪彬先生的司机郑师傅的引领下行至南街，在王姓老者的摊位前坐下，对着一碗颇有卖相的甜沫、焦黄烫手的吊炉烧饼和刚出锅的炸蛤蟆，我不再纠结因时令错过的香油果子，开始全神贯注于眼前的美味，不闻言语声，只听唇齿击。

炸蛤蟆可谓集中了基层老百姓对美好生活下吃项的主要向往。虽然没肉，但油足，够香；好面，好油，还有鸡蛋。蛋液严实地裹在油面里下了锅，瞬间凝固成型，软嫩异常而又不至于诳口，与外面的焦酥配合，舌齿至极舒服，口感绝佳，再约来甜沫灌缝，极谐。甜沫来自小米面，兑和新收的玉米面，大大的性慢慢地熬，添加了豆类、粉条、菠菜、花生米等段儿末儿，整体以咸香涤荡隔夜亏空的口腔和胃腹，殷实而热烈，身体就此唤醒，新的一天开始了。

张秋的实业家汤洪彬

从张秋归来，挥之不去的寻访细节历历在目，有一天忽然想到，汤洪彬是寻访张秋无论如何也绕不过去的一个人。

那天，我们吃过炸蛤蟆、吊炉烧饼和甜沫的早餐，被引领到阳谷县鲁信清真食业有限公司的院内，几排平房，院内整洁有序，车棚下电动车的规模很是壮观。依我对企业的经验，这是一家劳动密集型的企业，且效益不错。进得董事长办公室，一个敦厚和善的中年人很热情地请我们落座，他就是汤洪彬了。当他介绍到鲁信的业务产业链以及外部合作企业时，我想起了来路途经的六和饲料，我与他说起了陈春花教授，立马引起汤总的话长……这是一个曾经近身聆听过陈春花并钦佩、践行陈春花教授管理理论的企业家，顿时，汤总令我刮目相看。因为，陈春花是中国管理学界不可多得的学术研究和实践方面的真正专家，在乌烟瘴气的“专家”时代，她尤为纯净和真知，也是我颇为认可的极少数经营管理领域的专家。

一杯茶后，汤总亲自带我们去了张秋街上的关帝庙，关帝庙现已修葺一新，且有道姑专门打理。这座始建于清康熙三十二年(1693)的建筑物是张秋历史上经济繁荣的重要物证，时由山陕商人会同山东本地的商人联合修建。关帝庙虽然体量不大，但格局中正巧纳。后正殿为三座大殿，中间是关公，东面龙王殿，西面财神殿，关帝庙的两侧偏房还供奉着元始天君和紫薇星君。大殿前面是一个戏楼子，再前面是庙门，嵌入石匾上题书“乾坤正气”，字饱满刚劲，据说是南京的一个道台所题。张秋关帝庙的结构令人不禁想起东昌府古运河旁的山陕会馆(其实也是关帝庙)，是了，商人希望国泰民安，生意才好做，常年行走水道，左拜龙王爷，右供财神爷，中得关老爷护佑，既有心理上的精神大能量，又有行动上的忠义勇武诚信正能量，于家、于国自是尊荣，也是社会的中坚力量。关帝庙历经300多年残存下来还是得益于水，黄河段防护人员在此住用(仓库)等于保护了关帝庙。

中午回到汤总的阿胶厂内部餐厅就餐。我们是在参观了阿胶和阿胶糕生产车间后落座，席间还得知汤总已经通过购并的方式取得了“药”字号资质，公司效益连年增长。我越发惊奇了，在当今恶劣的经济环境下，在这么一个基层的乡镇，居然藏龙卧虎，有一个这么好的企业逆流而上、溢光流彩，饲料生产、食品加工、种畜禽繁育，“公司＋农户”模式，生态产业链完整，供需两旺，市场红火，我不由得暗挑大拇指。

言谈中，也听到汤总说的“自从修了关帝庙我的生意越来越好了”类似开玩笑的话，后来从镇政府工作人员那里知道，张秋镇的很多古迹整修都与汤总有很大的关系。

当这些散乱的碎片化信息串联起来，一个清晰的企业家形象展现眼前：立足当地实际，整合优势资源，以畜牧大农业、食品保健(阿胶链)产业链为基础，注重管理(陈春花)，笃信忠义(关帝庙)，繁荣地方经济，乐善好施，积极回报社会，良性循环，生生不息。

汤总周到，安排郑师傅去买镇上有名的壮馍和炖鱼，我特意跟随，去看看中午的张秋镇。今天的天气特别好，尤其是历经几乎一冬的深霾以后，明晃晃的阳光照在脸上、身上，特别舒服。阳光下，大街上商贩走卒簇拥，人车如流，零摊儿、门店俱是买卖红火，我恍若穿越到几百年前的大商埠张秋。前段时间在寿张寻访，寿张原是县级建制，现为阳谷南部大镇，但极为冷清，大街上人车稀少，生意凋敝。当我说出这种感受，郑师傅给我道明缘由。说我们公司雇佣张秋本地居民2000多人，每个月光是工资就发几百万，是他们的消费带动了本地的买卖，是我们的企业促成了张秋镇今日的繁荣……哦，是了，无工不富，无商不活。

历史悠远的张秋、风生水起的张秋，可能是聊城人文历史资源最丰足的地方了。

从关帝庙出来，路过山西会馆碑，回到镇政府。张秋镇洪波书记为我们安排了最专业的文化导游——王宏，张秋镇政府工作人员，一个南京大学毕业的高才生，还向我们赠送了《张秋镇志》，张秋的历史就此打开。

很显然，五体十三碑是张秋历史上经济文化繁盛的最重量级的明证了。1516年(明正德十一年)，时任张秋工部分司管理河道官的杨淳修建季子祠，树碑刻诗，后历经隆庆、万历，过往张秋的文人官员纷纷题咏镌碑，并续修季子祠，五体十三碑就是其中保存下来的13块诗碑，除一块碎裂仅存残字外，其余十二碑基本清晰可辨，碑刻13位作者26首诗，楷行草隶篆五体兼备，其中不乏大家，如元代诗人萨天锡、明代文学家李东阳、屠隆、傅光宅。

除了五体十三碑，我们在任疯子墓还看到很多的残碑，根据王宏多年的普查研究，在张秋，计有历史碑刻200多块，汤总已经着手规划，重修季子祠，建碑林。

季子何人？春秋时期的吴国大贤。其先祖太伯系周王朝继承人，后贤让远去荆蛮创建了吴国，数代后的吴王寿梦少子季札在兄弟四人中最有德行，吴王有意传位于他，下边也争相拥戴，但季札坚辞，遂退隐山水间。季札先祖泰伯是孔子赞美为“至德”的人，季札也是孔子最仰慕的人，季札是历史上南方第一位儒学大师，也被称为“南方第一圣人”，素有“南季北孔”之称，是先秦时代最伟大的预言家、美学家、艺术评论家，中华文明史上礼仪和诚信的代表人物。因其封于延陵，故称延陵季子，后又封州来，又称延州来季子。公元前544年，季札奉命出使鲁、齐、郑、卫、晋五国，有一次经徐国，过张秋，留下今日季札挂剑之故事。司马迁在《史记·吴太伯世家》中曾这样记述：季札之初使，北过徐君。徐君好季札剑，口弗敢言。季札心知之，为使上国，未献。还至徐，徐君已死，于是乃解其宝剑，系之徐君冢树而去。从者曰："徐君已死，尚谁予乎？"季子曰："不然。始吾心已许之，岂以死倍吾心哉！"

今天的季札挂剑台位于阳谷县张秋镇南水闸东北堤下，是聊城市重点文物保护单位。不久，这里将会呈现壮观的碑林，张秋悠远的历史将娓娓道来。

当然，张秋载入史册的历史要早于季札挂剑的年代。

公元前702年，那是鲁桓公十年，郑国约了齐国伐鲁，齐又找了帮手卫，三国大兵压境，一生颇不光彩被孔子讥为"恶有满而不覆者哉"的鲁桓公先是请宋国居中协调，后又在桃丘(今陶城铺)与卫侯会盟，可能左右都许了不少好处，终于化解了这场危机。会盟地桃丘被记入历史，桃丘即今天阿城的陶城铺，古谓"张秋八景"之一的"桃城蜃市"(桃城铺傍一丘，高可数仞，即鲁桓公期卫侯处。每阴雨后隐隐有市井车马之形)就在这里。

纵观近3000年历史，真正改变张秋命运的是元代的寿张县尹韩仲辉。1286年，他向元世祖建议开挖安山(今梁山县城北3.5公里处的安山镇)至临清的这段运河。《元史·河渠志》中载："起东平路须城县安山之西南，由寿张西北至东昌，又西北至于临清。"三年后的六月，这段长250余里的运河开凿完成，接通并取直了京杭大运河，张秋镇设都水分监衙门，元世祖赐名会通河，意思是"会通天下"。的确，这条河道成为以后几百年全中国物资最聚集、人口最集中、商贸最发达、文化最昌明的黄金航道，我们大聊历史上的繁荣也由此揭开帷幕。

翻阅典籍，发现张秋作为一个镇级设置，其地位和获取的荣誉称号即使一个郡县也难以企及，难怪同行的谭老感叹，就其人文历史之厚，即使临清恐怕也未达。康熙《张秋志》载："夹河为城，襟带济汶，控接海岱，输贡咽喉，南北要地，五方商贾辐辏，物阜齿繁……漕湟要津，冠盖云丛，轨樯鳞集，实中原绾毂之襟喉"，当时张秋疆域"东至关山三十里，西至骆驼巷迤西三十里，南至戴家庙三十里，北至七级四十里”，“按道里以近计则居济宁、临清两都会之中，以远计则居南北两都之中。昔人谓镖天中区，控地四鄙，阃域函夏，襟喉九州，本镇近之矣”。明代《安平镇志》说：“兖郡之锯镇而有郡倅分刺其地，辖一州三邑之河工与八属之捕务……名为镇，而俨然郡邑之观。”“小苏州”“南有苏杭、北有临张”“河济一都会”“漕河要冲”“山东三镇（明末清初顾炎武的说法，与颜神镇、景芝镇并称）”……如此赞誉并不夸张，当然，研究也发现，张秋的繁盛与衰弱都是因为运河，前后明清近五百年。

史料记载，繁荣时期的张秋有周长达八里的城池，城垣有九门九关厢、七十二条街、八十二胡同，镇内设有工部分司、捕务管河厅、都察院、布政司、巡检司、税课局、户部分司、按察司、演武厅、武衙门、药局、东阿衙、寿张衙、阳谷衙、问水堂、申明亭等公署；曹州、曹县、定陶、郓城、寿张、范县、濮州、朝城、观城水次仓，阳谷、东阿预备仓等行政机构；牌坊、庙宇多繁，俗称“百步一庙宇，半里两牌坊”；会馆、书院、津口处处“云帆樯林，商贾云集，贸易纷错”（明代陈守愚撰编《安平城记》）。这种行政级别的高配大大提升了张秋镇的格调，在中国这样的政治社会，行政对商贸、文化的集聚辐射是强大的，物流配套服务功能又衍生出颇多的副业和从属。今天，我们甚至可以从张秋的地名上依稀可辨往日的景象，金堤下的那一溜营子（颜营、窦营、董营、五里营、王营）里住着各色官吏、兵卒、夫役、医师等，单是役夫，就有专业分工细密的闸夫（启闭闸板的）、溜夫（导引船只过闸的）、浅夫（导引船只渡浅滩的）、泉夫（挑浚泉道的）。

即使漕运停，盛势止，张秋还有黄河，它仍是要地重镇。1938 年，国民党山东省政府主席沈鸿烈曾率领省府移迁张秋一年有余；1941 年，张秋县抗日民主政府在此成立；1946 年，国民党新编第五军占领了陇海路以北大片地区，南旺、昆山、济北等县的机关人员及部分群众到张秋避险；中共驻黄河委员会也曾在张秋留足。

风生水起的张秋是运河古镇，是历史名镇，自然也是文物大镇。张秋拥有的各级文物保护单位占阳谷县的1/3（全县共 54 处，张秋镇占 18 处，镇驻地就有 8 处）；1968 年以后，全县征集、出土、入藏的文物 2000 余件，绝大部分出自张秋；明清时期就建有文庙和安平书院，还有专门刻印、经营书籍的保华书局，后迁入东昌府（刘振升画店）发展成为中国古版年画四大基地的张秋木版年画依稀可见当年与山陕的往来，粗犷写意的门神和活灵活现的童子花篮年画上京津、下东北，可见张秋影响之大。

一个历史悠久、人文荟萃的地方自然民间故事、传说也多。此次的张秋行，我们还去了陈家大院、任疯子墓和黑龙潭。黄河金堤下的黑龙潭面积不大，故事却多，从王宏的介绍中我们又一次感受到张秋的魅力。黑龙潭在临近中午的阳光下波光粼粼，潭边枯草丛密，不远处就是高高的金堤了。谭老说今天 PM2.5 是罕见的 49，可以说是这一冬最好的天气了，我向谭老提议，冲上金堤，登高望远，于是，老夫聊发，当我们气喘吁吁地站在黄河的金堤上，心旷神怡，极目滩地阔处，一行白鹭与灰鹭的混合编队正好起飞。

我想，如斯的好天气，若到了晚上再置身金堤，浩瀚的夜空肯定是繁星点点。又恍然觉悟到，张秋悠远的历史长河中，不正是由一颗一颗大小不一的星星华璨拱照、荣耀了它吗？

（初稿于 2017 年 1 月 25 日）

东阿寻梅散记

我与梅的初识是在农村老家的一张老式大立橱的玻璃门上。

很普通的农村院落，三间堂屋是会客和奶奶的居所，我记得堂屋最隆重的家具就是正对门的八仙桌儿和分列的圈椅，我们哥几个没少从那两把圈椅上出丑。而父母住的西屋，大立橱是唯一像样点儿的家具，里面分格叠放了我们洗得发白的衣物还有薄旧的被褥，立橱四足支立地面有30多厘米，对开两扇门，其中一扇门上嵌着一块竖长的镜子，另一扇门上则是一副梅花的画，旁边竖题着毛主席的诗词《卜算子·咏梅》。画画的人是我父母的学生兼同事，画栩栩字翩翩，听父母说是那是一个很有才情的人，颇有机缘的是他后来成为我初三的语文老师。课上课下，王忠明老师留给我的印象极深。那张画随同那张大立橱在我家待了很多很多年，我从懵懂少年到参加工作，每每在家，驻足那张画前，羡梅花之美，也思王师之亲。

但是，一直到工作后的很多年，迫于生计的匆匆人生里并没有真正与梅花面对面，倒是在漫长的求学工作生涯里遇到不少叫作“春梅”“秋梅”“冬梅”的同学或朋友，我猜那一定是她们的出生适逢梅季或者父母的一番梅花情结了。所以，当东阿挚友在去年冬发出寻梅、赏梅的邀约讯息后，我就开始眼巴巴地数着日子，盼望着与梅花晤面的时刻。

惊蛰的一个春熙日，我与谭老和木恪君东行去赴那个期待已久的约会，也是吾山书院丁酉年的第一场雅集。

车过东阿城，在一个十字路口等红灯，谭老指引我们看右侧金角绿地的梅花，未到梅园，梅花已相迎，好禧。

城郊，梅园，众友寒暄后，次第深处行。

这里本是东阿县林业局的一处育苗基地，说起来这个园子，还是一位故人的手笔，当年这位朋友豪意叱咤，颇有作为。看如今梅园，竟是透着浓重的被疏远的萧条。我记得刚才进入的木构架门，门楣门廊两面名联系由东阿三位当代书法名家（娄以忠、刘光、于茂阳）所题，但年久疏修，门面形象竟是破落得让人心痛。园子里树丛虬枝，树下经过一年的枯草狂须覆满了地埂，下脚虽松软，但处处透着荒凉意，可能很久无人光顾了吧。

园子深处林地里有人在刨树，走近了看得清楚，竟然不少人。接待我们的管理人员介绍说，里面的梅树太密，需要移栽梳理，被刨下的梅树是淘汰掉卖到外地去的，几年树龄一棵梅树卖 200 元钱，我说太便宜了，她说也没办法。但愿柯邑的梅到了陕西有一个更好的未来，但我分明看到歪倒的梅树枝头嫩苞红彤闪烁，又似与友朋执手分别充盈的点点泪水啊！

这个园子里计有 1000 多棵梅树，十几个品种，杂以杏、桃、牡丹等，育苗兼观赏，经济文化价值共图。但园林管理人员告诉我这几年效益不好，也没有投入，所以才出现了目前的尴尬。我听后心下沉重，回来做功课，看梅树价值几何。

梅原产中国，一直高赞，既列国画四君子，又跻岁寒三友，更重要的从精神层面上她是中华民族与中国的精神象征，坚韧不拔、不屈不挠、奋勇当先、自强不息，说不完夸不尽，难怪历朝历代的文人墨客喜欢以梅咏诗弄画。

赏梅文人事，始于汉初。西汉经学大家刘歆著述的《西京杂记》中记有七种梅，扬雄作《蜀都赋》，也有“被以樱、梅，树以木兰”句。可见，约 2000 年前，梅已作为园林树木用于庭院、城市的绿化了。南北朝时，“梅于是时始以花闻天下”（南宋杨万里《和梅诗序》），历唐宋，至明清，文人骚客“梅花诗”“梅花赋”“梅花词”不计其数，更有梅花画、梅花书，再极致，梅花落、梅花妆，不说梅花盗，就说梅痴王冕（“梅叟”）和“梅妻鹤子”的林逋，也可见，梅在中国人的物质生活和精神生活中是何等重要。

梅赏固然怡情，但在民间，老百姓更看重梅实，即她的经济价值。1975 年的考古发现，安阳殷墟商代铜鼎中已有梅核残留，这说明早在 3200 年前梅就用作食品了。除了梅树及林可以直接产生经济价值外，梅子可生食止渴生津，可话梅，可梅干等各式蜜饯、梅酱、梅膏；实可入药，具解热镇咳、驱虫止痢之功效；花、根可入药，活血解毒、利肺化痰；果皮甚而树皮可做染料；梅树干材优质良，可用于工艺雕刻。

中国博大精深的烹饪艺术与梅有密切关系。中国第一部古典文集及最早的历史文献《书经》里说:"若作和羹,尔惟盐梅。"众所周知,中国烹饪之秘在于"五味调和",而五味是指酸、甘、苦、辛、咸五种滋味,酸为首。但醋没有诞生之前,古人就是以梅作为调味之酸。梅子捣碎取其汁儿,做成梅浆,叫作"醷",后来,劳动人民又发现了粟米也可酸浆,《礼记·内则》里"浆水醷滥"就是指早期的醋。陶谷《清异录》里称"酱,八珍主人也;醋,食总管也",调味品中,酱第一,醋第二,生活自必不可少,山西人更是一餐不可无醋。

晴日里的园子里,细细望出去,颜呈多彩,白、粉、红、紫、浅绿间隔。梅的名目上有色艳如火的美人梅,颜绿清淡的小叶梅,细枝纤长的榆叶梅,初期紫粉相间成熟后渐白的干枝梅……地里还有杏树,初不以为意,后得知,梅是蔷薇科杏属落叶乔木,在中国南方,梅花扦插比较容易,但北方扦插不理想,嫁接繁殖较好,故有杏林与梅林共舞。

梅花点点皆春使(摄影:王宇辉)

园子主通道纵深处,一道迎门墙上面详细介绍了基地的情况,我猜测那位故人当年为何搞出梅园事,从文化的角度就好理解了。

东阿人文历史厚重,素以"阿缟、阿胶、吉祥鸟"三宝著称。岁月蹉跎,今天阿缟不复,阿胶、吉祥鸟却铮铮事实。黄河沿岸几千亩固沙林中喜鹊声声,中国的民俗文化中,"喜鹊登梅"历来是好运和福气的重要题材,东阿又素享"中国喜鹊之乡",弄事梅花,从大文化上补给提升喜文化、吉祥文化的核心价值,该是当年故人的立意点,也是做强东阿文化品牌的思路,没问题。就像我们来时在城里街角看到的那丛梅,假若遍城闾户,"墙角数枝梅,凌寒独自开",园栽坡植梅林阵阵开,拉深产业链,打响吉祥文化品牌指日可待。

念此,我越发有点儿郁郁然。日近中午,离开梅园,刘兄带我们去吃农家特色餐,我不好意思地心下又雀跃起来。

沿香江路走黄屯南，铜城办事处郭庄附近一家叫作鸿富农家苑的饭庄。刘兄说早早预约了一道大菜，大骨头炖黄河鲤鱼，配菜让我来点。明档区我先点了四样下酒凉菜，芥末肚丝拌菜、茼蒿拌馓子、香椿小豆腐、盐卤牛肉。因为每每吾山书院挚友相聚，喝酒是必不可少的助兴，更何况今天刘兄备了多年的窖藏佳酿，下酒菜很关键。热炒有蒜蓉菠菜、山药炒木耳，生发宜时，清淡可口。老板又给加菜两道，还有果盘。等上了大菜，我觉得菜还是点多了，因为这道菜太大了。

说是农家乐，入口处感受建筑，竟是一派江南相貌。马头墙、小青瓦第一印象定格；厅堂也算讲究，各式生菜区、明档区的菜案面案操作间和房间左右分列，房间里和回廊上也以字画装饰，看得出老板很用心。酒过三巡，耳听得鸣锣响，刘兄说是上大菜的动静，不过不是咱屋，我的心又转注于何时鸣锣来到我们门前。终于，一位女妇领班先敲门、推门，接着跟进来两个抬着大食盒的女妇，放下食盒，站立食盒旁，那位领班熟练地祝福、绍介菜品，旁边带来的托盘上两只远古的酒爵已经斟满了酒，邀请最尊贵的客人开启食盒，直径近一米的大盘大骨头炖黄河鲤鱼也抬上了桌，顿时肉香氤氲，活色生涎。谭老、刘老主宾两爵后，终于，我们可以开吃了。

肉是猪大骨，很烂，没有几个小时根本不可能；鱼是黄河鲤鱼，东阿原产地，黄河就在不远处；鱼块下码放了不少的蒜头，今年蒜价很高，算你够狠。在鱼、肉混炖的汤汁儿里还窝藏了长条的宽面，面很劲道，浸泡了鱼、肉汁儿，又是一番风味。席间，我说它是一道创意菜，计有两层意思：一是鱼和肉的结合。北方人重口味，高厨炖鱼以猪五花肉铺底增香已不是什么秘密，肉大骨的加入一是肉味的复合，更重要的是形上的丰满。因盛器定制，形体巨大，而鲤鱼是分了块挂糊过油炸再焖炖，已然没有主体感，在偌大的盛器里显得孤零无助，肉大骨头就是来助阵的，一圈外伺，像是盔甲战士，气势自然如虹。二是它是在鱼头泡饼上的开拓。所谓创意就是旧元素新组合，在重酱重味的山东，黄河鲤鱼酱焖自然多汤汁儿，加宽面煨，分化油脂，丰富吃法，亦菜亦饭。

这道菜形制巨大，肉味复合，前戏颇足，仪式繁复，鸣锣后惊魂聚拢，戴手套啃大骨，撮小盘细吃鱼，长竹筷挑宽面，好像演练十八般兵器，很是让人过瘾，更可贵的是盛器里有保温加温设计，推杯换盏也不至于耽误下凉食，至此，再为老板点赞。

先前点的两种馅儿的包子似也多余，已酒足饭饱，难奈东阿诸公热情难挡，一个白菜豆腐粉条白胡椒的素包令我对这家店的认识再上新高度。吃家云，包子最难做好。想做好，良心不能少一毫，看如今奸商盛行，包子多半不能吃。再者，调味儿也难，面馅儿不惊，比例有定，主辅有序，一个包子却是整个中国烹饪调味文化的全部了。如小刺猬形状的素包面发彻底，松软适口，豆腐炸过切成段儿，白菜精选，碎而挤水，粉条段儿点缀其间。调味儿的葱、姜、白胡椒，品来立体见层次，尤其白胡椒，温中散寒，下气、消痰、健胃，在这初春的冷冽中，于我们这帮不年轻的吃客来说，自是最贴心的关怀，想起刘老在点菜时特意嘱咐多放，心里倍觉温暖。

然，天不孬（"天不孬"是东阿宴席间副主宾向主宾提醒该向主家催饭的暗语。今次席间，轮到我说"天不孬"，呵呵），该走了。

（初稿于2017年3月23日）

磨剪子嘞戗菜刀

磨剪子戗菜刀的行当在今天绝对是一个与我们渐行渐远的行业了。此行人谓“五行八作”[①],亦列三百六十行,但一直以来都是社会底层的营生,风里来雨里去,收入少,辛苦多。干这一行的人以最简单的方式可称呼“磨剪子的”“戗菜刀的”,也可直呼“磨刀人”,正式一点儿是“工匠”,脸上贴金叫“艺人”。

在我的印象里,做这一行的都是男性,整日里早出晚归,抛头露面不说,也是体力活儿,如若按照男女有别分工,“外头人”比较合适,且从业者年龄偏长。

中国农民自古笃信“农忙种田,农闲挣钱”,再说,有一技之长总是好的,俗话也说,“天干饿不死手艺人”,所以,过去的手艺人也是生活逼出来的。

当走街串巷的手艺人一声声悠长的“磨剪子嘞戗菜刀”或短促力聚的“启刀磨剪子”响起来,胡同口童年的趣味生活底色立马鲜亮了起来。偶尔也听闻“叮叮叮”的响器声,五块铁片串起的法器于我们小孩子也极具诱惑。磨刀人以双手拢嘴,扯开了嗓门喊,那是在过去安静的小村庄里,站在大街中心或胡同口,一声喊便是全村的生意。如今小区高楼大厦,噪音凶猛,得用扩音喇叭喊,还得一直喊。

磨剪子磨刀一般一把几元,加之物价飘忽,浮躁的市场经济时代投入与产出不合比例,很多人不会再操此业,年轻人更不会学,所以,这个手艺慢慢就消失了,把它归到非遗里去吧,但列入非遗就能保护下来吗?我不确定。

不锈钢的刀问世前的铁刀时代,因为锈,因为磨刀人,我们的生活温情

① “五行”指车行、船行、店铺行、脚行、衙役行。“八作”指金匠、银匠、铜匠、铁匠、锡匠、木匠、瓦匠、石匠。

脉脉，很有质感的镜头和忘不掉的温暖回忆都在，但自从有了再也不生锈的刀，锃明的刀剪慢慢亮瞎了人们的眼睛，渐渐凝固了人性的冷漠……随着社会变迁，没了农村，没了巷陌的聚落，多了林立的钢筋水泥和铜墙铁壁，多了防盗门和猫眼，磨刀这个营生也索性不要了吧，任由生活生锈去吧。

磨刀人的行当计有长凳和工具箱两大件儿。长凳上装置磨刀石(砂砖、油石)或砂轮、水铁罐、坐垫等；木制或铁质的工具箱里堆放了锤子、钢铲、水刷、水布、戗刀等道具。当我们在农村经历的所见所娱搬到屏幕上去，经过现代京剧《红灯记》的渲染，磨刀人的形象就彻底定格于我们的脑海。

循着吆喝声汇集到胡同口的孩子们淘气之余得以观察大人的表达方式或听磨刀人讲讲别村的新闻，更有机会凑近了摸一摸磨刀人的木箱子里的宝物，等磨刀人离开了，仿着模着，高喊一声严重跑了调的“磨剪子嘞戗菜刀”，竟然煞是得意……难怪我们这些经历者一提起这些旧时的桥段就激动起来，即使在冰冷的朋友圈，也会热烈地互动起来。

这些仿若从另个世界走来的磨刀人顽固地守着另个世界的规则，与当今社会越来越格格不入。但他们古拙地穿行在变化了的或正在变化中的城市、聚落，靠着辛苦行走找寻着渐行渐远的利基市场，时空转换，真的像《红灯记》里接头对暗号的磨刀人地下工作者，他们的朴实真诚与我们绝大多数人的漠然冷对倏忽错过，呼啸而去，天空无边的灰蒙蒙。

2016 年 5 月 17 日的中午，我下课骑行回家。

刚挤过二中熙攘的学生和家长汇成的洪流，蓦然，在 5 月白花花的阳光里，我看到了骑行在我前面的老人。自行车后座上横放着一条看起来很扎实的长凳，后座两侧挎挂两只八成新的铁皮箱子，箱子外侧还贴了红底反白的不干胶，我猛蹬两下绕到一侧，看到上面打印的内容是：“传统，磨剪子抢(戗)菜刀，邱记。”从身后打量，这位邱师傅也够讲究：很干净的白色短袖，黑裤子，上身斜挎一只九成新的皮包，左腕上戴着老式机械手表，头上稀薄的短短的白发翼然闪亮。更令我惊诧的是两侧的铁皮箱子后立面上装置着对称的红色塑料灯，中间车后轮挡瓦上安装了两个左右倾斜的反光镜，我猜那两只灯肯定能亮，有可能利用了摩擦蓄电的原理，但现在是中午，看不到。依稀可见前脸车筐上还装置着一个牌子，上面肯定也是经营内容之类，算是广告的札幌吧。我只觉得这个邱师傅很有意思，于是，紧追两步上去打招呼。老邱热情爽朗，说做这行已经几十年了，就在附近住，这是要回家吃饭了。

交流两句话，匆匆分手，甚至我还没有来得及看清老邱完整的面孔。此后很长的时间里，我再也没有遇到这位颇有意思天性乐观的老邱。

2017 年 3 月 22 日约黄昏时分，也是下课回家，小区西门外南侧惊现一个磨刀人。我打量了老人和家伙什儿，当即断定不是老邱！当时，他也没有生意，老汉孤零零地在坐在摊儿前，“磨剪子戗菜刀”的喇叭声在空旷的门前广场并不能传递给里面的住户，所以，他显得索然无味，手几乎都要抄到棉袄袖子里去了。我上前打了招呼，兴致勃勃地回去拿刀。

现在生活好了，家家都有几把刀，再也不是原来一把刀齐活儿。所以，刀免不了久置未用生了锈，所以，这种越来越少的磨刀生意并不可缺。我家有一把同学的父亲精心锻制的铁刀，平时切菜不用，过年节分割肉类或剁馅儿时才派得上用场，如斯，时用时闲，断断续续就生了锈，也钝了。

我亮出刀的时候，老人眼里终于焕出精神，由衷地赞叹一声，反复看了，开始工作。我则看着他干活儿，殷勤地和他闲聊。

张老汉为我磨刀（摄影：猪拱地）

老汉姓张，本地人，今年 68 岁了，磨剪子戗菜刀已经 30 年了。如今身体还好，还能走得动。重操旧业一是感觉比闲着强，于身体有益；二是感觉挣多挣少也是对生活的贴补。孩子们早已声明不会接手他的手艺，这其中更多的是经济原因，磨一把刀只收 5 元钱，一天下来满打满算就是几十块钱，而且风里来雨里去，这份辛苦今天的年轻人哪能吃得消，当然，他们也根本不愿意吃这个苦。

张老汉说起这些话时的语调出奇的平静，好像他已经习惯重复这些别人的问话，但我还是能从言语间捕捉到他掩不住的悲凉、无奈。

刀磨好了，很是锋利，我小心翼翼地以报纸包好，递给他10元钱，他要找我5元，我说："罢了，您教我认一认您的工具。"张老汉于是很认真地翻出所有的物件儿挨个地比画解说。

四个月后入大暑的那天，也是在大门广场，我见到了又一个磨刀老汉。

他正在那里戗一把不锈钢的刀，我凑上去搭讪，同时看到他自行车前脸儿固定的牌子红底反白印着"老工艺：磨剪子，抢（戗）菜刀，洗烟机，换纱窗，抢（戗）锅底，刮菜板"，电话号码和"邱记"，太多的经营内容让我失去了一开始对他高涨的兴趣，就感觉这个人不专业，业务太杂；但旋而又找到一个理由说服自己，单是磨剪子戗菜刀可能活儿接济不上，这样多样化经营稍好一点儿。老汉很乐观，主动说起自己原来跟着儿子在青岛，整个黄岛都转遍了。

他的自行车装置也极其复杂，我分别从正面和侧面拍了两张照片，告辞，晚上发了朋友圈。有那么一瞬间，突然意识到这个邱师傅莫不是去年我追上的那个邱师傅？我开始翻手机仔细研究两个时间的照片。

车后座横挎的铁皮箱子基本一样，工作用的长板凳也大差不差，老人发型、体型轮廓相似，只是车后的灯装置现在改到了前面，成了更酷的版本，两侧加反光镜，还插两把五星红旗，车前脸儿有镜子装置……这些熟悉的创意套路基本断定此邱老汉就是彼邱老汉，可惜，我又错过了。

好在，有联系电话，抓紧拨号。

（初稿于2017年7月28日）

站在黄河的金堤上南望，被台前捺到

有河就有桥，就有堤。后来认为是再简单不过的道理，但每每想起不谙世事的青涩少年鼓足了勇气向地理老师求证长江上有几座著名的大桥这个问题时，我依然很是窘迫。

黄河距我家乡和读书的县城并不远，但直到考了大学离乡途经黄河大桥才亲见这条举世闻名的黄龙，震惊里夹杂着失望是我当时全部的感受。这种突袭而至巨大的与书本上的不一致认知几令我怀疑刻苦求学的意义，但最终，省城与故乡村落或县城构成的新奇落差冲散了这种现在看来未必是坏事的主导情绪。当然，彼时的济南也不洋气，但于一个农村放羊的懵懂青年也绰绰有余了。以后的人生里，从不同的地方看过黄河，心情迥异，但对黄河的感情渐渐加深。

“金堤”是很形象的称呼。万里奔袭穿越黄土高原而来的黄河在鲁豫的下游平原彻底成了悬河，主河道又衍生出来护卫河，河两旁自然有堤坝高筑，辽阔的斜坡和平滩里点缀了石砌的防护台和生态防护林，林间有鸟雀鸣唱嬉戏，芦苇滩上有鹭雕滑翔捕食，慢坡牛羊，树荫老汉，四季里变幻着风景，时光在老汉的烟袋里明暗轮回，也袅袅升腾，大美。

黄河流经河南、山东的部分地区，金堤是豫鲁两省人民齐心协力于境内河道两岸修筑的束范河水的堤防。此堤防肇始于春秋，规模于战国。至明代，随着河工技术的提高，固堤防护已经细分为遥堤、缕堤、格堤、月堤四类，因地制宜，分段固筑，效果斐然。今天黄河大堤中的河南兰考县东坝头和封丘县鹅湾以上段是在明清老堤基础上加修的，已历风雨 500 年；往下来是 1855 年黄河铜瓦厢决口改道后在民埝基础上陆续修筑的，也有 130 多年的历史了。[①] 两岸劳动人民以其勤劳智慧总结出防护黄河决堤泛滥的"束水攻沙""蓄清刷浑""淤滩固堤"的方法坚固堤防、加固河槽。新中国成立后60多年来，巨石砌成的堤坝高到了八九米，除了两岸的临黄堤，还新修缮加固了南北全堤、展宽区围堤、东平湖围堤、沁河堤和河口地区防洪堤等，再加上干支流防洪水库的协助，悬河也安全，金堤很放心。

与吾乡阳谷以金堤河分南北的是河南台前。第一次听说台前是因为我中学时一位来自台前的同桌，男生。后来高中各奔东西，大学毕业又得续旧谊开始来来往往。他生性豁达豪爽，但守静敛内的我并不反感，所以，在畏言河南及台前相当长的一段时间里，我平和地保持着对豫省的缄默和蓄积着躬行探索的冲动。

加拿大知名传播学者麦克卢汉曾说，媒介是人体的延伸。的确，感谢自媒体，我在微信公众号上认识了一众河南台前的朋友，期期近年笃笃邀约，今夏，终于相携一帮大聊友朋跨金堤河、临黄河，聆听亲近台前的大美。

一天的日程满满，我理解朋友的情衷。

我们在酷暑中看了张公艺百忍堂、将军渡纪念馆、八里庙治黄碑刻、朱庄桃李小镇、徐堌堆龙山文化遗址、张庄引黄闸、夹河乡卢庄农业生态园、许集绿色风情小镇、华电光伏产业基地和后方乡王楼魅力乡村，一地悠远的历史和村户邻里现实中的生活在我们面前徐徐展开。在回来后的很长一段时间，我很多次在书房里坐下来试图写点什么，但脑海里那些原来认识、刚刚结识的朋友以及神往的台前历史人物不断幻化眼前，也把带回来的资料翻来翻去，但终究没有头绪。搁置许久的期间，台前那边组织的文化活动缤纷连呈，直到我从试图比较寿张和台前的想法中捕捉到那个关键词"撩"。这段时间，我也确实被台前撩得食不香夜不寐。肇起寿张的撩归于台前，也算是给台前诸贤的交代了。

---

① 民埝指由沿河居民自费修筑以保护其村庄田产，因"人力之多寡不齐，财力之贫富不同，是以工程之高低厚薄，未能一律，及其河流冲刷，低者陷而高者亦陷，薄者溃而厚者亦溃"（张曜光绪十二年九月奏折）；官堤亦称"大堤"，指由沿河州县公费修筑，或以古来金堤为基，或以捍卫城镇为主，往往据黄河中流略远以便行洪。

一个文化坐标:黄河上和运河里的台前

现在看台前,虽地属河南省濮阳地区,但它三面与山东六县(莘县、阳谷、东平、梁山、郓城、鄄城)接壤或隔河望,从濮阳地图上看则更形象和直白,它像极了一个人的小腿连脚(范县是大腿),硬生生地伸进山东聊城区域,而且,历史上自战国始台前就是和阳谷寿张浑然一体,只是一条金堤河从中穿过,又自然地分开了两地,然而,从生产、生活和民俗多方面审视,它们根本就是一个版块,文化上同属齐鲁。所以,从这一点上理解目前台前和阳谷(寿张)两地共同的人文资源如蚩尤、百忍张公等就释然了。

黄河自范县入台前县境,环抱台前69公里;而金堤河则从台前县境北侧逶迤入汇黄河,在台前县境内长达46公里。黄河与伴生的金堤河夹裹台前,倘若往高处站,那便是一片河滩了。治黄不力的年代里,这里是黄泛第一站,这里人民的生产生活无不与黄河休戚相关。

黄河尊居中华母亲河,几千年的农业文明浩浩汤汤。智慧勤劳的中华儿女在与黄河三善(黄河的善淤、善决、善徙)的斗争中凝练了"团结,务实,开拓,拼搏,奉献"的精神,今天,在这个革命老区脱贫攻坚的新战场上,处处可以感受到这种精神的力量。

诚然,抗争、打破,尝试建立一个新世界很难。所谓困难,被困住了就难,但若挣破了,自然不难。

在中国,结婚彩礼和婚宴操办是人生大事,关涉脸面、门面,这是中国人比什么都重要的面子。改?殊难。但在台前,全县齐动员,硬是革旧俗、除陋习、倡新风、尚科学,折腾出一番新气象,移风易俗树文明乡风走在了全国的前列。这是一场不输于台前以往历史上的任何一次硬仗,没有彻底的决心、满满的热情、雷厉的行动和大无畏的精神就不可能打赢这场仗。县委县政府抓教育宣传、出指导意见,乡镇村层层落实组织分工,直到村民自治,以倡议书、村喇叭、标语、板报、宣传车、微信、微博、公益广告等手段整合传播。有系统设计,有制度保障,有踏实落地,有章法,有效果。台前后方乡民间媒人季瑞青曾在说服调停中无辜遭打,但她不畏缩、不言弃,终于革除陋习,普施新风。没有私心,不图名利,抬到哪里都是大理儿,是道,是精神!

入土为安是百年大事，所以，在农村动祖坟似乎更难。2016年年末，台前争取来了河南省唯一的国家能源局和国务院扶贫办联合批复总容量达百兆瓦的大型光伏扶贫项目，论证项目按“光伏＋扶贫产业园”的模式运作，借光伏发电、产业园建设和精准扶贫“三位一体化”，将全县贫困户全部纳入扶贫范围实现稳收增收，太大的一好事。但项目要落地，要腾出地方立桩、安装，偌大的地盘上单是坟冢就是一项艰巨的任务，还有工期。侯庙镇镇书记形容他初听时的感觉就是头大如轮。不说工期和立桩的事儿，共涉及667座坟冢。70年前台前人牺牲小我小家助刘邓大军抢渡黄河的奉献精神又一次激发出来，他们竟然在工期最紧张的时间内创造了全国奇迹……

以不甘，以奋砺，以勇为……台前人书写了一个又一个的不可能。

濮阳伸进山东的那只脚的“脚尖”处，京杭大运河擦尖儿而过。大运河在河南濮阳台前段共有10余公里(南从山东省东平十里铺村流入，北从沙湾流入山东阳谷张秋镇境内，流经台前县两乡10余村)，由于交汇不羁的黄河，这一小段儿成了京杭大运河治理上最难、最关键的一段。中国文化遗产研究院岩土文物与遗址研究所所长葛川表示：“千里运河难在台前段，台前段通则千里运河通，台前段活则千里运河活。”京杭大运河在明清时承载了四五百年繁盛的商业文化，也成就了运河沿岸的商埠为中国富庶的商都大都，生活于斯的人们不可避免地要受到运河商业文化的影响，并且，当地人民以自身的包容、吸纳也积极融入其中并构成运河文化的一部分。

农业文明的黄河和商业文明的运河共同赋予了台前人民笃实、勤劳、勇为、奋励、包容、创新的精神，而这种精神又激励着台前人敢干、实干、大干、不蛮干，无论是在意识上还是行动上，多了前瞻，快了反应，看近年台前几个大型扶贫项目的落地执行反复印证了这个道理。

一个为人榜样：敦睦九世、百忍治家的张公艺

“可以观物情之变，可以挫奸邪之机，可以持刑赏之公，可以蓄威德之固。”明末清初思想家王夫之在《读通鉴论》中这样评述张公艺。

去台前县孙口镇桥北张村拜谒以治家闻名的张公艺是朋友安排的第一站，张公艺可是以忍和儒学闻名黄河两岸的大人物，备受历代君王的褒扬和

推崇。他出生地系唐代郓州寿张古贤村，故有人文景点古贤桥，这座石拱桥比河北赵州桥稍晚几十年，尊享“中华第二桥”当之无愧，建筑和文物价值不菲。资料显示，张公艺生于北齐承光二年(578)，卒于唐仪凤元年(676)，历北齐、北周、隋、唐四代，寿99岁。张公出大家，幼有成德之望，正德修身，礼让齐家，立义和广堂，制典则，设条教以戒子孙……据《张氏族谱》载：“盖九世聚族同居，眷属九百口，住房四百区，依然合产共爨，每旦鸣鼓会食，群座广堂，髫髦未冠，列入别席，内外礼让，上下仁和……”北齐文宣帝高洋于550年派东安王高永乐“诣宅旌表”，赐匾“雍睦海宗”；隋文帝杨坚于588年遣大使梁子恭“慰抚其门”，奉匾“孝友可师”；唐麟德二年(665)高宗李治东封泰山经寿张又亲临其第访贤，高宗问“所以能共居之故，张公书百余忍字以进，唐皇感涕，赐以缣帛”，后回宫御书“百忍义门”……

张公艺九世同堂的故事在《旧唐书》和《资治通鉴》均有记载，唐以后的元明清直到民国，分别有戏曲和志典的反映，明时山东布政使史学更是临邑重修张公坟墓，勒碑以追远。在中国，张是大姓，是故以张公艺为源头的“百忍堂”号很多就不足为怪了。但值得深思的是，为什么一个平民百姓在村子里能做到如斯的高度并得到历代君王推崇？对当下热火朝天的新农村建设有何启示？

张公艺的祠堂坐落在村外。我们到时恰逢一个高大方正的老人推着自行车走来，他一路微笑着和人打着招呼。这个老人叫张兴柱，系张公艺第49世孙，73岁，身板硬朗，声音洪亮。他介绍其先祖绘声绘色，饱蘸感情。祠堂很小，转几个身的工夫就出来了，堂前立着几块碑，周围地里的玉米已经齐人高，越发显得祠堂孤零零，但镇书记介绍说已有规划扩建。热热闹闹中我看向张兴柱，他不惊不喜，默默地收拾现场，锁好门与我们辞别。从他的眼里我约略能捕捉张公艺的和儒哲学及对他们张氏后人的影响。

张公艺敦睦九世、百忍流芳的故事被记入《二十四悌》，但从大众认知层面，我觉得张公艺煮梨分汤(时唐高宗试探张公艺治家本领，便赐予两个梨，张公艺命家人以石臼捣碎放入水缸，全家得尝滋味)的大事件才最会让人喋喋不休。那一曲百忍歌谣里，忍孝治家、仁和睦邻的思想蕴藉丰富，在治家、修身、忠孝、仁义等层面由理念到行为笃实可行，那么，“忍”归于根就是“和”的哲学了，蔚然大体系，真不简单。

如张公艺这种家族模板于社会的影响非同一般，由家风到民风再到社会风气，一个人的品牌价值无法估量。而这样的一个个人物于国家是至关重要的。

从文化根脉上看，中国是一个典型的农业社会，所以，不能脱离开农村农民枉谈中国的改革和发展。而家庭、家族是社会的基本单元，传统儒家文化也历来注重家庭这个原点，认为治国先从治家始。尤其在农村基层，家族自律和家风涵育对乡村自治和社会道德风尚的建设有举足轻重的意义，虽然素来对乡贤褒贬不一，但纵观历史，乡贤对基层社会运转的维系、传统文化的传承和社会和谐的助益从未缺位，因此，国家在进行顶层设计和下贯推动时，应充分考虑和注重发挥宗族乡绅的自治力量，让大国治理和基层自治遥相呼应，相得益彰。

一个农村样本：笃实后方、竞向台前的王楼村

后方乡的王楼村是我们此次参观访问的最后一站。抵达时，几近黄昏，太阳也不再那么霸道，漫步村道上、胡同里和农家院子，一天的汗流浃背过后，感受弱下来的温度和放松的心境，竟是说不出的惬意。

王焕云书记带领村民修整的老院子（摄影：王宇辉）

王楼真的很美。它的美不是那种刻意规划设计出来的美，不是那种做作的乍看挺美，而是一种拙美，一种淳朴美。就像我们自己动手，折腾了一通，终于弄出了一个超出自己想象的境界。后方乡的王焕云书记说这就是他们自己想、自己动手做出来的，没请谁来设计。

我从小在村子里长大，记忆就彻底留在那里了，后来离开村子不管去了多远，萦怀不去的总是这些东西。村头的小河，桥头坐满了老人；村里的吃水井早上排满了挑水的劳力，也有妇女和大孩子，那是全村信息发布的中心；大街上那棵敲大锣的磨剪子戗菜刀的和说唱瞎子总是喜欢停脚的大树下是永不谢幕的剧场，坐马扎的老人、坐半头砖嬉闹的孩子、倚墙而立的闲劳力、拿着针线活儿的老太太和妇女、依偎卧地的狗儿……其实，这是一个村子最富生活气息的底色。反观现在的新农村，多了强制，少了自然，多了冷漠，少了温情……城市的设置并不适合农村，农民也上不了楼去。

当我心里端着我的“偏见”打量王楼村的土设计时，我被严重撩到，不得不赞叹了。

王楼村有两处村民的精神寄养所。一处是真武大帝庙，庙前有百年古槐，石台上、大树下坐着三两乘凉的老人和妇女孩子，树上有不知什么时候挂的红丝带。另一个是清朝乾隆年间翰林院学士王遇泉的祠堂，王翰林以德孝仁厚闻名地方。在一个村子里，有儒有道，村风民风自然不同。

王楼村有高新技术种植产业、相框加工产业和花卉苗木种植产业，或是自力更生，或是精准扶贫的项目，产业车间送到村里田间地头带动脱贫……当然，不仅是王楼，不只是后方，一乡一业，一村一品，产业精准扶贫，这是“国家扶贫开发工作重点县”台前县率先探索出的新模式。

美丽乡村是后方乡乃至台前县重塑王楼村的又一个内容。区位优势有，文化底蕴有，也不乏题材，就看定位和特色了。

走近王遇泉，领略翰林大学士的治学、修身、齐家处世之道，自然，以高贤名人儒家文化为原点，对接社会主义核心价值观体系，凝识村规民约，自觉践行，成淳朴民风。

原汁原味的传统民居，不妨打造成民俗风情文化的调子，民俗馆、女红坊……紧靠着生活，又不影响生活，这不是土得掉渣儿，这叫“接地气”。军人老大爷的老宅院腾出两间加固修葺，老炕老灶硬屋地，农具一摆，打上灯光，80多岁的老大爷往院门口一站，神韵物象齐活儿。

全村转下来，同行的两位见过大世面的设计师对于街口转角庭院小径布景以及就地取材的想法和做法赞不绝口……

乡里书记说这叫"产业、文化、旅游三位一体"和"生态、生活、生产"三生融合发展，高！

离开王楼将要上车的时候，女书记指着路边一栋未完工的二层小楼说，一个月后这里将集中全台前的小吃名吃，成就王楼的小吃市集，已经确定下来的有琉璃丸子、干蹦鸡、香油果子、炸河马、手工挂面、大烩菜、高桩馍馍、老胡辣汤、传统糕点、地方酱菜，还有清河乔家、马楼袁家、城关刘家、孙口李家、夹河崔家、吴坝六大特色烧鸡。与我随行者多吃货，不待介绍完，纷纷急问，何时开吃。哎，绷了一整天的大聊好节操在吃面前瞬时碎了一地。

我虽然把那个日子狠狠地记在心里，月后朋友也诚挚相邀，但因事没能成行，台前的"撩"意于是更加强烈。不能自已的时候，免不了以意淫自慰，要是六种烧鸡一一摆在面前，该怎样下手才好呢？

（初稿于2017年10月3日）

西花园路
龙王庙街
万寿宫街
北门口
相府街
前王园街
流水沟街
北步云街
城隍庙街
南步云
马宅街
安乐巷
卫仓街
牛家胡同
文明街
北大街
古棚街
光岳楼
西大街
东大街
李家胡同
刘家胡同
状元街
火神庙
观前街
火神庙街
南大街
西顾家胡同
考院街
南门口
南顾家胡同

地方（城市）符码

和自己居住的地方达成和解，甚至产生热爱。慢慢地，你眼里每一栋个性的建筑、一条街、一间商店、一种艺术，从你体内蒸腾为独属于这个城市的气质……

聊城慢牵牛

“聊城慢牵牛”的说法在鲁西地区几乎家喻户晓，所指几乎全部导向贬义，意思是说聊城人办事拖沓、严重推诿的惰性做派。倘若只是我们内部人话赶了话逞口舌之利并无太大利害，热闹了气氛罢了，但外地人侃然正色也谈论这个话题的时候，我们就出糗大了，本地人每每赧赧然不知如何应答。

缘起于运河

与“聊城慢牵牛”并蒂开的另一个词是“临清猴”，俚语调侃组合表达莫衷一是，但芸芸说法均与运河有关。

诚然，历史上的运河之于聊城至关重要，它写满了这块土地和这座城的几乎全部荣耀。南北向入阳谷张秋出临清，虽然仅仅97.5公里。

原临清以南大运河段建有多处水柜，因水源匮乏，南来北往的漕船运输经常搁浅。1289年，会通河凿成后，河道地降30米，建闸31座，形成台阶式水梯，以利舟楫运输。但由于平时落闸或闸门小开，使得运河水流极缓。遇有官船经过，闸门则大开，水流急泄，船行甚速。平时百姓的私船空船凭桨靠舵，重载货船则靠人力纤拉，其实很慢。出东昌府北行去临清大码头，纤夫吃重拖拉缓行。临清河岸的龙山可登高望远，等货的商贾常登临龙山之巅翘首遥望，心急而起坐往复，抓耳挠腮的样子远看就像一个个的猴子。货船辎重，拉纤吃力，船行徐缓如牛拉车慢吞吞，待船靠岸，山上的大声斥嚷：“聊城拉纤的人怎么慢得跟牛一样！”而河岸纤夫看着接货人心急如焚坐立不安的样子，张口反驳道：“聊城慢牵牛也比不上你们临清猴啊！”

“聊城慢牵牛”“临清猴”的民间称谓，肇始坊巷，妙成俚语，着意调侃，却把人心世相描绘得惟妙惟肖、蚀骨入髓，应该说这是中国语言的独特魅力。这种高度融入了政治、经济、文化因素而又广泛流蜚于坊巷街肆的语言不独一地有、一时有，南北东西自古就存在，且在不断地丰富演绎。北京天津保定一带就有“京油子，卫嘴子，保定府的狗腿子”的说法；山东胶东一带妇孺皆知“三个蓬莱腿儿不如一个黄县嘴儿，三个黄县嘴儿不如一个掖县鬼儿”；我们鲁西一带更是基于“临清猴”“聊城慢牵牛”演绎出颇多版本——“三个临清猴赶不上聊城一个慢牵牛，三个聊城慢牵牛赶不上一个茌平白胡子老头（劳模张国忠），三个茌平白胡子老头赶不上冠县一个不”；“十个临清猴比不上聊城一个慢牵牛，十个聊城慢牵牛赶不上堂邑一个小憨头”；“十个临清猴赶不上一个聊城慢牵牛，十个聊城慢牵牛赶不上一个高唐猛回头”……

三个故事

撇开调侃前溯，我们发现那个肇始的传说中的纤夫们无不是尽力负重。不然呢，水缓静流，稍有懈怠，船也不会动啊！他们直如大地上负重耕作的鲁西黄牛，踏实能干，任劳任怨。换一个角度，在比较的语境中，它反转成了贬义的表达，形容慢条斯理、优哉游哉的慢性子，做事拖沓低效。为此，聊城人一听慢牵牛，尴尬复惶惶。客观视之，确有一定道理。直面？无妨，还有知耻而后勇一说嘛！

故事一：对瓦卖牛

在鲁西的很多地方比如高唐、阳谷、东阿等地的集市上，至今流传着对瓦卖牛的风俗。集市上买卖双方经过谈价成交后，就地找一瓦片摔成两半，各执半片回家。月余，牛若康健，下个集上再来对瓦付钱。买卖双方不立字据，俯首即拾的瓦片成为大宗交易的信物，为何？盖因当地人实诺重信的传统使然！

聊城地处黄河下游流域的华北平原，是传统的农业大区，牛是主畜力，在老百姓的生产生活中地位颇高。历史上的聊城地区属齐地，而齐之前是东夷，东夷人正直、守信、耿直、勇敢、重实用的传统齐国一脉传承。聊城又地接鲁国，饱受“仁义礼智信”儒家文化的浸淫，所以，聊城兼具齐鲁文化。笃实坚韧、负重奋励的鲁西黄牛和淳朴憨厚、实信重诺的聊城人渐渐地融为一体，彼此成为互相背书的内容。

故事二:行长出难题

十几年前的一天,聊城市某银行会议厅文化建设动员报告会开始之前,外地交流来的行长私下里和我商议,能否在讲座里说说“聊城慢牵牛”,看着他满脸的庄重,我霎时感到原是当地人嘴边的玩笑话在外地人的眼里竟是如斯严重。我一边支吾一边想如何谈这个敏感而又棘手的问题。现场除了外地交流来的一名正行长和一名副行长,其余几乎都是聊城人。聊城慢牵牛,我们勇敢地自我批评?

从那天起,我开始认真思考慢牵牛的问题,我想为它正名。遍查资料,“慢牵牛”并不仅仅是聊城人独享这个代表“做事拖沓、行动迟缓”的文化符码,它有相当大的范围和相当长时期的流传,符号所指也基本没歧义,只是基于比较语境,倾向呈现贬义,一种落后文化的代表!

记得当时在讲座上我重重描绘了诠释诚信传统而广泛流传在聊城很多地方的“对瓦卖牛”的故事,以及我们调研过的临清支行“懂生活会生活、工作就是生活、生活就是工作”的工作生活理念,朦朦胧胧中似乎为“慢牵牛”找到一个积极可取的意义。把“慢牵牛”导引向“慢生活”,在理念层面成为一个清晰的符号似乎是不错的决策。

慢牵牛玩偶(摄影:王宁)

慢下来是一种生活态度,一种价值取向,一种健康的心态和有底气的自持,一种积极向上和有为。其实,慢并不是懒惰,放慢速度也不是拖延时间,而是让人们在生活中找到平衡,慢食、慢写、慢爱、慢设计……

慢趋势呼啸而至，绝不见慢。

慢牵牛，慢生活。慵懒而舒坦，温暾而优雅。如何？

故事三：一个城市的代表符号

什么标识能代表聊城？几年前，《大众日报·聊城新闻》牵头就这个话题组织了专家座谈、民众随机采访和网上调查，发出上千份问卷，最后统计了一个民意多维的结果。在征集和推荐出来的方案里，“慢牵牛”显得那么与众不同。也难怪，其他都是具象的、物质的，唯独它是一个抽象的精神符号。最后的结果自然是莫衷一是，无定论，但事情有意义，符号耐琢磨。

我眼中的聊城

我看聊城，维度有四，概言之，即历史和地理意义上的聊城。

第一是黄河上的聊城。黄河是中华母亲河，奔腾了5000年的农业文明，因此，黄河上的聊城是文明的发祥地，也是生产力低下时的黄泛区。黄河到了中下游平原慢慢平静下来，淤积成软若豆腐的悬河（谚有“铜头铁尾豆腐腰”）。黄河在聊城的南部途经莘县、阳谷、东阿，流域面积29平方公里；金堤河左右并立，势同护卫，流域面积达93平方公里。其中，阳谷、东阿、茌平等地是龙山文化遗址集聚区，龙山文化城的数量和体量在全国地位颇高。即使聊城那个比杭州西湖不相上下的东昌湖也是源自黄河，经过两次沉沙，净身北上，秀丽了城，濡润了人。这一带几千年农业文明的嬗变中，农业耕作工具、畜力的发展和最终农作果实的丰裕成就了今天的聊城机械加工、粮食加工（包括酿酒业）、肉食品加工等行业的长盛不衰，东阿阿胶、黄河鲤鱼、聊城沙镇呱嗒（在北京名“状元饼”）、聊城熏鸡、阳谷景阳冈陈酿等都是或可是国家地理标志产品，具有鲜明的地方符号特征。

第二是运河上的聊城。京杭大运河是明清时期中国最主要的黄金航道和经济命脉，沿线城邑汇聚了全国各地的大客商，南北流淌的是精彩纷呈的商业文明。大运河流经聊城下辖的阳谷县、东昌府区和临清市，全长97.5公里。运河沿岸的张秋、阿城、七级被称为“运河三镇”，张秋镇更是享有“南有苏杭，北有临张”的美誉；东昌府（聊城）是“漕挽之咽喉，天都之肘腋”的江北一都会;临清则"富庶甲齐郡""繁华压两京",临清运河钞关的税收竟一度占到全国税收的1/4。商业贸易往来的大繁荣催生了聊城的纺织、印刷、酿酒、金属制造等行业的兴盛,东昌府古版印书、毛笔、木版年画,东阿的阿缟(齐纨鲁缟,棉桑产业孕育繁荣),农副产品的鲁西三宝(博枣、堂梨、肥城桃)……在平枣、堂邑和冠县梨都是品种原发地,具有突出的地域符号意义。运河文化下的光岳楼、东昌府木版年画、山陕会馆以及《水浒传》《金瓶梅》、武松等人文资源也具有极大的地域符号价值。

黄河、大运河两河交汇使聊城在中国的版图上具备了强大的区位优势,而农业文明和商业文明的融合孕育产生的绚丽符码,是历史上的聊城,也是聊城引以为傲的历史。而地理板块上的聊城则显得落寞、尴尬,与历史沉积下来的优秀聊城渐行渐远。但倘若知耻而后勇,则又蕴含了巨大的复兴机遇。

第三是山东板块上的聊城。偏隅鲁西,冀鲁豫交界处,发展滞缓,心理弱势,"慢牵牛"恰是聊城人这种心态的全面写照。聊城虽在山东,但偏居板块的边缘,均沾不到多少资源,长期的不被重视,人设崩塌后的自暴自弃映射在行动上就是被动、浮夸而又极好面子。长久以来,聊城市场上白酒消费的极端盲目和房产价格的过度虚高颇能诠释这种怪象。

第四是承接未来的聊城,中原经济圈中的聊城,这是复兴聊城的巨大机遇。中原经济圈是中国的第五极,聊城幸运地身处其中。立足经济圈,再无边缘,东望山东,春暖花开,东融西接,风云际会,建设冀鲁豫科学发展先行区的定位前瞻,战略整合,只待振奋人心,笃实奋励,扬帆竞先。

慢牵牛:一个概念三个品牌

自小生活在农村,我对牛的好感建立在单纯的正向价值取向上,因为它在我们艰难的生产劳动和生活中助益良多。如果不是那次在田间我不小心把脚送到牛蹄下,牛在我眼里和心里就是百分百完美了。孩提时我们虽不能上阵打虎,但也不愿闲着,很多时候充了配角儿,记忆中牵牛的活儿居多。初时不识君,在牛前面使劲儿拽缰绳,牛也有牛脾气,启动很慢,甚至有时执拗摆头,不小心还可能被伤着。后来渐渐懂得了牛脾性,以温柔的动作轻声细语，顺毛牛就好多了，但牛的启动依然很慢，看来这是性子。有一次发现罢田归家时牛也能走得很快，看来这个家伙并不那么憨实，那份欢欣与我们又心心相通了，如斯，管理学中的“X理论”说人本性懒有道理。总之，牛快不起来，即使归家得意牛蹄疾，相比较，马、驴、骡子这些畜力都比牛快，但长程的耐力似乎又都不及牛。

聊城乃至整个山东西部的平原上，鲁西黄牛作为主役力，劳苦功高，田间退役，再上俎案也是角儿。百度这样说：“鲁西黄牛以其体驱大、遗传性能稳定、挽力强、耐粗饲、宜管理、皮肤干燥富有弹性、役肉兼用而著称……鲁西黄牛肌肉发达，体质结实，结构匀称，适应性强，皮薄，产肉率较高，肉质鲜嫩，脂肪均匀地分布在肌肉纤维之间，形成明显的大理石花纹，有五花三层肉之美誉，是世界上著名的肉用品种牛之一，已经列入国家级畜禽遗传资源重点保护品种名录。”我离开耕作的大地多少年了，鲁西黄牛一步一步调整着自己的气息、踏实负重前行的印象始终牢牢地印在脑海里。

挥别农业社会作为主导畜力的牛，转身融入商业社会的品牌世界里，慢牵牛，慢生活，在物欲横流的社会里似一股清泉，反而直达人心，极具认知价值和实操空间。

生活执念慢牵牛没有任何问题吧。看那些逃离城市逆走山涧乡里的青年人、中年人，生活本真的呼唤是那么真、那么切。至于打拼，做事业、干工作当然应该笃实、奋励，君不见，鲁西黄牛身上不是满满的正能量吗？

凡品牌，要有清晰的品牌主张，对内利认知，对外易传播。慢牵牛，慢生活。品牌定位之后就是一个外延问题了。

一日，与众师友在我们咖啡吹水打屁。彼时，我刚刚经历了那场“慢牵牛”风波（会议上外地领导就慢牵牛和本地人效率低问题向我发难），望着窗外漾漾的一湖碧蓝和婆娑的柳枝，耳边一波儿一波儿小野丽莎的慢调，我想到了“慵懒而舒坦，温暾而优雅”这句话，稍息，就顺手送给王宁的“慢牵牛”（注册商标）做slogan了。随后不久，我们咖啡也推出了“慢生活圈”的概念。

时隔多年，在我们咖啡的小黑板上，产品型录上出现了“慵懒”手作咖啡，心手作，慢慢品，不添加任何扰乱本味的东西，我以为这个“慵懒”咖啡最能代表这家湖边个性馆子的精神追求和格调。熬过了十年艰难岁月的我们咖啡出出进进了无数慵懒的人，吧台正前方那个时光记忆的木盒子就是见证，其中每一张便笺上，都站着一个有些慵懒有些波谲的灵魂。慵懒的人坐在慵懒的阳光里，慵懒地端起慵懒牌咖啡……看到此景的人目光渐渐迷离，继而也慵懒起来，“发现自己”（我们咖啡店的价值诉求）在任何一个角落和不经意的细处闪烁着光芒，即使有些微弱。

几年前，一朋友搞了副业，自酿果酒，初始频频拉我去看去品。我本不善饮，味蕾也鲁钝，但时日久长，慢慢读懂了这种蒸馏果酒的技术及性能，当然，朋友的意思想让我为它找个石破天惊的名字。

商业上的确如此，一个好的名字能够冲锋陷阵，助力凯歌高奏。

这个果酒不是一般意义上的果酒。中国农业资深专家单先生在美国加利福尼亚州的纳帕溪谷潜心十年，归来后在国内广西的桂林、湖南的绥宁、山东的聊城等地遍访同纬度优异水果，以自己钻研的设备和独特的蒸馏技术，研成这款类似于西方伏特加酿造技术的蒸馏酒，剔除了杂醇，又巧妙地保留了水果原香，二十斤水果成就一斤蒸馏果酒。我就想，这么好的珍物不宜暴殄，要慢慢品方对得起大自然的馈赠。和单先生的交谈极其愉快，他那种丰富阅历后的安静以及眼中满溢的故事让我剔除了功利，心平气和地回到原点去思考。“慵懒而舒坦，温暾而优雅”及时地跳出来了，那就温暾如何？好酒需温暾，品牌连带 slogan 一起来了。委托我的朋友说超喜欢，见到、喝到的朋友说太喜欢，有不少朋友要求收藏，哦，我都不好意思了。

（初稿于 2016 年 11 月 3 日）

沿着曲折的镜明路遇见我们咖啡

在你生活的周围，有些地方可能离你很近，但你有可能一辈子都不曾经过那里，或留心过那里的风物。当然，即使从未抵达或经历，你可能也没有损失什么，但，于人生，这多少是一种遗憾。

曾写过一篇小文《在我们，发现自己》，外域网友问询，聊城在哪儿？我们咖啡在哪儿？

第一个问题令我大聊人多少有些尴尬，就像当年在外求学时同学的真挚，“我们知道阳谷不知道聊城”。关于这个问题后来我一直在思考——在中国的版图上，聊城是黄河和运河交汇处的城市，承载中华农业文明5000年的黄河和商业文化昌明近500年的京杭大运河汇流于斯，农业的淳朴和商业的包容俱在，窃以为，在中国，无城能出其右。

第二个问题我先问了360导航（网页栏输入“聊城城区地图”，点击并滚动鼠标使地图最大化，蔚蓝色的湖面上方弯曲的镜明路与稍斜的青年林路交叉环抱处标记的就是我们咖啡）。纸上得来终觉浅，我又实地勘察，迂回逡巡在它周围的路巷，恐怕留下不该有的遗憾。

青年林路和镜明路交汇处的我们咖啡

2月5日下午，天气阴郁且冷。我整装步行，独自开启蓄谋已久的“我们咖啡”周边环境探测之旅。

从利民西路，踽踽过运河桥，我选择从卫育路鼎舜花园的那个大鼎雕塑西行。一条能错开两辆车的路并不长，南北是鼎舜花园偌大的A区和B区，这样的附属街道一般是水果店、理发店、副食品店等服务功能的散乱设置。一路走过去，仔细了看，也没有发现有故事性的题材。后来我查了地图，它连名字都没有，其实就是小区中的通道。紧西头，丁字的横，就是镜明路了，镜明北路。横竖结合处有一家副食品小超市，我走进去搭讪，一女性店主四分冷漠六分提防，你可想见这里的冷清。站在丁字路口南望，可以远眺到如镜般明亮的湖了，如果有太阳，镜明的意味更足，这就是名字的由来吗？我选择北行，因为北行这段于我是第一次，断然不可错过。这一带的住户属于镜明花园的板块，但没有鼎舜花园板块大。短短的一段小路，路东有个不小的幼儿园，门口标记的是青年林南巷多少号，我求教路西地摊儿的修车师傅，他说："我在这里十几年了，这是镜明路。"

顶到头，一东西向的胡同。右看，曲折向大路，有点像在米市街上遇到的羊使君街。我西行去青年林街了，经过一家蛋糕房，店主说这是青年林东巷，哦，是了，东巷，西巷，作为主路的分支，有道理。走完很短的东巷，径入西巷，西巷穿透就是东昌湖跨过横向的镜明路延伸过来的一片水域，在北关街路东一溜儿饭店和建行聊城分行一二宿舍区及镜明花园之间的这汪浅水域，春夏花荷蛙鸣，秋冬残荷静默，钓鱼者与思考者在不同的时节里徜徉，也邂逅，相互成为对方的风景。当然，很多人会忆起在湖塘东沿那家船家小肆吃饭喝酒的经历，一个凉风习习的夏夜，两手轮番挥舞抵挡着蚊子食油炸的小湖虾，喝鲜鱼豆腐汤。对岸就是一溜儿饭店的屁股，排油烟，放污水，脏了湖，丑了人。

折返，我回到南北向的青年林路时，因为熟悉，心里顿时有了底气。中段的楼墙上巨幅标语"乡村大馒头"，不知和当年的"乡村饭店"有关系吗？如果没有一点儿关系，至少这家经营"花卷、全麦糖包、常年订做花糕"的馒头房有品牌意识，懂得利用消费者认知来传播业务。因为当年的"乡村饭店"彻底荣耀了青年林，以大盘菜闻名聊城。我记得当时是点两盘送两盘，百分百的物美价廉，"乡村"品牌无人不晓，凡经历者无不记忆深刻。所以，走在青年林，看到"乡村"的字眼，立马就会产生认知的正向联想，甚至还带出了偏好、忠诚，在今天这个市场饱和恶性竞争的时代，殊为难得。

当然，青年林北口地标性的单位是建行聊城市分行，但建行大楼后院子门口北侧的那颗老柳树才是青年林街真正的风物。那颗老柳树虬枝单横，伸向一方，主干羸弱，独特的造型与建行的大楼有关吗？也看到园林护卫人员有效的保护措施，百姓在上面系挂了红绸，即使灰冬的日子里也让人心生温暖充满信心。同样是在青年林路上，同样是柳树，路南头我们咖啡店右侧的那颗柳就没那么幸运了，那年我正好在现场，眼睁睁看它被连根拔起，拔树的不是鲁智深，是冰冷的吊车。干巴的老柳早已没有了眼泪。

镜明路东起卫育路，曲折沿湖过了北关街就成了聊堂路了。这条湖边的小道类似珠海的情侣大道，只是短了许多。这几年交通紧张，这里成了分流车辆的辅道，所以，没了宁静。卫育路转过去很费劲儿，左顾右盼好了，眼神与行动都要快。入口路南有座难得的公厕，镜明路往里走，两旁都是垂柳，但由于这段门店多，柳树遭到不同程度的破坏，我每每走过这段路都是急急匆匆，大气不敢喘，但约 60 米后过了鼎舜花园 B 区的南门，靠到左侧的垂柳湖岸带，马上就可以放松下来，优哉优哉地戏柳赏湖了。尽西头与北关街交汇的偏形的十字路口也不安全，是最易拥堵的瓶颈，也是交警查酒驾的战略要点。西北金角的运河会馆借用了山西民间牌坊，碑刻文化做底儿，精致本地菜可宴外来游客。不远处的东风饭店以临清菜为平台，用心真做，在混乱的时代始终坚守无限接近的“物美价廉”，值得点赞推荐。这样走在镜明路上，当你看到青年林的时候，你已经到了我们咖啡，余光点点，可看见大窗户玻璃上磨砂贴的品牌主张——在我们，发现自己。记得那年骑行在镜明路上，刚拐入青年林路的时候，我兜里的手机接连响起脆铃声，那是我们咖啡的 WiFi 连上了。门口那颗柳树枝条嫩黄变绿、重绿渐黄的时候，窗外站满了蹭 WiFi 的后邻卫校的少男少女，也算我们咖啡的一景。有时候坐在店里，窗外的他们（她们）就是最鲜活的风景，当然，他们（她们）的表情和拥堵在西邻东昌府区计划生育服务站的年轻夫妇们迥然不同。

我们咖啡（摄影：王宁）

湖畔水漾里的我们咖啡

我们咖啡隔一条能容两车并行的车道的镜明路和一个纵向的停车位就到湖水了，说它是聊城最近水的咖啡馆其实很诚实，坐北南向水，上风上水地。

站在我们咖啡的二楼，透过窗户望出去，视线跳过了镜明路上的车龙和喧闹，可以看到湖、水、光岳楼、摩天轮和颇像悉尼剧院的那个笨家伙。

湖是东昌湖，也叫胭脂湖，是宋熙宁三年（1070）开凿的护城河，以后人工的水域越来越大，就成了湖（官方数字面积稍逊杭州西湖）。城是漂浮在水面上的古城，时间上与护城河同期，四四方方的一座城几百年了，老街老建筑老人要是都在该多好啊。楼是稍晚的明洪武年间的军事工事，城中央，光岳楼，“泰岱东来作翠屏”，600 多年的历史也攒了不少东西。除此之外，其他的什么都不足以挂齿。我想说的重点是水。

东昌湖的水其实来自黄河，滔滔黄河水经过沉砂池、谭庄水库，清水源源补给到东昌湖里，因有活水，东昌湖才有了面相的清秀和神韵的灵动。在城里，运河疏通且与湖联通，徒骇河重金建设，流域焕然一新，令聊城有了“江北水城”的底气。聊城，因了水，有了灵性。煨在水里的城和居在城里城外的人，齐人的粗粝和鲁西几近风干的直爽被水慢慢涤荡、柔励，百炼钢化为绕指柔，色彩渐暖，人物而渐，趋近的是人性和生活，我觉得这才是水城的秀韵所在。人说“聊城慢牵牛”，我辩聊城更从容。慢怎么了，生活本来就该是真实的，不惊、不慌、不装、不羡，有精神，自从容，怕个鸟啊！君不知珠海，不攀深圳，乐活自己，反而生活上更超前，未来更从容；君不见慢食、慢写、慢跑、慢爱、慢设计、慢旅游已蔚然成风；君不闻本雅明、王尔德、梭罗、林语堂、欧阳应霁及其著述已然成为现代理想生活方式和价值观探寻的取样和读本？

其实，这不新鲜，中国的老子早就留言历史“上善若水”，即使以孔子为首的儒家都借喻水赞美进取的人生，但老庄的水观更趋近于生活的真谛。

我们咖啡一开始就赋予了水的理念和慢生活的因调，慵懒而舒坦，温暾且优雅，不是吗？

这是我们咖啡创立第九年的立春时节的一个午后，阳光和煦地打在门左侧靠窗的一张小桌上，红茶升腾的香氲与阳光相遇，咖啡的袅袅又包裹了光的温暖。金老板娓娓诉说着这八九年来生意上的不温和坚守，对面两个年过六旬的智者神情专注，时而赞叹时而沉思，他们完全沉浸在对咖啡的认知回忆里，也说起在国外的咖啡经历以及咖啡文化触动的社会文明，沐浴在阳光里的谭老以"经营的洁癖"为金老板点赞，有丰富企业管理经验的赵老以"大我们"为"我们"的发展支招儿。我插不上话，在书架的后面打开了我们咖啡"时光记忆"之盒，翻看着一张一张或卡片或随手纸张的留言、绘画，你可以看见一张一张的面孔，一个一个去掉盔甲和面具的真人儿，是了，那都是真实的自己。

赵老谈起他和老伴儿曾经无数次地湖边散步，早已经注意到我们咖啡，但就是没有进来。我理解这个语言桥段的真实含义，其实生活并不真实，大家都躲在厚厚的壳里，所以，才累。

几年前，金老板接待过一位北京来的知性女性，任性的这位在一个小调休的闲暇里从北京西客站买了一张火车票，第一次来了聊城，前后三天，在聊城转了几转，最后找到了我们咖啡，也是坐在临窗的这张方桌上，喜欢上了聊城，回去后专门给金老板写来了感谢信。

一次，一家本地医疗机构接待澳洲来的重要客人，顶级吃喝后要找个地方坐坐，后来救火者想到我们咖啡，来了，走了，皆大欢喜，没后悔。

与我同行的谭老和赵老都是诗家，金老板的话题很自然转到元旦前后的那场诗歌朗诵会上，不期的人满为患，不料的自我感动，可以载入史册了。两位智者听了描述，高度认同乐见的形式、广谱的价值以及诗歌对生活的贡献，并约定发起对生活更多助益的活动。

那天的明天，是西历的情人节，水岸慢调的我们咖啡将又会上演不同俗套的求婚和表白，而我却想起，去年七夕情人节那对满头银发的气质上佳的老伴侣还会来喝一杯"慵懒"牌咖啡吗？

补记

文中提及的两位智者和诗家很快回诗我们咖啡，今容我借来助力——

我们咖啡八首

谭庆禄

一、深 窈

门店恂恂对夕阳，小桥曲折过横塘。
风回舟影烟波杳，水岸纱灯晚半藏。

二、闲 静

平湖鱼鸟自悠悠，叶底枝间语未休。
帘卷疏风石桥外，芰荷香散翠烟浮。

三、独 啜

细雨斜风一水间，幽窗独坐意闲闲。
停杯不觉云开处，暮色城头月半弯。

四、风 调

斯文风调已难寻，小巷幽幽隔柳荫。
香篆氤氲来匙下，泠泠驹影洗尘心。

五、品 位

镜明湖白雪霏霏，远树巢空鸟未归。
店主无言客无语，阳春一曲动深微。

六、趣 舍

一檐却是小蓬壶，碧水清幽月正孤。
情性由来遮不得，偏缘风雅远青蚨。

七、风义

素怀何意出尘寰。入手方知事路艰。
坐看浮云流水去，小城白夜自闲闲。

八、我们

清兴何须对绿樽，镜明湖畔有仙源。
一杯摩卡翛然意，娴雅悠悠是我们。

我们咖啡四首

赵英航

一

碧水荡春晖，和风紫燕飞。
清心最难得，闲坐品咖啡。

二

依依杨柳岸，倏忽近黄昏。
情意寄何处，今宵归“我们”。

三

蹉跎休得怨红尘，明月秋波境界新。
燕饮何须寻美酒，咖啡风味更芳醇。

四

平湖十里冰，白雪照红灯。
暖暖咖啡屋，温馨小客厅。

（初稿于2017年立春一候，校于清明二候）

光岳楼：泰山只是它的屏风

30年前，我毕业分配到聊城工作不久的一个周日就骑了永久牌自行车拜谒了光岳楼。现在，我已经忆不起当时出于什么样的动机，更解释不了一个经济学专业毕业的学生为何会对从未谋面的一楼阁感兴趣，只记得当时问了工作人员，寻到瘦瘦弱弱的魏聊君，隔了我的自行车，我们站在光岳楼下的南北通道里说话。30年过去了，几日前遇到相熟日久的魏聊兄，说起光岳楼，他并未因长期守候而波澜起意，公允指述，利弊共陈。随后，微信转我一篇央视《国宝档案》关于光岳楼的专题片文案。为文期间，央视已经播出，聊城人群情振奋，朋友圈时处见刷屏。

楼与城："洪武二年把砖城建，古楼盖在正当阳"

这是聊城已故文化学者吴云涛老先生在大集破烂市的地摊儿上花一角钱买的手抄本元宵节秧歌调《逛东昌》里的句子，《逛东昌》是由光绪末年武水醉丐创作的秧歌调俚曲唱词，反映了漕运畅通带给东昌府的繁华盛景。自然，这句话也巧妙地揭示了城与楼的关系，光岳楼因城而设，城又似星捧月光映于楼。

聊城历史久远，发轫于大汶口文化和龙山文化时期，在这块相对平坦的黄河下游的土地上，先民以渔猎和农耕谋生、繁衍，农业被发明，技术大进步，手工业从农业中分离出来，人口增长，聚落初成，迅速壮大的结果就是成组的文化城出现，随之中心城市也被孕育出来。但后来随着阶级的分化，战争爆发了，城和国以利益为杠杆黏合了政治、经济、文化诸方资源，并天然地形成对峙，你死我活的生死博弈开始了。打开奴隶社会的开篇，夏、商、周世袭制取代公有的制度设计，彻底颠覆了原来你好我好的好好模式，也奠基了诸侯林立势力割据的春秋战国，在这喧闹混乱的时局中，聊城（聊、摄城邑）

作为大齐国的西部边陲重镇，历来是兵家必争之地，其治下包括今天的东昌府、茌平、东阿、高唐、阳谷，而莘县和临清则属于小小的卫国，冠县属于西部辽阔的晋国。

早期的这段历史中，聊城曾是商殷纣王之庶兄微子的封地。北宋著名的地理志著作《太平寰宇记》载："聊城县微子城，纣之庶兄封于此，有故城存焉。"其中的微子城就是指商纣王庶兄（启）受封之地，册封微国，授以子爵，故名微子城。《名胜志·城冢志》也载："微子城在县东北十八里，世传商受（即纣）时微子所封。"清宣统二年（1910）的《聊城县志·古迹》记："微子城，在县东北十八里。"而清代的著名学者叶圭绶则说："摄城在博平之南三十里，亦名微子城，又名郭城。"《考古录》说："据《聊城县志》图，微城所在，正古摄城，摄城临黄沟，黄沟亦称湄河。"考"微""湄"二字古通用，湄河即微河。故微子城即春秋战国时的摄城，亦即摄国故城……这一段话考证了微子城的存在，说聊城城市建设的历史似乎是起点了，但往事如烟，谁又说得清。

《春秋左传》载"晏子曰聊、摄以东"，聊城时称"聊邑"，真正以"聊城"谓是在《战国策·齐策》里，有"燕将守聊城"句。从此，"聊城"之名一直沿用至今（中间一度改称西聊县、聊邑县，但时间都较短），该有 2400 余年的历史了……

一座城的设置多半服务于政治军事需要，聊城之设肇始于春秋战国，地处多国交接，平地筑城顺理成章。5000 年历史因陈，中国是一个具有典型性的农耕国家，先人"逐水草""择高地"而居是生存生活的智慧，更是遵循天地自然、随物赋形的朴素唯物哲学。聊城居中原、傍黄河，自然成为历代兵家必争之地，高地土筑、后以砖代，以聊树营寨，成就一座历史文化名城（1994 年第三批）。聊城本地知名学者陈昆麟先生和刘玉新先生笃心考证的结论即使看今天遗落的聊城周边及县市名称也斑斑可见其意。"谷山之阳"出阳谷，"（躬耕）莘野"故莘县，"茌山之平陆"得茌平，有沼泽突丘方见高唐、柯邑见水（济水河水曲形成大陵分东阿西阿）有东阿，临近清河故临清……

这样的一座城在 2000 年的时长里历经四次筑城、三次移徙，尤为值得铭记的重要节点是，宋淳化三年（992）迁今址、宋熙宁三年（1070）始筑土城和洪武五年（1372）改建砖城，此处单表与光岳楼有关的最后一个节点。

元末至正年间，聊城（时东昌）境内多县发生大旱大涝，冰雹大如马首，地震频生，饥馑甚重，人相食……借壳宗教题材上市的红巾军起义肇始淮河流域并迅速向北推进，乱世英雄朱元璋趁势登顶。洪武元年（1368）徐达大军北渡黄河，副将常遇春率军攻破山东北部军事重镇——东昌府，设平山卫，布重兵扼守，以防蒙古贵族统治集团的军事进攻。在这样的背景下，东昌守御指挥佥事（正四品官衔）陈镛花了三年时间将宋熙宁三年筑的土城加固改建为砖城，“严更漏而窥敌望远”，报时报警，又以修城之余木料建更鼓楼，时名“余木楼”“鼓楼”，彰出处显功用也颇形象，至于光岳楼的今名，那是100多年以后的事了。当时的东昌府南接济南、兖州，北连临清，“襟卫河而带会通，控幽蓟而引淮泗，泰岳峙，漳水西环，实齐鲁之会也”。

广袤的平原腹地，一座高百尺、墩台厚实、主楼巍峨的建筑会相当惹眼，不成为中心都难。晴日登临，沃野尽收，丘川秀美，心旷神怡，若东眺，如果不是上午太阳有点儿刺眼，搞不好真的可以望见泰山呢！

楼与楼：“虽黄鹤、岳阳亦当望拜”

光岳楼的历史上第三个名字出现在明成化二十二年（1486），知府杨能在维修此楼时因地赋名，称之“东昌楼”。这种命名方式很自然，境界上属于中规中矩。但这个名字用了短短十年，就被一个很高级的名字给替代了，并且是永久性地替代。这个对于光岳楼至关重要的桥段发生在明弘治九年（1496），从六品官的吏部考功员外郎李赞过东昌拜访了太守并记入《题光岳楼诗序》，“余过东昌，访太守金天锡先生。城中一楼，高壮极目，天锡携余登之，直至绝阁，仰视俯临，毛发欲竖，因叹斯楼，天下所无，虽黄鹤、岳阳亦当望拜。及今百年矣，尚寞落无名称，不亦屈乎？因与天锡评命之曰‘光岳楼’，取其近鲁有光于岱岳也”。丰饶的齐鲁大地上，斯楼与巍巍泰山交相辉映，“光岳楼”，实是大格局，好名字。

这座应政治需要建造的古楼阁自完成后却因朱棣迁都、军事防御中心北渐功能大大地弱化了，但局势稳定下来终归是大好事儿。明成祖建都北京一下子把运河的重要性空前提高，出于江南物产北输及南北的交流，运河带自此开启了明清时期中国物资最集中、贸易最繁荣、运输最繁忙的黄金航道功能，自然，沿运河商埠也顺势成就了大城市的枢纽地位。在这样的背景下，就不难理解“南有苏杭，北有临（临清）张（阳谷的张秋）”的说法了。临清运河钞关税收曾经占到全国税收的1/4，单从这个数据你就可以想见物资的集聚体量和贸易的繁盛到何等程度。阳谷县的张秋镇在历史上只是一个乡镇，但由于地处黄河、大运河的交汇处，曾高配到省一级水利管理机构的规格。东昌府扼运河瓶颈，时誉“漕挽之咽喉，天都之肘腋”，确系“江北一都会”，商贾云集，会馆林立，经济繁荣，文化昌明。大运河繁荣底色上的光岳楼自然就转换了角色，成为聊城大自然和厚人文的重要标记，再后来，与境内的宋代铁塔、玉皇皋并称“东昌三宝”，成为聊城的经典符号。

光岳楼远景（摄影：王宇辉）

光岳楼分墩台和主楼两部分，墩台是正四棱台，高二丈七尺，四个正方向开辟拱形过街通道；主楼有四层，称“四重檐”，高七丈二尺。这样，楼高合起来是九丈九尺，九乃阳数之极，寓其高不可超越。这座外观为四重檐歇山十字脊过街式楼阁的建筑墩台为砖石土混砌，主楼为木结构，外饰围廊。木制主构架以32根金柱支撑，12根内槽金柱和20根外槽金柱，柱列分布基本符合宋《营造法式》规程，所以，说光岳楼是宋元建筑向明清建筑过渡的代表作并不为过。

几年前在平的一个研讨会上，我邂逅同济大学知名古建专家路秉杰教授，他曾于1984年参与新中国成立后光岳楼规模最大的第六次维修指导工作。我向他请教光岳楼的价值，他笃定地说，光岳楼是我国现存明代楼阁中最大的一座，形式上承袭宋元楼阁遗制，结构上承继唐宋时代风格，与明初同期建筑有若干相似，堪称开"官式"建筑先河。

从历史看，江南三大名楼中的黄鹤楼、滕王阁、岳阳楼都是屡建屡毁、屡毁屡建，其中历史较久的岳阳楼是清光绪六年重建，高度不足20米……其建筑年代、文物价值、外观体量都远远不及光岳楼。2007年，铁道部下属中铁纪念票证有限公司发行《中国名楼》站台票纪念册，光岳楼忝列其中，九大之鹳雀楼、黄鹤楼、岳阳楼、太白楼、滕王阁、蓬莱阁、镇海楼、甲秀楼、大观楼建筑年代都不如光岳楼。北京钟楼和鼓楼始建年代比光岳楼早，体量也大，但都是后来重建，且是单脊歇山顶，与光岳楼形制不同。在现存的中国古代楼阁中，唯有西安钟楼与光岳楼的建成年代（明洪武十三年）最为接近，高度也差不多，且都位于古城中心，墩台都有四向过街式通道，但西安钟楼的楼顶为攒尖顶，光岳楼是歇山十字脊葫芦宝顶，其重心比西安钟楼要高，所以，在外观上，光岳楼比西安钟楼更显得雄伟高大……

但如斯分量的一座运河古楼阁在许多不同的中国"四大名楼""六大名楼""八大名楼""十大名楼"的版本中并不见踪影，为何？

这个问题颇耐人寻味。

在这个追求更大更强的年代，旅游收入和总规模优先上位，有的地方名楼连带周边已经外拓发展为产业园区了，而光岳楼处于古城中心，无法外延。一座历史楼阁，其建筑价值和文物价值自然是最重要的，但属地政府的重视和推广也很重要，在当今一个日益品牌化和传播的时代，恰恰是风物长宜放眼量，把光岳楼视为一个品牌、一个商业品牌可能更有利于传播和推广。

大聊城大楼阁："泰岱东来作翠屏"

几年前，南方的一位设计界大腕儿来聊城演讲，来之前特别问起聊城有啥，我代朋友回复他，我记得第一句话我说的是，在中国的版图上黄河和大运河的交汇点是聊城。聊城是大聊城，不是因为很多年前某报刊发的《天下不敢小聊城》一文，也不是因为现在铺天盖地的"聊胜一筹"广告，我以为是流淌了

5000年农业文明的黄河和承载了近500年商业文明的运河的共同滋养成就的大底色、大格局。北纬35°～37°，气温适宜，土地肥沃，现已是中国不争的最大粮蔬产地，粮蔬天下安。黄河和运河的这个坐标确实够威够大，试问，中国版图上还有什么能与之媲美？聊城自然因其大格局大背景而大聊城。

大聊城的这座城也不简单，始建于春秋能陷不失的凤凰城，战国时因名士鲁仲连射书救聊城名噪一时；明清时更因运河勃兴而富而盛。方方正正的一座城，四瓮城四角楼，四象四隅对称，圆融和谐，接天纳地。

中心凸起光岳楼，墩台之上四层楼设，暗合五五河洛之数，实在妙极。有大聊城和古城背书的光岳楼计有台阶112个、金柱192根、斗拱200余，楼内匾、联、题、刻块块精品，尤其是康熙帝御笔“神光钟暎”匾，乾隆帝诗刻，清状元傅以渐、邓钟岳手迹，郭沫若、丰子恺匾额楹联至为珍贵。光岳楼确系江北第一名楼，也曾是中国古代四大名楼之一，在中国古代建筑史上有着重要地位，但从品牌认知的角度看也确实存在问题。首先，聚焦不够，名人资源多反而称为劣势；其次，没有像黄鹤楼、岳阳楼、滕王阁那样进入最强传播媒体（各种教材）经年传播。也就是说，光岳楼缺一首或一篇进入全国通用教材让人们主动记诵于心代代流传的诗篇或文章。岳阳楼有范仲淹的《岳阳楼记》，有“先天下之忧而忧，后天下之乐而乐”；滕王阁有王勃的《滕王阁序》，有“落霞与孤鹜齐飞，秋水共长天一色”；黄鹤楼有崔颢的《黄鹤楼》，有“昔人已乘黄鹤去，此地空余黄鹤楼”……一个人、一篇文章、一句话、一座楼，至为简单的语式信息恰恰暗合品牌认知规律，而光岳楼没有凸点，没有层层递进的信息攻势，因而，就没有认知，没有印象。

翻阅光岳楼的题诗和颂文，我发现一首诗中有一佳句特别呼应光岳楼的品牌名称，并且意境卓然，非常巧妙地承继了聊城的繁盛和文脉，徐徐吐纳出聊城的厚重与不凡。那就是1656年冬作为山东学政的施闰章（小说家蒲松龄的老师）居官济南时来聊城审理“胭脂”案时，同刘刺史登光岳楼题写的一首诗，开篇首句“危楼千载瞰沧溟，泰岱东来作翠屏”，其中的后半句“泰岱东来作翠屏”不仅提及光岳楼和泰山的关系，而且，很是拉风地高调放言，泰山只是光岳楼的屏风而已。这是何等的意气风发？有什么样的底气才可以让东岳俯首以屏？

那么,拿它作为光岳楼品牌的主张(slogan)如何?

我觉得简直天赐,浑然天成!

那就细细梳理光岳楼的品牌价值体系及背书资源,凝聚合力,打造独特的光岳楼品牌IP,进而激活文化创意产业,使600年光岳楼重新焕发市场活力。

(初稿于2018年5月18日至6月15日)

山陕会馆

祀神明而联桑梓

会馆肇始于明前期的永乐年间，兴盛于嘉靖、万历年间，清中期数量臻达巅峰。会馆遍布通都大邑、府、州、县城，甚而重要乡镇。

明开国皇帝朱元璋励精图治三十年，“洪武之治”赢来了一个以南京为中心的富庶盛世；明成祖朱棣文武才并，勤政善谋，迁都北京，功成“永乐盛世”。政局的稳定和经济的殷实带来了文化的繁荣，永乐十三年(1415)，科举考试也得以恢复。表面看来，是科举的兴起和工商业的活跃为会馆(接待赶考举子的试馆和工商行业协调的行馆是会馆的主体形式)产生提供了丰厚的土壤，但往深里瞧，其实会馆是中国高度集权王朝政治强力主导下的必然产物。因为在中国，政治历来或垄断或寡占着最丰足的资源，政治的高高统御之下，经济、文化甚而社会意识形态诸多统统匍匐膜拜，无管宫廷乡野，看明清的会馆和今天的驻京办莫不如斯。因此，政治中心地很自然也是会馆的集中地，1949 年统计数据显示，北京市尚有各类会馆 550 余座。

朱棣迁都，中国的政治重心北移，贯通整个中国东部富裕板块南北的河道被赋予了艰巨而伟大的使命。京杭大运河自此成为近五百年中国财货物资人口最集聚的黄金航道，沿线商埠也迎来了千载难逢之良机，我大聊境内的东昌府、临清、张秋、阿城、七级都是荣耀在这个时期。“南有苏杭，北有临张”，以张秋一镇设、临清一县置，当年该是何等的体量和气度可比肩苏杭？东昌府更是“漕挽之咽喉，天都之肘腋”，商贾云集，市肆繁盛，东关运河沿岸就建有山陕、江西、苏州、赣州、武林等八大会馆。除了会馆，尚有“馆驿”，馆驿也有部分会馆功能。在东昌府，穿越历史至今留存下来的除了山陕会馆，就是一条长约 500 米的叫作“馆驿口”的小街了。

各地商贾离乡背井在外域做生意，自然有同乡搭帮的心理需求，无论是生活还是生意层面。乡音、食饮、娱乐嗜好、生意信条甚至价值观都呈现出迥异的“群分”并拢，当然，外部竞争的压力也是聚集的因由，远离故土，抱团取暖很是自然。所以，会馆被赋予了众望，很多的功能被开发出来，无论于外乡客还是本地人，它集中呈现了商贾实力、建筑特色、民俗风情以及他们的精神文化，从很大程度上代表了当地人的形象。

东昌府的八大会馆唯一保存至今的是山陕会馆。有一次，学校研究生面试，我请一个学生用一句话概括山陕会馆，她很快地说出“祀神明而联桑梓”，我果断地给了她高分。

会馆为何山(晋商)陕(陕商)共?

中国的版图上，山西和陕西都是南北狭长，恰中三分，地貌物产文化习俗各不相同。但整体看，山陕又似并肩而立，隔黄河相望，兄弟关系不是一般的好，要不有“秦晋之好”这个成语呢！山、陕板块历史悠久，人文荟萃，中国历史上最漫长的政治、经济和文化制度多数都在这两个地区经过了早期的实践。它们通过政治联姻、经济协同以及文化博弈，一边演绎着兄弟阋墙的爱恨，一边又同气连枝一致外御其侮、联袂闯华夏，其中，最具认知符号性的就是晋商与秦商在全国各地运作的山陕会馆了。于此，我们省略一万字，略过春秋战国晋秦两国的恩怨情仇，不谈政事儿，只说生意场。

山西地跨黄河、海河两大水系，人文沉潜，晋人的商贸活动历史亦久远。早在先秦时晋南就有“日中为市，致天下之民，赞天下之货，交易而退，各得其所”的商业交易，但自周秦到隋唐，晋商影响并不太大；直到李唐定太原为北都，晋汾河两岸才出现前所未有的商贸繁荣，韩愈有诗证，“朗朗闻街鼓，晨起似朝时”；宋时，由于山西地处北方边疆，军事原因促成晋商跻身全国的中坚行列；元朝终结了宋、辽、金割据，且随着驿站的完备，晋商商业活动的疆域大大拓展了，“从太原到平阳(临汾)这一带的商人遍及全国各地，获得巨额利润”，马可·波罗就看好晋商丝毫不输于他老家驰誉欧洲的意大利商人。但晋商的真正辉煌当是在明清，洪武三年，大明施行“开中制”，晋商经营的是国家军备物资，一举突破了国家专营特权(如盐)，这种政策助力为晋商的大发展营造了排他性的优势。明代官员沈思孝在《晋录》中记述道："平阳、泽、潞，豪商大贾甲天下，非数十万不称富。"晋商的富是大富，且全国各地皆有分布，"京师大贾数晋人"……他们没有桑梓地束缚，哪里有机会去哪里，有句类似玩笑的旧话说，"凡是有麻雀的地方，就有山西商人"。近代学者严慎修在《晋商盛衰记》中也写道："南则江汉之流域，以至桂粤；北则满洲、内外蒙古，以至俄国莫斯科；东则京津、济南、徐州；西则宁夏、青海、乌里雅苏台等处，几无不有晋商。"他们在结伙朋合中还形成了很先进的企业制度设计，比如股份制就是他们的创举。到清朝时，晋商雄居中华、饮誉欧亚，已然成为中国实力最雄厚的商帮。

晋商称雄，历史铭痕的是三座丰碑：驼帮、船帮和票号，产业资本与金融资本并舞，眼界格局俱高卓。晋商文化里最为称道的是"诚信"和"团结"，他们在生意、修为甚至政治自觉方面都要优于其他商派。蒲州商人王现曾说："夫商与士，异术而同心。故善商者，处财货之场，而修高洁之行，是故虽利而不污；善士者，引先王之经，而绝货利之径，是故必名而有成。故利以义制，名以清修，恪守其业，天之鉴也。"四五百年前的普通商人的境界令我们钦佩赞赏。无怪乎梁启超先生说，能让他"自夸于世界人之前"的只有"有历史、有基础、能继续发达的山西商业"。

而陕西位处中国内陆的腹地、黄河的中游，是中华民族及华夏文化的重要发祥地之一，历史上计有西周、秦、汉、唐等十几个政权在陕西建都，姬水流域的黄帝部落和姜水流域的炎帝部落由冲突到融合，形成华夏民族并开启 5000 年文明就是在这里。

秦商的贸易活动远在西周就开始了，而且是外贸。春秋战国时期，诸侯间贸易自由，竞商求富。秦一统六国，统一了货币和度量衡，车同轨，书同文，客观上大大促进了商品经济的发展，也使陕商进入封建社会后获得了第一次长足发展的机会，咸阳都中心商贸带初成，长安商人开始登台历史，彼时的长安城是罗马城的 3 倍，人口 24.6 万人，是标准的国际大都市和全国商业中心。隋唐时陕商借开明政治之契机，以丝绸之路又谋占先机。明代"食盐开中"的一般政策和"茶马交易"的特殊政策的实施大大助推了陕商的重新崛起，"关陕商人"或"西客"驰骋全国，迅速成为明清商品经济和市场网络中活动的主体。明清时期，他们以沟通东西贸易为己任，最终树立起“陕商”或“西商”的形象。长江边上的扬州是他们扬名立万的宝地，“淮盐以西商为大宗”，他们以贩盐著称。明代科学家宋应星在《野议·盐政议》中论述：“商之有本者，大抵属秦、晋与徽郡三方之人。”

中国西部高山巨川，黄尘漫天，恶劣的自然条件并没能阻挡住彪悍的秦人上甘下川出境走边的步伐，奋励、专注、坚韧不拔、敢作敢为是他们的本性和作风，他们开银号当铺，贩川丝夏布，买卖药材，放高利贷，贩贱鬻贵，富贵险中求。但在生意上和人际交往上，他们恪守本心，正德向善，厚重质直，忠义仁勇。陕西八百里秦川沃野，形成了秦人忠厚为本、诚实不欺、不尚空言的高尚品格，做生意丁是丁、卯是卯，不投机，不取巧，不拐骗，不蒙坑，以稳健持重著称于商界。

秦商的历史贡献主要集中在三个方面：一是“拓北庭”，意思是打通西北的商贸通道，也是西北部分的丝绸之路，至今意义悠远。二是“蹚古道”，不辞艰辛，助成以康定为中心的茶马交易通道，史称“陕康藏茶马古道”。三是“走西口”，家喻户晓，不赘言。

秦商在中国的历史上地位显赫。秦汉时就以独立自由商人登上经济舞台；唐代以“帝国商人”身份傲视天下；明清时威震全国的“西秦大贾”在中国明清商业史上叱咤风云了近500年之久，为中国西部的初期开发和明清以来陕西经济的发展立下了汗马功劳。陕西当地有一首脍炙人口的秦腔剧《张连卖布》，不经意道出了秦商的辉煌：

> 先把那渭南县当铺坐下，西安府开盐店咱当东家。兰州城京货铺招牌悬挂，西口外金刚钻发上几车。穿皮袄套褐衫骑驴压马，烧黄酒猪羊肉美味有加。娶妻小赛过那南京俏画，买丫鬟和小子装烟倒茶。清早起人参汤先把口下，到晌午把燕窝拌成疙瘩。张口兽琉璃瓦高楼大厦，置九顷水浇地百不值下。银子多使不了这该怎咋？寻几个好伙计四路访查。幸喜得四路里粮食涨价，百十名走粟行银赚万八。捐功名只要那官高势大，访巡抚坐总督布政按察。

陕商很硬，被誉“人硬、货硬、脾气硬”的“三硬商人”。清末文人郭嵩焘说："中国商贾夙称山陕，山陕人之智术不及江浙，榷算不及江西湖广，而世守商贾之业，唯其心朴而心实也。"

聊城的山陕会馆就是一座关帝庙

其实，明清时期也有陕商和晋商独自开设的会馆，但真正名垂青史为我们所熟知的还是他们联袂而立的山陕会馆。中国到底有多少山陕会馆？从他们几百年的足迹看应该遍布全国。风尘百年，历史跌宕，留存至今保存完好的不多了，但我们从残石旧木和片牍字句中可以隐然听风雷、见精神。

聊城的山陕会馆俗称关帝庙，其实这个俗谓更指向本质和核心。这座始建于乾隆八年、历时 66 年、耗白银 6 万多两建成的宫殿，名义上是山陕商人"联桑梓"而设的行业管理的公会，其符号和功用背后的内容及精神层面显示的却是他们的忠义、诚信以及较之其他商帮的骄傲。

关帝庙就是供奉关羽的庙。关羽，字云长，三国时河东郡解县（今山西运城解州）人，蜀汉大将，一生忠义仁勇，信诚冠天下。但作为一个历史人物，正史《三国志》对关羽并没有多高的评价，《关羽传》也区区 900 多字。关羽在世时唯一的获奖是他 41 岁时被曹操赐封的"汉寿亭侯"。关羽真正赢得的是身后名，且是品牌神话的路数。民间尊敬他为"关公""关老爷"，朝廷褒封也不断升级，千余年来，由将而侯而王而帝（清代奉为"忠义神武灵佑仁勇威显关圣大帝"）而圣（"武圣"，与"文圣"孔子齐名），这在中国历史上绝无仅有。固然，关羽聚集了"忠、义、仁、勇、信"诸多优良品性，是民间老百姓崇仰的做人楷模和顶礼膜拜的道德偶像，但把一个人提升到帝和圣的境地，一定是关公崇拜秘藏着或暗合了中国传统价值体系建构所需的重要资源，一定是关公文化有利于生成整个社会族群甚至民族的精神内容，并且便利于这个社会核心价值观的践行和有利于统治阶级的统治。于是，关公成为一个社会和国家层面的现象，与社会、政治、经济、宗教、伦理、哲学、民俗等诸多方面相互作用而影响越来越大。我们可以从清代关帝庙中的一副对联领略关羽在中国传统社会中的影响。

儒称圣，释称佛，道称天尊，三教尽皈依。式詹庙貌长新，无人不肃然起敬；

汉封侯，宋封王，明封大帝，历朝加尊号。矧是神功卓著，真所谓荡乎难名。

当然，从这副对联中我们也可以看出关羽的品牌之路。冯友兰先生在《中国哲学史》中论及，“自晋至今，言中国之思想，可以儒、释、道三教代表之”。三教并立，历有论争，但走向融合，却代表着中国思想文化主流的形成和发展。三教圆融大一统，是关羽以一身而系三教之崇成就的。反过来说，在形成关羽“全民崇拜”的过程中，佛、道、儒三家先后参与其事，终使关羽成为中国历史上最重要的神祇之一，且对于近代中国民族精神的凝聚起着不可忽视的影响。

最早是佛家寻租，释道供奉。南陈光大年间，佛教天台宗创始人智青游历经过关羽死地湖北的当阳，夜入玉泉山，有大神人美髯者与其谈话，自称汉将军关云长，于是智青对关羽授五戒，使他永护佛法。这是见载于书籍的第一个“关羽显灵”的故事。彼时，外来佛教与中国本土宗教博弈正酣，佛教隐然占了上风。但外来文化终须本土化、与传统文化达成某种程度的妥协才能真正渗入民众之心。当阳属于巫风淫祠民俗盛行之楚地，当地人笃信“解使鬼法”和“役使鬼物”，因此，智青和尚的新编颇合乎大众认知，于是，关羽入庙成神，中国人很愿意在寺院中看到自己喜欢的人化身的神。智青的这一佛教本土化的策划可谓意义深远，天台宗自此开始成为一个流传最广、历时最久的佛教宗派。

道教拉郎配，关公战蚩尤。外来的佛教都知道托关羽行其意，本土的道教自然也不会放过这样的好机会。宋真宗大中祥符年间，他们祭出穿越时空的“关公战蚩尤”故事，放置在因运城盐池水减盐业课税深受影响的背景下讲述，深信道教的赵恒信以为真，请来信州张天师作法，招来“忠而勇”的“蜀将军关某”，“披甲仗剑”的“美髯者”将蚩尤打败，运城的盐池水满如故。虚幻故事一经官宣，关羽即刻神化。直到今天，晋南地方戏曲锣鼓杂戏中仍有一个神话剧目，名字就叫作《关公战蚩尤》。

儒家顺手牵羊，关羽定格榜样。释道两教围绕关羽的造神运动一开始就建立在强大的群众消费认知基础上，加上历代皇帝的推波助澜，想不成功都难。出身寒微的关羽“亡命奔涿郡”，“随先主周旋，不避艰险”，后“威震华夏”，虽然生前只被曹操表封为“汉寿亭侯”，死后40多年才被阿斗追封为暗藏讥消的“壮缪侯”，但这并不妨碍关羽成为炒作的题材，因为在文学建立起来的传统认知里，“桃园三结义”“身在曹营心在汉”“千里走单骑”“过五关斩六将”“刮骨疗毒”的关羽是满满正能量的大英雄，极具儒家普世价值。“将军秉天资，义勇冠今昔。走马百战场，一剑万人敌。”隋唐始已有颂扬关羽的诗文，宋元以降，王朝兴替，外族觊觎，战火频仍，国力羸弱，社会动荡，当中国从朝野到民间心理上都需要有一个强大的信仰支撑时，神化了的关公适逢其时。北宋徽宗皇帝赐关羽为“武安王”和“义勇武安王”，封关羽为“忠惠公”和“崇宁真君”（关帝庙的主殿从此称“崇宁殿”）。南宋高宗、孝宗时更是在王字前添加了近十个字的定语。元后入主中原的少数民族统治者同样供奉关帝，元朝皇帝曾两次封谥关羽。明清更甚，万历皇帝将关羽加封为“协天大帝”甚至是“三界伏魔大帝”；顺治帝加封关羽为“忠义神武关圣大帝”，清入关后的十个皇帝中有八个皇帝共13次封谥关羽，最长封号长达26字。至于关公庙，官方令行和民间自发建设遥相呼应，自然数量和规模都很可观。清雍正皇帝甚至敕命天下直、省、郡、邑都必须设立武庙，明清时的北京城城内城外关帝庙达200多座。于是，关羽成为上层统治者与底层民众信仰沟通的良好渠道，在官方配享庙堂之高，在民间径走江湖之远。“关公”取代姜太公，“武圣”变身“关帝”；读《春秋》的关公成为“关圣”，庙堂竟压孔老夫子的“圣人”文庙。

关羽是国家的神，安邦定国，镇邪驱魔；关羽是行业的神，协调和合，褒善抑恶；关羽是老百姓的神，忠义仁勇，道德文章。

聊城的山陕会馆处古城外，紧邻运河，如果后撤稍远一点儿，站在运河的另岸聊城一中的大门口打量，可以更从容、更宏观一些。整个建筑群由牌楼、戏楼、夹楼、钟鼓楼、南北看楼、南北碑亭、南中北殿、春秋阁、望楼、游廊、南北跨院配房等构成，亭台楼阁160多间，占地3311平方米。未入先见牌楼，三教圆融关公崇拜，山陕商人的意图可以读得明明白白。顶檐下“协天大帝”那是信奉道教的明神宗朱翊钧加封给关公的莫大荣誉。大门和左右便门合三数，象征着佛教中的三解脱门（空门、无相门和无作门）。大门左右一幅长联道尽关羽的身后评："本是豪杰作为，只此心无愧圣贤，洵足配东国夫子；何必仙佛功德，唯其气充塞天地，早已成西方圣人。"这句话也体现了会馆就是关帝庙的宗旨；两便门门楣匾"履中""蹈和"既是儒家思想的核心，也是观照商人为人行事要守则正心；便门两侧砖砌影壁刻"精忠贯日"和"大义参天"，自然是对关公忠义品质的高度颂扬，左右呼应的刻字和楹联莫不是儒家意旨。

山陕会馆（摄影：王宁）

一座牌楼，四柱三间牌坊式呈现，木石结构雕梁画栋，歇山式顶如意斗拱承托琉璃瓦，整体构成有石柱、柱础、门、楹联、门框门楣、方匾、影壁、石墩等均左右对称，自是极其工巧，端量是富丽堂皇，气势磅礴。儒、释、道三教全为之背书，何其能哉？

山陕会馆既然称关帝庙，整体建筑设计和呈现故事自然围绕关公展开。走右便门，移步入内，迎面是戏楼后山墙，山墙中央戏台下一甬道通前院。驻足仰望，戏楼石门上方是石雕横匾"岑楼凝霞"，再上方是砖雕垂花罩，石门两侧各一大幅线雕石版画，左系多寿的松鹤，右为富财的梅鹿。山陕会馆的戏楼颇具灵魂作用，在功能层面统合着两侧的夹楼、钟鼓楼、看楼甚至正面的大殿。所以，这个三层三间重檐歇山建筑不厌其烦、不拒其细。十翼角的顶如凤凰展翅，生机勃勃；顶部的脊背、檐背高配龙吻，威严肃穆。

过了甬道站到院子里，即使是萧瑟的冬，在光秃秃的古槐树下，四外打量，前后左右皆文章。钟鼓楼和夹楼捧出中间的五额枋雕饰的戏楼最终还是为了主角的出场，关公正殿听戏，商人列南北看楼坐。供奉了关羽（关平、周仓护伺）还不够，北南配殿分供财神和文昌火神，意思是水火相济生财保平安。这里蕴着商人的私意，也藏着商人的公心。财神殿里两副对联道尽他们的心愿："德兆阜财，萃万国物华天宝；行以利涉，庆一时海晏河清。""位津要而掌财源，万里腰缠毕至，感钱神以成砥柱，千秋宝载无虞"，横额是"功司利济"。诚然，德正方能聚财，太平盛世才可享利市兴隆，这是商人朴素的生意经，也是他们的家国情怀。与之遥相呼应的南配殿是商人祭祀火神的地方，祈祷文昌火神居离宫位，消灾护佑（两副对联是"气本似珠，看午夜光分奎壁；功源济水，居离宫位按丙丁。""位南天以居尊，神焰荧荧临斗柄；邻北极而宰化，星精朗朗俯魁垣"），横额"风时浪恬"善诠商人的美好祈望。

正殿后的春秋阁仍是供奉关帝的所在。《三国演义》记载，关羽离开曹操护送二位嫂子去找刘备，途中夜里休息时就拿出《春秋》秉烛而读。"孔子作《春秋》，乱臣贼子惧"，关羽夜读《春秋》，是为了衬托关羽高大忠义之形象吧。湖北的荆州春秋阁上有一副有意思的对联，上联是"文夫子武夫子两个夫子"，下联是"著《春秋》读《春秋》一部《春秋》"，把关羽与孔子并论这也是儒家思想价值的需要吧。

山陕会馆真正体现会馆功能的地方只在南北看楼，商人看戏、喝茶、谈生意、调争怨，其余则全部是关羽的舞台。商人借关公诉说心声、表达祈愿，把商人的公私之心和富国裕民的社会自觉和使命担当巧妙地展现，无论从传统文化承继还是建筑艺术价值彰显都堪称经典，所以，我在《聊城一日攻略》中郑重推荐，来聊城，一定要看。

（初稿于 2019 年 7 月 12 日）

扫舍贴年画，养正传文化

在中国，年画是老百姓自己的艺术，过年时印贴，祈福避祸，观照心灵。它迥异于豪门宫廷王公贵族间流转的“中国画”，它不需要锦装绫裱，也不用布满心机地待价而沽，岁时令到，门户粉壁一贴，新桃换了旧符，大人孩子穿了新衣，就是过年。所以，中国年画内容也多半是农民真实生活的写照和他们朴素的崇神向善、敬天礼贤的诚愿，取材倾向于热气腾腾的历史小说、传奇故事、民俗生活、耕织情景等，大异于中国文人画探幽求雅的山水、花鸟、竹石诸类的高冷格调。自然，民间真学问，年画有大统，“未尝非养正之一端也”（清李光庭《乡言解颐》：“扫舍之后，便贴年画，稚子之戏耳。然如《孝顺图》《庄稼忙》令小儿看之，为之解说，未尝非养正之一端也。”上述中的“年画”一词也是文本记述中第一次正式出现）。

有大统、真学问的中国年画

走过2000多年历史肇始于门神的年画，在中国跌宕起伏的岁月里从来就没有褪色过，说它是中国绘画史上的常青树丝毫不为过，因为它牢牢根植于广大老百姓的生产和生活中。以纸为媒，雕木为版，套版印刷，成木版年画。白话之，木版年画就是中国农民过年时乐赏的木版印绘的画儿。木版年画是一种古老的汉族民间艺术，始于汉，发展于唐宋，盛于明清。

汉蔡邕《独断》曰：“十二月岁竟，常以先腊之夜除之也，乃画荼垒并悬苇索于门户以御凶也。”其中的“荼垒”就是善于捉鬼的鼎鼎有名的神荼、郁垒。东汉学者应劭在兼有礼仪和历史地理学学术价值的《风俗通义》中记：“度朔山上有桃树，二人于树下简阅百鬼；无道理妄为人祸害，神荼与郁垒缚以苇索，执以食虎。”勇武镇邪的神荼、郁垒开创了门神的英雄模式，钟馗、张飞、关羽、岳云、秦琼、尉迟敬德等莫不武将，身穿盔甲，手持兵器，要么庄严威武，要么怒目圆睁，盛气凌人。也难怪，中国人的住所设计中，门最是日常出入之必经，中国人向来重视对家宅门户的防范，期盼吉祥迎门入，也希冀灾祸隔门外，于是，能守护家室又能驱凶避邪的神兽就成为最早的门神形象。

当然，中国传统文化中担当驱凶角色而又入年画的还有人间灵禽——鸡，这种谐音发“吉（利）”意境上乘（鸡鸣日出）给世间带来光明的信德使者还是与“龙”并驾齐驱的神话动物“凤”的原型，纵是鸡血也能祛妖除魔。河南有“十月一日杀小鸡儿”的习俗；在江西赣南弟子坚的婚礼上祭祖的现场，我亲见坚的父亲杀鸡滴血于红布呈祖堂祭。晋董勋《答问礼俗》中也说：正月初一为鸡日，正旦画鸡于门。魏晋时期，鸡成了门画中辟邪镇妖的主角儿。南朝梁宗懔撰《荆楚岁时记》载：“正月一日……贴画鸡户上，悬苇索于其上，插桃符其旁，百鬼畏之。”苏州桃花坞旧版年画中有“鸡王镇宅”，图案上正是一只口衔毒虫的大公鸡。

南北朝，佛教兴，隋唐盛，门神画开门启户。

至宋，年画渐形成。孟元老《东京梦华录》记：“近岁节，市井皆印卖门神、钟馗、桃板、桃符及财门钝驴，回头鹿马，天行帖子。”同时，市面上开始出现手绘画师的画稿，这种做法一直延续到清末。直到今天，我们看到的天津杨柳青和苏州桃花坞作为中国南北木版年画的两大重镇，作品都是细腻描绘的画风而不是粗犷有力的刀刻风格。

元代后，山水、花鸟、竹梅、兰草绘画形式渐渐取代人物画，同时，明代插图版画艺术的繁荣促进了民间木版年画的发展。而清代是民间木版年画最昌盛的时期，题材丰富，刻绘繁复，生动传神。鸦片战争以后直到辛亥革命，时局动荡，木版年画反映时事题材也是自然……

归根结底，年画反映的是人间百事，是老百姓的生活，是形而上，是民间宗教，也是神祇信仰。

生产力低下的年代，由于人类对自然规律的认知有限，在敬畏心理驱使下，人们把自然界的变化往往归结为神灵的意志和权力，把天地、日月、星辰、山川、河海、祖先视为神灵，并虔诚地祈祷、祭祀，渐渐地，因事而发的崇信活动固化，礼仪由简入繁，最终形成了制度，神灵人格化、形象化并进入各种艺术形式中。今天，我们从殷墟的甲骨卜辞、周易的卦象爻辞、《尚书》的殷商文告中可以看到殷商王朝统治者卜筮的大量记载，这说明殷朝宗教迷信风盛，鬼神权威包罗万象。商周时，宗教祭祀制度渐渐形成较为完善的体系，为后来者承袭。周基本承商制，并以“周礼”方式把宗教祭祀制度改进，上升为国家典章制度的理论核心。这其中，年画作为一种载体，神灵赋能，安抚众生。商周“天子祀”有门神和灶神，周祀神灵有纸马神像中的风伯雨师一一对应，由此，年画内容与张贴始有规有矩，同时暗合礼仪教化，成为中国传统文化传承的主要艺术形式。

中国传统建筑四围合式院落为年画提供了丰富的想象空间。临街大门贴“武门神”（神荼、郁垒、秦琼、尉迟敬德），是“保镖”看家护院；堂屋门贴“文门神”（五子登科等）或门官（戴乌纱帽穿朝服的宰相），有福泽加持；房门画因主人不同内容也各异，老人卧室贴“金童子”，女儿卧室贴“美人条”，儿媳卧室贴“美人条”“麒麟送子”；卧室三面墙壁上贴形式不一的“炕头画”，窗户四周贴“窗顶”“窗旁”和“月光”；灶壁上贴“灶王”；水缸、粮囤上贴“斗方”；牲畜圈贴“栏门判”；影壁上挂“福字灯”；市肆作坊挂“八扇屏”。结婚有“喜对”，祝寿送“中堂”，妇女宵夜玩“纸牌”，儿童竞戏“升官图”，端午挂“天师骑虎”“钟馗逐魔”，中秋祭月焚化“月宫纸马”，新年祈福“财神像”“天官像”……正所谓传统中式院落，错落有致，天圆地方，讲不完的规矩，说不尽的风水，处处关防，步步玄机。

笃刀刻、拙朴魂的东昌府木版年画

黄河奔腾着5000年的农业文明，运河分流着几百年的商业文明，在中国的版图上，它们在鲁豫、在聊城交汇，两河是聊城的历史脉络，也是东昌府木版年画的坐标，东昌府木版年画随黄河而来，依运河而盛。

明末清初，山陕客商集聚在阳谷县的张秋镇兴业开店，年画店裹挟其中。后来，山西商人刘振升的画店顺运河而上，北迁东昌府东关清孝街。自那时起，东昌府木版年画的生产历史已有300多年了。

东昌府所在的山东聊城是明清时借了大运河所赐的特殊机遇才成为中国运河黄金航道上的大商埠的，人财物力极度聚集，商品贸易非常发达，人文鼎盛，物阜民丰，时誉“漕挽之咽喉，天都之肘腋”，“江北一都会”。政治经济的繁荣自然带来文化的昌明，明清时东昌府（聊城）的刻书业非常发达，插图雕刻艺人专门为作坊雕刻画版，开创了独树一帜的东昌府民间版画，因此也赢得了“东昌作坊，书笔两行”的盛誉。古时的东昌府与潍坊的杨家埠并称山东两大民间画市，代表着山东木版年画的东西两大系统，很早就在国内享有盛名。俗语有“江南桃花坞，直隶杨柳青，东潍西聊在山东”“年画来路不用问，北到东昌府，南到朱仙镇”。

东昌府木版年画的作坊广泛分布于聊城、堂邑、阳谷、寿张、东阿、莘县、朝城、范县、古城等20多个城镇和乡村，刻印分离，协作共荣，蔚然产业，声名远播。至清末，知名的画店大堂号就有五福祥、义和祥、福盛和、同泰、同顺和、裕兴和、相源成、德聚成、魁元隆、广和、同顺兴、义和成、源茂永、鲁兴聚等20多家。光绪二十七年（1901），铁路通，漕运废止，东昌府木版年画臻达最鼎盛时期，自然，往下也就是下坡路了。

中国地域辽阔，看中国各区域木版年画，精彩纷呈。探寻师承谱系，东昌府木版年画与晋南木版年画关系密切。

历史，总是掩卷于尘封。记得几年前的一个冷冬，偕友逛京都潘家园，我在地摊儿上看到一本旧书《平阳民间木版年画》，艰难地伸手拈页，只两张，就看出来一两个明显的错误，知是盗版书，但我看到盗的是当地非物质文化遗产保护协会的版，最终还是买了。回来翻看倍加仔细，推敲着对错，审慎着细节，夜深人静，藏在字里行间的历史仿佛活过来了，隐约可见那个兵荒马乱的年代和无比繁盛的刻版、印刷等场景，画师手艺人的生活热气腾腾扑面而来。

黄河中游晋南平阳府系尧舜禹三代帝王的发迹地。《禹贡》曾分天下为九州，冀州位于九州的中央，故称“中国”，平阳属冀州之地，《帝王世纪》里称“尧都平阳”。再前溯，襄汾丁村人遗址显示平阳一带文明久远，仓颉造字的传说也在这里。浩浩汤汤，文明因续，绵绵先启。临汾（平阳今称），这个西南350公里望盛唐西京长安、南280公里达东都洛阳、370公里呼大宋东京汴梁的春秋晋都，虽山西偏隅，竟众星拱卫，后坐北三面环山，南向黄河曲臂环绕，系天堑护佑的风水宝地，此地山泉毓秀，土地肥沃，兵祸少，人文盛，金元时期它是中国无可争议的文化中心。早在汉唐时，平阳就盛产一种俗称

“麻笺”的白麻纸，俗有“平阳麻纸甲天下”之说，即使后来，平阳雕印业也被《中国古代印刷史》推为首冠，彼时的金元平阳刻印书籍被尊称为“平水版”，当地稷山上的枣木作为雕版最佳材料更是被宋人称为“枣本”。1127 年，金灭宋，破汴梁，一些雕版工匠被掳往平阳，使这个“锣鼓戏曲之乡”提升为戏剧创作、雕版印刷、戏曲排演等全产业链的文化高地。资料显示，很多的剧作家如关汉卿、白朴、郑光祖、孔三传等都是平阳人，称其为中国元曲的重镇毫不含糊。厚重的人文资源滋养的平阳木版年画在宋、金、元时期一直处于全国领先位置，自然，平阳也是木版年画的重要生产地。姬家雕版年画《隋朝窈窕呈倾国之芳容》(《四美图》)藏于俄罗斯亚历山大三世博物馆中，被学界公认为是国外最早收藏的木版年画。时平阳年画远销全国，且在明清时输出了大量木版年画的雕刻印刷艺人，天津杨柳青，河北武强、内丘，山东东昌府，河南朱仙镇、滑县等地就有不少来自平阳的艺人。金时部分宫廷艺人随宋廷南迁，又以南宋都城临安(今杭州)为中心向苏、闽、粤等沿海年画产地扩散，可见，平阳于中国木版年画居功至伟。

同样在山东(“江南桃花坞，直隶杨柳青，东潍西聊在山东”)，东昌府木版年画与潍坊杨家埠风格不同。潍坊杨家埠木版年画受天津杨柳青影响较大，绘画风格明显；而东昌府木版年画因承平阳(临汾)的刻版特色，更加粗犷豪放，线条刚劲有力，少了都市发展浸润的描绘，多了遗落民间涤荡的纯净和质朴，所以，它更鲜活、更年画。2011 年 11 月，在天津举办的“中国木版年画国际论坛”上，当聊城大学的张宪昌教授和东昌府木版年画社徐秀贞社长拿出代表东昌府木版年画最高水平的门神和童子花篮时，与会专家都被震到了，东昌府木版年画的艺术成就可见一斑。张宪昌教授因搜集整理研究东昌府木版年画，在聊城大学创建了

东昌府木版年画代表作：童子花篮(摄影：王宁)

山东省文化厅重点学科“非物质文化遗产学”。徐秀贞女士因热爱这项艺术自掏腰包十几年坚持搜集整理年画画版、印制和推广，成为东昌府木版年画的集大成者和对外交流的重要使者。东昌府木版年画于2008年6月入选国家级非物质文化遗产名录，徐秀贞创办了东昌府木版年画社和东昌府木版年画博物馆，收集木版年画雕版两三百种，其中古版百余种，戏曲版五六十种，旧版新刻百余种。

由于在学校开设《文化创意产业研究》课的缘故，我与徐社长早就相熟，我时不时地把东昌府木版年画搬到课堂上作为大家研究实践的专题，故对东昌府木版年画不算陌生。2017年11月1日，山东管理学院承办的文化厅山东省非物质文化遗产传承人群木版年画研修研习班邀请我俩去讲课，去之前她一直紧张，甚至去济南的路上还忐忑不安，但等到她站在台上，进入到东昌府木版年画的世界里，她立刻滔滔不绝，如战场上的大将军指挥若定，毕竟，那个世界里处处是她十几年风里雨里走村串巷留下的深刻印迹。

我曾动议很久写《聊城一日攻略》，为外地人来聊城提供吃住行游娱的指导，在我的构思和朋友们反复的讨论里，聊城两日和三日的攻略里都有东昌府木版年画的观览体验。确实，多年来，徐社长的东昌府木版年画社和博物馆也一直是地方官方和民间对外文化交流的重要阵地和内容。为期两年的德国包豪斯学院与聊城大学的文化交流课题《文化的冲击》选定的就是东昌府木版年画。

东昌府的木版年画刻印分离，从一开始就形成了几个从业集散地。在市场经济大潮的冲涤下，刻版印刷的传统手艺人越来越少，承传形势严峻。徐社长为此忧心，几次动议举办拜师仪式以推动木版年画的雕刻手艺传承。2019年1月30日，纸上计划终于落地，东昌府木版年画国家级非遗传承人栾喜魁先生的收徒仪式在市区两级文化局的指导下，由聊城市文化创意产业协会、非遗产业发展委员会和东昌府木版年画社牵头共同主办，在电视台和热心公益事业的企业及个人的鼎力支持下成功举办。华服汉礼，盛意拳拳，六名中青年才俊包括大学老师、社会贤达等成为80岁高龄的栾老先生的第一批正式门徒，电视台直播后，预约拜师者众，盛世人文向好，令人心暖。

行文将结，又传来振奋人心的好消息，中国文联和中国民间文艺家协会正式命名东昌府区为“中国木版年画之乡”，真为东昌府、为徐社长及木版年画的从业者、爱好者高兴。

附：中国民间文艺家协会《关于命名山东聊城市东昌府区为“中国木版年画之乡”的决定》里的说辞——

东昌府区历史悠久，人文璀璨，明清时期依托京杭大运河漕运之便利而成为“江北一都会”。曾经盛极一时的刻书业，直接催生了东昌府木版年画的繁荣兴盛，与潍坊杨家埠并成为山东两大民间画市。东昌府年画色彩艳丽，构图饱满，造型粗拙古朴，乡土气息浓郁，被列入第二批国家级非物质文化遗产名录。近年来，东昌府区委、区政府高度重视中华优秀传统文化的传承与发展工作，鼓励并兴建了东昌府木板年画博物馆、研究会，鲁西民间艺术体验馆，非遗教育传习基地等，倡导“民间文艺进校园”制度化常态化多样化，举办多届山东省民间艺术博览会，多元并举，成效卓著。经研究，决定命名山东省聊城市东昌府区为“中国木版年画之乡”。

（初稿于2019年3月10日）

红月亮，剪纸花

——走近山东茌平剪纸

不记得有多少次了，我生生错过了与茌平剪纸了解并知交的大好机会，现在想来固然觉得可惜，但转念间心下笃定是缘分未满，再细想，其实是我于茌平剪纸的认知积累羸弱、探索欲望欠力所致，遂释然。

我的学生吴燕平是国家级剪纸大师范祚信先生的高徒，也是第五批国家级名录项目高密市级剪纸代表性传承人，因为工作，她与茌平剪纸的诸位方家素来交好，知我心愿后热情为我牵线张罗，于是有了这次茌平剪纸的亲近行。

在中国的版图上，5000年农业文明的黄河与繁盛近500年商业文明的运河交汇处就是山东聊城，而茌平是聊城市辖下县，位于聊城东北方向。茌平县域不大，但分西东，西半部分的乡镇旧属博平县治（现博平是茌平镇属），既是黄河故道冲积地，又是运河粮漕航道辐射带，此地域深受运河文化影响；东半部分的乡镇系茌平恒属，一条北京下南京的古驿道南北纵贯，官道文化汇南北风情。一河一路，人马物流其上，功能迥异，两带信息流和民风习俗自然不同，茌平剪纸一地两个风格就是这个原因所致。

茌平因“茌山之平陆”而得名，博陵沃野，史载悠悠5000年（王震中《中国古代文明的探索》中有“茌平尚庄遗址更处于蚩尤部落活动区域内”），沧桑厚土，人文沉潜，传统文化蔚然大观。农耕文明主宰的中国素来注重节日传统，而节日又是广大民众民俗意愿的集中反映，人们期盼风调雨顺、丰衣足食、人丁兴旺，趋吉避凶是平凡老百姓最为普遍的心理和祈愿。故每每节日，家家户室张灯结彩，人们穿新衣、吃节饭，走亲访友，传统民俗艺术如剪纸、年画、楹联、秧歌、戏曲、杂耍、泥塑、绣品等也纷纷登场为节日推波助澜，这是老百姓的喜乐，敬畏、礼节、期望、承传……其中的寄寓很多。在平当地一首民谣详细地描述了节日与剪纸的关系，可以说，是节日民俗的兴盛推进了民间剪纸艺术的发展。

过新年，剪春牛，窗花门笺处工同；剪鸡虎，守门户，镇宅除旧迎新春；

元宵节，赛花灯，挂上灯笼扎富根；二月二，龙抬头，剪了葫芦除五毒；

填仓节，贴剪纸，风调雨顺好兆头；端午节，午端明，剪纸送瘟好吉祥；

七月七，剪织女，传艺乞巧在民间；盼喜雨，剪夫妻，倾盆大雨灌农田；

中秋节，祭明月，团花剪纸合家欢；九月九，剪孝子，养老送终是本分；

布新房，有喜花，子子孙孙有根据；来贵客，备佳肴，莲花鲤鱼年年有；

大寿日，献寿星，五福捧寿不老松；过满月，镇锁花，拴住宝娃活百岁；

剪纸虎，戴虎帽，长大成人龙虎帽……

从这首修辞对仗并不严谨的民间歌谣可以看出，剪纸已经全面融入茌平老百姓的时令生活，一种寓含仪式礼节、暗合传统文化的生活日常最富民间艺术养分，在平剪纸有此底蕴，自然有道理、有生命力。

“何谓在平剪纸？或者说在平剪纸与中国其他各地剪纸有何最大不同？”

行走在乡间巷院还是在茌平县文化和旅游局办公室里，面对民间剪纸艺人和政府非遗管理部门的资深人士，我单刀直入。

“粗犷！”想不到他们的答案一丝不差。

我反而迷茫了，如斯巧手灵动下韵味细腻的剪纸怎么归于粗犷的类属？

粗犷是真正的茌平民间剪纸的特点，我后来做功课得知，茌平县剪纸群众基础好，民间剪纸长期占据统御地位。剪纸艺人长期生活在乡间，这些心灵手巧的农村妇女从身边剪纸艺人那里眼观、模仿、体悟，她们没有什么美术专业功底，靠的就是生活中的经验和反复的练习，延续着农村里原始而又粗犷的手艺。

“剪纸服务于老百姓的生活，红事儿、白事儿、节庆，就拿最简单的白事儿上的灵幡（孝子亲属手持的短棍上缠绕的条状白纸），很粗陋的线条、很简单的装置，但融入人生的重要场合，立刻成为仪式的重要构成，符号有了意义。”这种观点不仅在老艺人那里普遍认同，即使县城中小学里的中青一代剪纸从业者也颇为赞同。

但随着社会发展，近年来茌平剪纸的风格由粗犷转向细腻，比如主题图案外部装饰的应用。这实际上是市场需求的变动促使剪纸的改变，说不上好与不好，客观上是剪纸顺应了当下市场需求。市场洪流挟裹下变化是常态！怎么变？需求决定供给，最是自然，这是市场的规律，无可厚非。

由是，茌平剪纸形成了两个流派。一是传统的民间剪纸，一是以新手法表现新题材的新剪纸。所谓传统的剪纸，是指农村心灵手巧的妇女不打底稿、不笔描刀刻，折叠动剪，随心所欲，以民间传说故事风俗类的纳福、吉祥图案为题材的剪纸；新剪纸则是综合运用剪、刻、剪贴的方法，构思、打草稿、线条提炼、描出墨图、将图案与待剪的色纸钉牢，再开始剪刻，这样的剪纸种类有黑白剪纸、套色剪纸和分色剪纸。

不管那个流派，茌平剪纸总体上是以豪放、朴拙的独特风格和浓厚的乡土气息在民间剪纸艺术中自成一派。民间艺人一把剪刀，一叠彩纸，花鸟人物活灵活现，栩栩如生，确实堪当“一剪之巧夺神功”。至于艺术风格上的东西部差异也不难解释，毕竟，剪纸艺术来自根植的传统文化，不同的地域传统文化的成因不同，剪纸风格自然不同。茌平东部地区的剪纸注重物象的外部轮廓，不打草稿就动剪成形，趋近原汁原味儿；而西部地区在简括的物象上注重必要的花纹装饰，使作品显得俏丽高雅，这也许是处于运河信息流有关，南北来往的商客导致的更广阔层面上的文化交流频繁，剪纸的适用最终改变了剪纸的风格。

从内容上看，茌平剪纸多反映喜庆、吉祥、如意、忠孝等题材。逢年过节剪“白莲红鱼”象征五谷丰登、年年有余；新婚嫁娶则以“鸳鸯戏水”祝愿夫妻相敬如宾、白头偕老。

至于茌平剪纸为何风格粗犷，还有一个重要的历史文化原因。

聊城地域的居民绝大多数是明代初期从外地迁入的。元末明初的战争长达十几年，聊城是主战场，由是，居民流离，故土废墟，“时居民十亡八九”。明王朝统一天下后，推行“移民垦荒”政策，外迁大批移民填聊城，这其中大多数是从山西洪洞出发的，其余的则从山东东三府（登州、莱州、青州）迁来，少部分从河南、河北、江南迁来。大规模的移民融汇和思想的交流一方面大大丰富了聊城剪纸艺术的斑斓多姿，同时，也是不同地域剪纸艺术的博弈，并最终由主流者奠定整体基调。可以推测，占绝大多数的山西移民的山西剪纸主导了我们聊城这一带的剪纸风格，粗犷、简练、纯朴……也与这一带齐鲁大地的淳朴民风杂糅燕赵慷慨豪爽文化形成的习俗传统契合。

散落民间的资料显示，茌平剪纸肇始于当地民间妇女以金银箔和彩帛剪成方形花鸟贴在鬓角为饰的风尚，具体始于何时并无确切记载，这种“镂金箔”和“剪彩”的说法以及民间流传的民俗传说都最大程度上契合老百姓的生活认知，所以，一直能够延续。至于源流何时、如何繁衍等，我觉得并不重要。可推测的是，在汉代纸这个载体出现之前，剪纸已走过了一段相当长的发展历程。既然茌平距今已有四五千年的历史了，可以想象，茌平民间剪纸艺术的产生应该相当之早了。

茌平剪纸在民间除了广泛用于窗花、墙花、团花，寓示吉祥喜庆，还用作鞋花、枕花、伞花、梳妆镜上的喜花、婴儿背带上的巾花、陶瓷器具上的边饰等。

窗花，顾名思义就是贴在窗纸或窗户玻璃上的剪纸，是中国剪纸中最常见的品类。窗花风格分南北，南方以精致为美，玲珑剔透；北方以朴实生动为美，天真浑厚。窗花题材宽泛，以戏曲故事数量为多。中国北方见的最多的窗花就是贴在窗子四角的“角花”和折剪的“团花”。归根结底，窗花是中国农耕文化孕育的特色艺术，中国农村的生活地理环境、农业生产特征以及社会的习俗方式，使这种乡土艺术具有了鲜明的中国民俗情趣和艺术特色。

“镂金作胜传荆俗，剪彩为人起晋风”，唐代诗人李商隐诗中出现的窗花剪纸也是和风俗节庆有关。古人认为它与立春相关，宋元以后，剪贴窗花迎春的时间便由立春改为春节，人们以剪纸表达自己庆贺春来人间的欢悦。这种形式在聊城茌平这一带保留得最好，每逢春节和喜事场合，人们还是习惯以窗花作饰布场景。

墙花是贴在墙上用于装饰的剪纸。由于北方人居室的床和炕传统上多依墙置放，所谓的墙花就是齐着床或炕以上约一米的平面粉饰，一则干净的功用，二则美观的需求。整体视之，就有了居室摆设与床炕、被花、墙花呼应的整体效果，这是女主人在忙碌的日常劳作中的朴素审美。传统因袭，代代承传，墙花，至今保留较好的应该属陕西的炕围子花。陕北窑洞的炕围子一脉传承古老的原始壁饰，今天看，使用材料和做法上也和过去有了很大区别。一个特别值得注意的趋势就是随着社会发展和技术的进步，“墙花”逐步转变为“墙画”，手工被机器代替，产量低的手工剪纸在大规模机器印刷面前彻底沦陷。过年或年后在农村走访，见到最多的就是原来墙花的位置被各种或现代图案或局部改变了的图案占据。

除了窗和墙，剪纸应用于比较集中的场合就是绣花底样了。以薄而韧的纸剪出绣图纹，贴底缎，施绣工。相较手绘，剪样的做法简便而经济。在民间散落着很多这种刺绣底样，常见的图样以动植物和几何图形为多，鞋面、枕头顶、衣领、袖边、门帘、蚊帐前缀等，劳动人民的智慧几乎无处不能，无处不可剪。内容呈现依绣品用途而定，如婚嫁用的枕头和鞋面多取“龙凤呈祥”“凤戏牡丹”“龙戏珠”“麒麟送子”等吉语佳言喜庆祝福的内容；用于儿童的兜肚、围嘴儿、鞋帽则多取虎、狮、鱼形，喻活泼可爱虎虎生气的意义；若是祝寿用寿公寿婆穿着则剪“团寿”“长寿”变形字或“五福捧寿”“杞菊延年”“福寿如意”“松鹤长春”等图案。

访谈中发现，有一种变化的趋向并不好。市场经济洪流中泥沙俱下，物欲挟裹了庸俗，很多人炫耀示富心理重了，投射到剪纸上一是传统剪纸被嫌弃，二是在传统剪纸中被强塞进去世俗追求的东西，现在贴的墙画就是这个调调儿。还有，许多形似剪纸但不是剪纸的东西，先设计，再机器批量生产，卖价很低，对市场构成很大的冲击力。

婚庆市场上已经出现了大规模定制大批量生产的产品，其实也不完全是坏事儿。社会发展不可阻挡，传统剪纸完全可以借势而为，寻找目标客户，与市场上非手工类的形成区隔品类，在市场上争取一席之地。传统文化是一座巨大的宝藏，以传统内容为主，开挖开发存在无限的可能性，这是没问题的。同时，可以创意的手法对传统内容合理地改进提升，开辟出第二条生路。当下，文化创意产业蔚然成势，传统文化资源如何转化为市场优势也是她们身为行业中人眼见、心动、迷茫的问题。

茌平剪纸在山东省地方剪纸中地位较高，在1982年10月山东省举办的民间美术展览中，茌平剪纸就占了剪纸部分的3/5；1985年全国举行的民间剪纸展览，展览会会标雄鸡剪纸就出自茌平老剪纸艺人之手……茌平剪纸被中国美术馆、省美术馆收藏80多幅，另有不少被国外收藏家收藏。茌平县政府比较重视茌平剪纸的保护和承传，分别于1984和2002年，指定茌平县文化馆搞过两次剪纸艺术普查，对全县所有行政村进行摸底。第一次普查统计剪纸艺人2000余人、收集剪纸作品万余件，文化馆挑选收藏并付费。第二次剪纸普查，全县22个乡镇共有老艺人近500人，收集传统作品上千幅。从业人数的锐减显示出传统剪纸艺术受到社会的影响，年轻人明显后继乏力，民间剪纸生态堪忧。2004年，保护茌平剪纸艺术的传承从自发的文化行为转为有组织的政府行为，茌平县政府开始有意识的保护剪纸艺术，从普遍保护向重点作者转移。举办“剪纸展览”“剪纸艺术能手交流会”“现场剪纸艺术展示”等各类群众文化活动，发现民间剪纸能手，通过给予政策扶持和技术指导，促进了茌平县剪纸队伍的发展和壮大，剪纸队伍呈现出老中青少相结合的创作态势。当年，茌平还隆重举办了首届“十佳剪纸能手”大奖赛。1993年茌平县被国家文化部命名为“中国民间艺术之乡（剪纸）”，1995年又被省文化厅授予“民间剪纸艺术之乡”的称号，2006年底，茌平剪纸和冠县、东昌府区的剪纸一起被纳入聊城市第一批市级非物质文化遗产名录，如今，全县登记在册的民间剪纸艺人达到2700多人。

“茌平剪纸代表作是什么？”

“月亮，红月亮，就是团花！”又一次的异口同声。在茌平，单是团花就有百余种剪法，称得上茌平剪纸的精华。在民间，嫁娶场合没有一家窗户上不贴大红月亮的，贴上窗花，立马就给人一种充满生气和吉祥喜悦的感觉。

茌平剪纸代表作：红月亮（摄影：王宇辉）

“暖汤濯我足，翦纸招我魂。”当大诗人杜甫遭遇安史之乱从白水县携带家小向北仓皇出逃，人马疲惫、身心惊恐之际，途经彭衙，得到孙宰的热情接待，暖汤洗涤，翦纸招魂，杜甫和妻子不由得感激涕零。由此可见，在唐代时以翦纸作旐抚慰精神已经被人们普遍认知并习惯使用，这不正是剪纸艺术在人们生活中扮演的角色吗？

（初稿于 2019 年 4 月 18 日）

后记　用脚跑出来的“风物记”

在山东的版图上，聊城偏居鲁西，邻冀豫，远离陆地山东板块的核心，更和海洋山东战略不沾边儿。但在中国的版图上，它却是5000年农业文明的黄河和近500年商业文明的运河交汇处，当然，运河的繁盛早已是历史了。

去中心化的备受冷落和祖上富过的不时忆起令今天的聊城很是尴尬，兜里没钱还死要面子，这个文化本质能解释目前聊城很多的社会怪象。

这个地方是我大学毕业工作了30多年的地方，感情上五味杂陈。一直到三四年前我做下一个决定的时候，这块可以称为家乡的地方我仍然不是很熟悉。这是一种共通的认知，在我们身边不远的地方也许我们一辈子都没机缘抵达。

那是一次偶然的探访，在临清的一个乡镇的宴席上，耳听得镇上的父母官说起“三个代表”，初时我并没有在意，后来迟疑间恍然他说的是临清每个乡镇都有三样吃食的代表，我立刻来了精神，追着人家不放。这位父母官信口道来数家珍的时候，我满是沮丧，很多的美食小吃不仅没吃过，那些乡镇地名也没听说过，更别说去过当地了。那天我立下一个宏愿，花几年的时间遍走大聊一百多个乡镇并为之作记。

我记得立下目标不久，三余兄弟骑着破电瓶车在一个午饭的点儿给我送来一本从地摊儿上淘来的小书——《聊城风物志》，随手翻来，分类明细，介绍简短，更像索引。事后思忖，他怎知道我需要这样的指引？就像我日后走街串巷，聆听老人和手艺人不紧不慢的讲述，本来就是，物序井然，因果早在那里候着了，我从此改变了对三余的印象，原来我一直以为这个家伙不怎么靠谱。

索引在手，事情变得简单。但调查和访谈的实施以及事后的资料整理并不是一件容易的事儿，三四年的时间里走过了几十个地方，虽然目标未达，但我已经实实在在地感受到了事情没有那么简单，因为，最终的每篇小文章直接涉及好几个人，放到市场上看又关涉一个行业，分享阅读几百人、几千人，有一篇甚至到一百多万人，附留的真言、拳拳的挚情令我很快收敛起玩心戏言，更不敢轻易猜测和妄下结论。这件事儿涤荡了我的躁气，往往一篇小文要反复两月才可打磨成形，所以，我向别人说，这些不是我写出来的，是我跑出来的。

在我们自己习惯的世界之外，存续着无数个有意思的人生和世界。我的风物寻访之旅让我有机会结识了很多有意思的人，知晓了很多就在身边本该知道却未知或是打捞多次擦肩错过了的机缘，没有敌意的接近和没有提防的接纳于我是一种双份的赐予，我很是知足，也很是感恩，感谢世间万物的美好。

感谢那些让我延续了生命长度和宽度的所有接受我调查和采访的人们，那些生存艰难的业主除了耽误时间配合我的啰唆，还大度地免费提供体验，让我感激之余更加笃定农耕文明的魅力。

感谢那些为我们免费且热心指路的老乡！

感谢那些热心回馈并予我纠偏的师长和乡贤！

感谢“聊城风物记”亲友团的鞭策、鼓励和拍砖，让我不敢懈怠，一路寻访下去。

感谢“大聊风物组”的所有兄弟，他们总是很高兴地无偿出车、出力，拍照、编辑文字图片，不图任何回报，最后，我都怀疑这是一个商业社会了。

感谢我至亲的人，她们忍受我这个甩手掌柜很久了，但我不敢忘记初心啊，牢记使命，初衷不改，砥砺前行，请多包涵！

赵勇豪
己亥年立冬